上海哲学社会科学项目《雷蒙·阿隆批判的历史哲学研究》

（2017EZX001）优秀结项成果

■ "上海市示范马克思主义学院建设成果"丛书

理解与建构
雷蒙·阿隆的历史哲学

○ 郝春鹏◎著

天津出版传媒集团

天津人民出版社

图书在版编目（ＣＩＰ）数据

理解与建构 : 雷蒙·阿隆的历史哲学 / 郝春鹏著
. -- 天津 : 天津人民出版社, 2021.3
（"上海市示范马克思主义学院建设成果"丛书）
ISBN 978-7-201-17198-2

Ⅰ.①理… Ⅱ.①郝… Ⅲ.①阿隆(Aron, Raymoud
Claude ferdinand 1905-)—历史哲学—哲学思想 Ⅳ.
①B565.59

中国版本图书馆 CIP 数据核字(2021)第 059181 号

理解与建构:雷蒙·阿隆的历史哲学
LIJIE YU JIANGOU

出　　版	天津人民出版社	
出 版 人	刘　庆	
地　　址	天津市和平区西康路35号康岳大厦	
邮政编码	300051	
邮购电话	（022）23332469	
电子信箱	reader@tjrmcbs.com	
责任编辑	郑　玥	
装帧设计	明轩文化·李晶晶	
印　　刷	天津新华印务有限公司	
经　　销	新华书店	
开　　本	710毫米×1000毫米　1/16	
印　　张	18	
插　　页	2	
字　　数	220千字	
版次印次	2021年3月第1版　2021年3月第1次印刷	
定　　价	68.00元	

目　录

第一章　绪论　/　1

　　第一节　国内外研究现状　/　3

　　第二节　本书研究的重点与问题　/　12

第二章　阿隆历史哲学的引入　/　25

　　第一节　什么是历史　/　26

　　第二节　解释与理解　/　42

第三章　阿隆的历史哲学(上)：理解　/　58

　　引子　以哲学为根基的思想　/　59

　　第一节　过去与历史概念　/　62

　　第二节　人类的发展与对历史的理解　/　67

　　第三节　理解与诠释　/　85

　　第四节　因果的分析　/　105

第四章 阿隆的历史哲学(下):建构 / 117

　　第一节　历史世界建构的准备 / 118

　　第二节　建构历史:以国际关系为例 / 135

　　第三节　社会历史学式的建构 / 150

　　小结　　阿隆的历史哲学 / 169

第五章 对话历史哲学 / 174

　　第一节　历史主义与历史哲学 / 175

　　第二节　历史唯物主义与历史多样性 / 191

　　第三节　阿隆对马克思劳动价值论的诠释 / 214

第六章 雷蒙·阿隆与历史哲学 / 230

　　第一节　历史的多样与统一 / 231

　　第二节　理解与建构的历史哲学 / 233

　　第三节　历史哲学:温故而知新 / 240

附　录 / 245

参考文献 / 268

后　记 / 282

第一章
绪　论

　　历史哲学既古老又现实。如果说哲学是认识人自身的话，那么**历史哲学就是通过历史来认识人类自身**。认识的偏差会导致独断论、怀疑主义或不可知论，历史哲学也同样面临历史决定论、相对主义或虚无主义的危机。

　　雷蒙·阿隆的历史哲学就是立足于现实基础上的哲学思考，从他目睹了德国纳粹一步步崛起的现实之后，就再也不幼稚地把目光离开当下去思考抽象的形而上学问题了。在《法兰西公学落成典礼课》中，他回忆道："我一辈子都受到这一经历的影响，它使我倾向于一种积极的悲观主义。从此，我不再相信历史会自己服从善良人们的理智和愿望。"①阿隆从德国访学归来的第一件事，就是把以往不切实际的空想全部丢掉，完全从身边的现实和历史事

---

① ［法］让-弗朗索瓦·西里奈利：《20 世纪的两位知识分子：萨特与阿隆》，陈伟译，江苏人民出版社，2001 年，第 152 页。

实来思考各种问题。这样的现实主义作派颇有马基雅维利的味道,①然而他并没有因此沦为一个不择手段的狡猾政客。就像马克斯·韦伯一样,他本着科学和理性的精神来研究现实,但在那份冰冷客观的分析背后又有着对幸福和美好的热切期望。因此,他从来不让自己沦为政客的工具,努力与政治保持适当的距离。在这段距离中,他既可以使自己作为一个"介入的观察者"来思考并影响政治,同时又不会被现实的洪流裹挟而去。

阿隆的历史哲学就是这样一种在个体理解与历史建构之间,即确立在个体与现实的若即若离的关系之间的哲学思考。在他看来,**历史认识是一种"建构",而不是对过去事件的复制,建构的基础在于"理解"**。历史的主体虽然是每个作为实体的个体,但个体的理解也并不意味着相对主义。历史的建构依托于固定性的概念和体系,所以在方法论上历史哲学仍具有确定性。

---

① 阿隆对马基雅维利的关注,可参见《雷蒙·阿隆回忆录:五十年的政治思考》(以下俱以《回忆录》简称),刘燕清等译,生活·读书·新知三联书店,1992 年,第 22、194、206、488、720、822、848、945页。

第一节　国内外研究现状

一、国内研究现状

（一）国内阿隆作品的整体情况

国内对阿隆的关注很早就已展开。时至今日,已有众多阿隆的原著被翻译引进。其中大部分涉及哲学、政治学、社会学等方面,譬如《论治史》《历史讲演录》(与《论治史》是同一本书的不同翻译)、《社会学主要思潮》《论自由》《想象的马克思主义:从一个神圣家族到另一个神圣家族》《雷蒙·阿隆回忆录:五十年的政治思考》《阶级斗争:工业社会新讲》《知识分子的鸦片》《和平与战争》《历史意识的维度》等,台湾地区也翻译了一些阿隆的作品,如《入戏的观众》①、《近代西方社会思想家:涂尔干、巴烈图、韦伯》②等。

2005 年,在同济大学召开的萨特与阿隆诞辰 100 周年的纪念会上,也集中出现了一些阿隆的文献与评论。这些文章被收录在《法兰西思想评论》第二卷中。

同时,国内也翻译出版了一些关于阿隆的介绍和传记,如〔法〕尼古拉·巴维雷的《历史的见证:雷蒙·阿隆传》、〔法〕让-弗朗索瓦·西里奈利的《20 世纪的两位知识分子:萨特与阿隆》、〔美〕托尼·朱特的《责任的重负:布鲁姆、

---

① 作者名译为雷蒙·艾宏。赖建诚译,联经出版事业股份有限公司,1987 年首版,2000 年再版。后吉林出版集团又出了新译本,参见《介入的旁观者》,杨祖功、海鹰译,2013 年。

② 同是联经出版事业股份有限公司出版。为《社会学主要思潮》的节译。

加缪、阿隆和法国的 20 世纪》、〔美〕阿兰·布鲁姆的《巨人与侏儒》等。

（二）阿隆历史哲学作品的翻译情况

1.《历史讲演录》(Leçons sur l'histoire)的两个译本

阿隆历史哲学方面的作品，除一些节译外（如何兆武先生选编的《历史理论与史学理论》[①]节译了《历史哲学导论》中的部分章节），国内目前译出了《历史讲演录》。这本书先后出版了两个译本，最先是由生活·读书·新知三联书店出版，冯学俊、吴泓缈翻译，名为《论治史》；2011 年上海译文出版社又出版了张琳敏翻译的《历史讲演录》。这两个译本各有特色。

生活·读书·新知三联书店出版的《论治史》翻译得较早。法文本由西尔维·梅叙尔(Sylvie Mesure)1984 年整理出版。中译本在 2003 年完成了翻译并出版。两位中译者知识面很广，对社会学和历史哲学都有深入了解，因而翻译时游刃大胆，很多地方不拘泥于法语的语法和语词结构，故阅读时更便于国内读者的理解和接受，这从译者自拟的题目就可见端倪。不足之处是，大胆的意译有时会偏向译者自己的理解，故该译本偶尔会有漏词添句的问题。但整体来看与文意并无大伤。

上海译文出版社的《历史讲演录》是近年新出版的译本。与前一个译本相比，该版本的翻译更贴近法版原文，基本上每一字句都有对应，方便研读者对照查找。然而不足之处也与此相关，译者过于强调中文与法文的对应，故有些文句就过于偏重法语的结构，因而读来不太符合中文行文习惯，有失顺畅。同时，与冯、吴两位前辈相比，译者的知识面不及前者，在某些专业概念的翻译上不够准确，偶有字词的误译。

总体来说，两个译本都比较忠实地翻译了阿隆的这部作品。它们都较为

---

① 何兆武主编：《历史理论与史学理论——近现代西方史学著作选》，刘鑫等译，商务印书馆，1999 年。

严格地按照法文本的原貌翻译,编者前言与两个文后的附录也都妥善地保存着——这两部分是进一步研究阿隆的历史哲学的重要材料。

2. 2017 年华东师范大学出版社出版了阿隆 1961 年的作品《历史意识的维度》(*Dimensions de la conscience historique*)

严格说来,这本书并不是一部专著,而是阿隆在二战后十五年间的文章汇编,基本介于其思想的过渡且偏后的时期(如果其思想可分为前后两个时期的话)。因而,这部书围绕讨论的历史意识问题,其实是历史认识与历史社会学的衔接。阿隆在书的"前言"中也提到,作为文章汇编,很多虽都是应景之作,但这些文章不但反映了他所生活其中的历史,同时也是他绞尽脑汁反思的历史,所以也可以从这些时事中体察到历史哲学的原理。本书翻译简洁雅致、文通字顺,整体上都很好,只在个别关键词的翻译上笔者有些许不同的愚见。①

其它有关阿隆历史哲学研究方面的专著暂未见中译本出版。

(三)国内阿隆思想的研究情况

随着 20 世纪 80 年代末苏联解体和东欧剧变,对阿隆思想的关注热度迅速上升。不仅在法国和欧洲大陆,包括美、加等国家,对萨特的冷淡与对阿隆的关注也日趋明显。近来,国内也开始逐渐关注阿隆思想的诸多方面,对其作品的翻译呈上升趋势,重要的几部作品都已有中译本。但另一方面,与蒸蒸日上的翻译事业相比,关于阿隆思想和理论的研究才刚刚起步,尤其是在哲学和历史哲学方面,国内还没有一部专门的研究作品出版。其他研究也大都集中于政治、社会和国际关系等问题上。历史哲学是阿隆从开始走入学术、一直到他晚年都不断关注着的问题。他一生都在追问和思索:一个历史的存

---

① 参见本章末:"关于翻译 La philosophie critique de l'histoire 的一点看法"。

在者如何去客观地认识宏大的历史整体，即人的限度在哪里？[1]因为这个限度体现着人与历史的交互关系。

此前国内对阿隆研究的专著并不多，且主要都集中在政治学理论、社会学、国际关系以及战争问题等方面。国内最早推介阿隆历史哲学思想的是贺若璧，他1961年翻译了英国学者法尔克的文章《雷蒙·阿隆：〈历史哲学引论〉》。而引发国内学界关注阿隆历史哲学的是李培林1988年发表的文章《法国学院派寨主——雷蒙·阿隆》。李培林将阿隆的《历史哲学导论》视为奠定其方法论的成名之作，认为阿隆的历史哲学是康德批判哲学的发展，其目的并非要论证某一理论的基础或客观依据，而是要通过理性的批判来确定历史认识的限度，并由此主张历史认识、价值乃至哲学上的多元性和相对性。

与李培林从方法论角度看待阿隆不同，陈喜贵、王俊、李岚、董新春等人将阿隆的历史哲学与韦伯、马克思等人的历史哲学进行了比较。他们认为：①阿隆历史哲学在超越相对主义的同时又不陷入历史主义。在他们看来，阿隆并不赞同韦伯对科学与价值的区分。历史哲学批判是阿隆仿照康德，试图为人重建有效的行动范围，康德其实并没有将科学与道德(价值)问题截然分开，而只是为科学和理性划定界限，为道德和自由留出空间。在这段空间里，人可根据审视当下并行动，对政治作出赞同或反对的决定。②阿隆的历史哲学与马克思主义的历史唯物主义有很多共同点。尽管后来阿隆的思想右转，但他的历史哲学始终未彻底脱离马克思的影响。[2]阿隆对马克思历史哲学的分析侧重于对其思想中主观化和客观化两种不同倾向的认定，并认为这两种倾向构成了马克思历史哲学内在诠释的困境，从而才导致了各种不同解释的

---

① 《回忆录》，前揭，第65页。
② 参见本书第五章第二、三节。

出现。③阿隆的历史哲学否定了传统意义上历史规律的必然性,但与波普尔断然否定历史规律的态度不同,阿隆并没有全盘否定马克思主义的历史理论,而是根据现代社会偶然性与风险性不断增多的特点,放弃了严格的必然性概念和历史决定论,提出或然性规律和或然决定论。总之,阿隆尝试在客观的规律与主体的自由选择之间架起桥梁,从而在一定程度上缓解了决定论与自由选择之间的矛盾。

国内还有很多学者从社会学角度来研究阿隆。如陈喜贵不单从历史哲学,还从意识形态批判的方面探讨阿隆的社会学理论。认为阿隆揭示了意识形态的虚假性并预言了意识形态的终结,但在批判中也同样带有决定论和相对主义、先验理性和个体理性、终极目标和现实的冲突与矛盾,他所预言的意识形态的终结同样备受争议;罗雪原等从社会结构理论来研究阿隆社会学与历史哲学的关系。认为阿隆质疑了为人类历史赋予整体意义的历史决定论,人们关于社会结构的认识是或然的,社会结构对个体行动的影响也是有限的;王军等从方法论角度来分析阿隆的社会学,认为社会学的分析方法是阿隆政治哲学的重要组成部分,他通过概念的建构阐释了国家间的关系,是一种反实证主义的总体性方法。此外,国内还有学者把阿隆视为“广义社会学”的创始人,因为阿隆曾指出,社会学涉及了人类活动的几乎所有方面,甚至可以说“社会学就是社会科学”。

从整体来说,2010年之前,学界只有一部关于阿隆整体思想的介绍性博士论文,已经由中央编译出版社出版,名为《维护政治理性》(陈喜贵著)。而自2010年之后,学界对阿隆思想研究的热度明显提高,仅2013年就出现了三部研究阿隆的博士论文。其中一部是研究阿隆国际关系的博士论文《历史社会学视野下的世界——论雷蒙·阿隆的国际关系理论研究方法》,另一部是研究阿隆政治思想的博士论文《雷蒙·阿隆政治伦理思想研究》,2014年又发表了一部研究阿隆战争理论的博士论文《历史·社会·政治——论雷蒙·阿隆的战争研究》。[①]还有数篇硕士论文及研究论文,但大都还是关于其思想的对比研究。时至今日,尚没有一部关于阿隆在哲学思想层面的研究专著。

二、国外研究现状

与国内的研究现状不同,国外对阿隆的研究已经取得了众多成果。阿隆本人的文笔极好,又精通英、德、法等各国语言,生前曾长期担当《战斗报》《费加罗报》《快报》等杂志的评论员和编辑,因而作品本就汗牛充栋,故国外关于他思想研究的文献就更不胜枚举了。

1. 阐释类研究

研究阿隆历史哲学的权威首推梅叙尔(Sylvie Mesure)。他收集并评注了阿隆历史哲学方面的主要作品,如《历史哲学导论》(这本书在 20 世纪 80 年代再版,并添加了许多有助于理解的注释)《批判的历史哲学》《历史讲演录》等,后者是对阿隆在法兰西学院所讲的两门课的整理。从 60 年代后期开始,阿隆就致力于反思此前自己的历史哲学思想,并打算出版一部专门论述历史哲学的作品,而这些讲课的材料,用阿隆喜欢使用的英式橄榄球话语来说,是"试投"[②]。完成了这两年讲课记录的整理后,梅叙尔也写就了一部专门研究阿隆历史思想的作品《雷蒙·阿隆与历史的理性》(*Raymond Aron et la Raison Historique*)。与之同类的还有加斯东·费赛特(Gaston Fessard)神父的《雷蒙·阿隆历史的哲学》(*La philosophie historique de R. Aron*),这本书也是唯一经

[①] 此外,笔者的博士论文《雷蒙·阿隆与历史哲学》也完成于当年。
[②] 《回忆录》,前揭,第 830 页。

过阿隆审阅并同意出版的专著,①可媲美其自传回忆录。

2. 康德式的批判

此类学者主要关注阿隆《历史哲学导论》《批判的历史哲学》等前期作品,如美国耶鲁大学明克(Louis Mink)就将《历史哲学导论》作为当代历史哲学建立的标志;保罗·利科、汤因比等人也持相似观点,从德国哲学的"理解"(Verstehen)概念来定义阿隆的历史哲学;英国学者 M.弗伯莱特将阿隆称为"20 世纪的康德主义者";里兹(Reeds)则挖掘了阿隆思想中的现象学因素,并将其源头指向德国历史主义。总体来说,这类学者都把阿隆的历史哲学看作康德哲学的延续,从历史理解角度来定义阿隆的历史哲学。

3. 社会学建构的历史哲学

批判哲学的主要对象是思辨哲学,但批判的主体化容易倒向相对主义。这也是新康德主义逐渐步入历史虚无主义和价值相对主义歧途的原因。一些学者认为阿隆认识到了此问题,因而将其思想分为前后两期:前期的阿隆带有新康德主义的特征,侧重个人对历史的理解;后期的阿隆转向社会学,以建构的方式来克服历史相对主义。持此类观点的有科尔居隆(Robert Colquhoun),他在《阿隆传》中以 1955 年为界,将前期的阿隆称为历史哲学家,后期的阿隆称为社会学家;社会学和国际关系研究学者们大都集中于阿隆后期思想,他们关注阿隆历史哲学与社会学、国际关系方面的联系,特别是历史哲学如何为政治、社会研究提供认识论的支持。如巴维雷斯(Nicolas Baverez)出版了《历史的见证》,主要研究阿隆哲学与政治、社会等领域的关系。该书收集了阿隆大量的书信档案,分析他在意识形态年代对极权主义的批判与对自由的捍卫,是一部比较全面的学术传记;西里奈利(Jean–Francois

---

① 《回忆录》,前揭,第 658 页。

Sirinelli)的《20 世纪的两位知识分子:萨特与阿隆》对比了萨特与阿隆在历史
观和应对当前问题上的差异;朱特(Tony Judt)的《责任的重负》则用"介入的
旁观者"来定义阿隆,从反思和行动两方面研究其历史哲学与政治学的关系;
斯特朗(Strong)将"历史和选择"视为阿隆的政治思想的基础;斯特瓦特
(Stewart)则从存在论意义上阐释阿隆的历史哲学;在《雷蒙·阿隆与历史哲学
批判》中,康吉莱姆(Georges Canguilhem)凸显了阿隆在 1920 至 1930 年为法
国学术引入韦伯社会科学的重要意义,并认为与法国大批左派知识分子不
同,二战后阿隆在思想上已转变为历史社会学家了,他的方法论与历史社会
学都是进一步理性思考历史哲学问题的表现。

4. 阿隆的后学

霍夫曼(Stanly Hoffman)在阿隆去世后一个月即撰文《雷蒙·阿隆(1905—
1983)》,在悼念阿隆的文章中将其历史哲学概括为"强调意图和结果之间,绝
对承诺和暧昧行动之间,对动机和观念的理解和对规律的认识之间,前瞻性
选择和回溯性阐释之间,部分历史的可解释性和把握历史整体的困难或不可
能性之间,文化价值的多样性和理性概念的解读之间,作为吻合改良主义的
政治和作为救赎的政治之间"①的历史哲学。这种历史哲学既拒绝一切的先
知宿命论,也反对历史认识的多元主义和相对主义。他还认为,阿隆从博士
时就在思考历史哲学,其毕生的工作就是对历史进行理性批判;阿隆曾经的
助手和学生皮埃尔·马南(Pierre Manent)也有多部研究阿隆思想的作品,研
究主要集中于历史哲学与政治的关系问题方面;西蒙–纳乌姆(Perrine Simon-
Nahum)从带有相对性的历史认识与决定论的历史哲学间的"历史意识"来分
析阿隆的转向,认为"历史意识"在历史认识的"理解"向历史社会学"建构"的

---

① ［法］雷蒙·阿隆:《和平与战争》,朱孔彦译,中央编译出版社,2013 年,第 794 页。

过渡间起到了桥梁作用。

在阿隆逝世的第二年,Julliard 出版社以《历史与政治》(*Raymond Aron 1905-1983:Histoire et Politique*)为专题,出版了阿隆的纪念文集和评论汇编,其中收集了大量阿隆的文章,并汇集美国和欧洲等著名国际学者对阿隆思想的研究与评论,其中就有视阿隆为"最后一位自由主义者"的布鲁姆(Allan Bloom)的作品。这些文章大都围绕历史与政治的问题展开,是阿隆去世后出现的一系列研究其历史哲学和政治哲学的重要材料。

5. 思想传记类

虽然阿隆 1983 年才去世,但在其晚年时期,人们已经从对萨特的狂热中清醒过来,开始关注阿隆的思想。因而一时之间,大量的访谈与专著骤然涌现。

总之,阿隆在法国哲学和社会学领域是一位承上启下的重要人物,其学术思想重要且丰富。国外关于阿隆思想的研究比较丰富,且愈有升温之势。学术界对阿隆思想的研究是多维度、多视角的,他们为我们深入理解阿隆的思想提供了多样的路径,这在一定程度上也反映了阿隆思想的当代价值。同时,为全面理解和评价阿隆的思想,进一步发掘阿隆思想的当代意义,我们还需透过社会学、政治学以及国际关系等表层深入到阿隆的思想内核,即历史哲学,这样才能避免各种多元化的解释,找到其内在的多样性之统一。

第二节　本书研究的重点与问题

一、雷蒙·阿隆的历史哲学简介

前面提到,阿隆的思想涉及哲学、政治、经济、社会、国际关系等诸多领域,而他留下的大小作品更是浩如烟海、难以计数。对阿隆思想作一个既核心又兼具体的概括似乎并不现实。但通过阿隆曾涉足过的诸多领域,可以发现,他思想的精髓仍旧是一以贯之的,即要在历史的行动者与历史整体之间找到一个恰当的限度。从阿隆的博士论文一直到他未能完成的最后作品,这一思索从来不曾间断。如其博士答辩和指导老师莱昂·布伦什维格(Léon Brunschvicg)所说,此论文包含了阿隆整个一生的计划。①对政治、经济、社会和国际关系的涉足都是他历史哲学思想的实践,而阿隆所研究并行动的诸多领域正是其历史哲学多样性的体现。

阿隆思考历史问题开始于学生时代。他是法国较早一批赴德访学的留学生,访学的目的在于学习德国的社会学,并在 1935 年发表了《德国当代社会学》(*La sociologie allemande contemporaine*)。而阿隆的访学正值纳粹的崛起时期,他亲身感受了德国民族主义的火焰,这使他转而放弃了空洞的形而上学,开始关注现实问题。②与此同时,他也没有放弃理性的运思,并最终将

---

① 《回忆录》,前揭,第 165、658 页。

② 《回忆录》,前揭,第 68 页。

自己一生的目标确定为找到个人思想与现实的结合——这是他历史哲学始终围绕的核心主题。

除了《德国当代社会学》之外，阿隆的两篇博士论文是他访学期间收获的其它成果，它们反映了阿隆与德国思想的密切联系。阿隆曾多次表明，康德哲学与现象学和存在哲学对他的思想产生了重要影响。[①]他的副博士论文就是以《批判的历史哲学》(La Philosophie Critique de l'histoire)命名的，显然这个题目得益于康德的"批判哲学"。而在其思想的后期，他也常常用康德式的话语和概念去为历史意识找到自身的界限，为历史理性划界。

《批判的历史哲学》这部作品主要研究了德国的历史理论，他集中分析了四位德国历史学家，即狄尔泰、西美尔、李凯尔特和韦伯。阿隆的主博士论文是《历史哲学导论》(Introduction à la philosophie de l'histoire：Essai sur les limites de l'objectivité historique)，这本书以《批判的历史哲学》为依托，论述了历史客观性的限度(Essai sur les limites de l'objectivité historique)，并对当时在法国流行的历史决定论提出了批评。阿隆博士论文对历史决定论的批评与传统法国思想大相径庭。费赛特曾兴奋地描述了阿隆答辩时教授们目瞪口呆的模样："一群母鸡孵出了一只鸭子，惊恐地见它猛然跳入水塘，悠然自得地在一种它们陌生的元素中游动。"[②]

但由于批评历史决定论的思想来自于新康德主义，故阿隆的思想就常被人视为历史相对主义。为扭转这一误解，并反思自己思想中可能的相对主义倾向，他之后都在试图避免历史相对主义，同时又不导向历史决定论，故他此

---

① 阿隆曾多次提到自己受新康德主义和现象学的影响，并且现象学使他"仿佛从新康德派的体系中解脱了出来"。参见《回忆录》，前揭，第84页，以及第20、43、45、47、48、65、85、91、114页；126页注释一；第135、138、143、214、309、396、902、923页。

② ［法］尼古拉·巴维雷兹：《历史的见证——雷蒙·阿隆传》，王文融译，北京大学出版社，1997年，第111页。

后的研究始终保持在历史决定论与历史相对主义之间的张力问题上。

二战的爆发使阿隆没能继续书斋里的研究，他积极地参与政治，与戴高乐一起转战英国，化手中之笔为剑，继续抵抗着德国纳粹。《自由法兰西》就是那一时期的见证。归国之后，他放弃了在波尔多大学担任社会学教授的机会，毅然决定成为一名专职记者和评论员，以实践的方式加入到创造和改变历史的行动中。从表面上看，这是阿隆从哲学和历史学的研究转向到了社会和政治的活动，然而实际上，这是他历史哲学研究之使然。他终生思考的问题就是在历史行动者与历史之间找到衔接点，而作为一个学者，积极地融身当下的现实世界正符合他的哲学思想。虽然阿隆重返校园后也曾为这段期间所感染的"政治病毒"所遗憾，[1]但排除掉自谦的成分，阿隆的哲学思想并没有因为自己融身社会而中断，在 1946 至 1960 年间，他同样写下了大量关于历史问题的思考，这些思考在 1961 年汇编成一部《历史意识的限度》(*Dimensions de la conscience historique*)[2]出版。

回归校园后，阿隆对历史问题的思考便呈现了一个全新的气象，他想要弥补自己早期思想中的问题——这集中体现在过分倚重德国思想而导致的相对主义倾向。因而，投身并完成一种全新的理论就成为必要。[3]对早期思想的反思首先呈现在阿隆所开设的课程中，用他的话说，这些课程是他重新思考历史哲学问题的"试投"。并且这些"试投"的一部分在他生前已成功地转化成了部分成果：

1965 年阿隆受英国阿伯丁大学(The University of Aberdeen)的邀请，先后于 1965 年和 1967 年在吉福德讲堂(Gifford Lectures)做了两次讲座，这两次

---

① 《回忆录》，前揭，第 86、251、280 页。

② 中译本参见《历史意识的维度》，董子云译，华东师范大学出版社，2017 年。

③ *Leçon sur l'histoire*, Editions de Fallois, 1989, p.6.

讲座名为"思想与行动中的历史意识"(*La Conscience historique dans la pensée et dans l'action*)。在这两个系列的讲座中,他提出了两个目标:①在分析哲学的方法和结果与新康德主义及现象学者的思考方式之间,进行对照和比较;②完成在《历史哲学导论》最后提出的任务,即写一本讨论有关"历史中的行动"(action dans l'histoire)的作品。①这一鸿篇巨著若然成型的话,会包括三卷内容:

第一卷是《历史与暴力的辩证》②。这本书是阿隆在吉福德讲堂两个系列之间开设的关于萨特《辩证理性批判》的课程,因而得以在课程结束后整理出版。该书是对受德国现象学影响而产生的萨特存在主义的批评,这一批评也可以理解为阿隆对自己早期的历史相对主义所作的反思。③

然而这部作品的第二卷和第三卷未能完成。阿隆原本想在历史思辨领域,"扣上 1938 年开始的环儿"(即以两篇博士论文作为开始,以这部三卷本的作品作为结束)的愿望被 1977 年 4 月突如其来的血栓打断了。但好在阿隆已经在法兰西学院讲授了与这些内容相关的课程,这些课程乃是1972—1973 年与 1973—1974 年的两门课,即由梅叙尔所整理的《历史讲演录》的内容。

阿隆对自己要求严格,他曾表示,这两门课程还不足以转化成最后两卷。④但最终他也没时间完成它们,历史就这样给治史者留下了限度和遗憾。

---

① *Introduction à la philosophie de l'histoire*, *Essai sur les limites de l'objectivité historique*, Gallimard, 1938.

② 该书在阿隆生前就已出版: *Histoire et dialectique de la violence*, Gallimard, 1973.

③ 《存在与虚无》是萨特存在主义的宣言书,他曾经送了一本给阿隆,并在致辞中将该书称作:为阿隆《历史哲学导论》所写的"本体论导论"。

④ *Mémoires*, Julliard, 1983, p.688, 689.

二、本书的关注点与框架

正像阿隆宣告的那样,两篇博士论文是他"历史哲学问题"的导论,[①] 1961年发表的《历史意识的限度》是提出最终历史哲学的酝酿,他的成熟思想是从吉福德讲堂之后才开始逐渐成型的。然而遗憾的是,这一最终思考只完成了三分之一,该部分已经付梓发行,即《历史与暴力的辩证》。这一部分主要是阿隆对萨特的历史观所作的批判性研究。而另外两部分并未能完成出版,只留下了讲课时的笔记和课堂记录。

故本书侧重于扒梳阿隆成熟时期的历史哲学思想,在正文中首先对早期已经开始思考的"理解"问题作了梳理,随后转到后期对"理解"和"建构"问题的阐释(即本书的第三章和第四章)。在阿隆后期将要出版的三卷本的作品体系中,尤以后两卷为主要阐释对象。其中一个原因在于,阿隆历史哲学体系的第一卷业已完成并整理出版(《历史与暴力的辩证》),无须再画蛇添足;且该书主要以对萨特《辩证理性批判》的批评为主,[②]与专门论述阿隆历史哲学的后两卷相比,并未完全展开其核心思想,故而要全面了解阿隆的历史哲学,就应当考察他最后两卷想要表达的思想;另一原因是笔者希望能继续思考阿隆这一庞大计划的未完成部分。阿隆生前曾提到分析哲学与德国现象学对照的部分是本书的第一个主题,即"理解"(对这一问题的思考始于阿隆的博士论文);而最后一个关于历史行动或历史中的政治理论部分,则是本书

[①] 阿隆在《回忆录》中提到了对自己早期思想的一些不满。"我既不想否定这本书,也不想为它辩护";"我屡次重提《导论》中讨论的某些问题,比方说'历史意识的限度',但从不引用我在战前写过的东西(即两篇博士论文)"。《回忆录》,前揭,第 147 页,以及第 142、150、164、927、933 页。

[②] 《回忆录》,前揭,第 738 页以下至第 749 页。

的另一个主题,即"建构"。这两部分共同构成了阿隆历史哲学的核心,即历史是建构的,而建构的基础是理解。

　　本书并不自诩可以实现阿隆的遗愿,完成他最终对历史哲学的思考。毋宁说,对阿隆思想的整理,实为笔者依托阿隆而对历史和哲学问题的跟进思考。阿隆是今人理解历史哲学的拐杖,借由他的视野可以很好地理解近代以关的历史学和哲学的研究特点。但拐杖始终不能取代双腿,故在对阿隆思想完成了必要的整理与诠释之后,在本书的第五章,笔者添加了一些学者对历史主义和历史哲学的质疑与对话。通过这些质疑与对话,有助于我们更深入地理解历史哲学问题,特别是深入研究历史与哲学之间悠久的关系问题。

　　具体来说,本书分六章:

　　第一章是绪论。正如本章所呈现的那样,从宏观上介绍阿隆历史哲学研究的国内外概况,并且简单梳理了阿隆历史哲学的脉络。将研究的重点集中在阿隆未竟的事业,即历史的理解与建构两方面。

　　第二章主要介绍了阿隆历史哲学引入的背景,这一引入肇始于阿隆对英美分析哲学的考察。通过对亨佩尔与德雷的争论,以及"解释"与"理解"的概念区分,阿隆发掘出英美思想中德国传统思想的"理解"问题。

　　第三章与第四章是本书的核心。它展现了阿隆的历史哲学,即**历史是建构**而不是复制或回复,而**建构的基础是理解**。具体来说:

　　第三章着重呈现了阿隆历史哲学的一个核心问题:"理解"(Verstehen)。"理解"概念来源于德国思想。这与阿隆早期在德国访学,并大量阅读新康德主义学者和现象学与解释学的作品有关。

　　第四章是阿隆历史哲学的另一个核心:"建构"。用他的话说,是对"历史世界的建构"。德国的"理解"概念早在阿隆的博士论文中就已出现,并对之非常重视。然而"理解"这个概念也很容易导致历史相对主义的倾向。阿隆从博士论文完成之后,就开始不断地思考如何克服历史相对性的问题。"建构"概念是他从社会学中得来的灵感,①这一概念是他在知识论问题上对"理解"问题的推进。

第五章主要是在横向上探讨历史哲学面对的敌人以及它所遭遇的挑战。正如历史哲学要防止历史相对主义和历史决定论两个极端一样,阿隆始终也有两个战场:一方面,由于阿隆的历史哲学受韦伯的影响,因而面对施特劳斯②对韦伯的批评,特别是对历史主义或者说整个近代历史学的批评非常重要,他必然要守护历史哲学自身的立场。在他看来,历史并不代表着相对主义或虚无主义,历史哲学并不是一个矛盾体,那些看似的冲突恰恰是历史多样性的体现。另一方面,在当时法国思想受历史决定论的影响很深,为打消自称为马克思主义者们(萨特、梅洛-庞蒂和阿尔都塞等)的盲目的历史决定论和存在主义,阿隆以康德"批判"的方式考察历史认识的限度,从而以历史多样性来处理决定论与相对主义的两难处境。

第六章总结了阿隆的历史哲学。进一步开拓历史与哲学之间的关系问题,并期待在历史哲学问题上开启更多全新的研究路向。

---

① 这一部分虽取自狄尔泰的《精神世界的历史建构》,但阿隆所要寻找的是具有某种普遍性的社会学方法和概念。

② 本书中涉及两位施特劳斯,即法国人类学家克洛德·列维 – 施特劳斯(Claud Lévi–Strauss)和德裔美国政治哲学家列奥·施特劳斯(Leo Strauss)。为区分二者,前者统用"列维 – 施特劳斯"称呼,后者在必要时用"列奥·施特劳斯",一般则用"施特劳斯"简称。不赘述。

三、尚待展开的研究与问题

1. 德国的历史传统

在分析和诠释阿隆历史哲学的时候，不得不追溯他思想的来源，即对新康德主义和现象学部分的必要介绍。而关于德国历史学派的问题，时间跨度之久，问题所讨论之宽广和深入，使笔者深深感到，德国历史学的传统比阿隆这座山峰更加险峻和绵延。鉴于论文的侧重点在于分析阿隆的历史哲学，在相关章节就只能简单提及与阿隆联系紧密的学者及思想，唯有留待其它时候再另辟新作去考察分析。

2. 施特劳斯的拐杖

与阿隆一样，施特劳斯也被称为右派，但他的"右"与阿隆不同，阿隆的"保守"是相对于萨特和法国共产主义而表现出的理性和冷峻。[①]因为他知道支撑激情的是幻想与鸦片，理性就是要打碎这种虚妄的"神圣"；施特劳斯坚持古典主义，以自然对抗历史，他对历史主义的批评必然全面波及历史意识，这也就直接涉及历史哲学的合理性问题。但施特劳斯批评韦伯的时候也批评了海德格尔——虽然看起来他专辟一章来写韦伯，鲜有提到海德格尔，但是他批评韦伯的目的是揭示历史主义的根源：第三次浪潮所带来的危机，正是因尼采和海德格尔的彻底的历史主义所引发的。

---

① 关于阿隆的右派主张，西里奈利在《20世纪的两位知识分子：萨特与阿隆》中有一些描述："他的自我定义，更多的是通过驳斥在左派中占统治地位的主要思想体系——这是由于这些思想体系的综合规模以及它们对所谓救世主的向往——而不是通过赞同右派的政治文化来完成的。"（第386页）"自由主义右派面临着两大问题：一是极端自由主义者的过激言行，二是极右派在思想上的竞争……阿隆的去世，使他仅仅和这两大挑战擦肩而过。"（第375页），以及《回忆录》第883页以下。

阿隆真正的对手是萨特,施特劳斯真正的对手是海德格尔。两人本都是右派,况且在一些方面也还有共识且互有来往。①这样看来,似乎并无直接对话的可能。但由于阿隆从韦伯那里受益良多,所以当施特劳斯评论韦伯的时候,必然与他的一些见解出现分歧,故当《学术与政治》在法国出版时,他专门写了引言来为韦伯辩护。但需要注意的是,阿隆从来不是一个韦伯主义者,这些辩护是有保留的,他同时也是以历史哲学来反对历史主义所导致的相对主义和虚无主义。阿隆的理性以及科学的研究是用来抵抗德国意向性理论在法国生长出来的存在主义与相对主义问题的。换言之,他与施特劳斯所关注的问题相同,但得出的结论完全不同。②

阿隆是一个绝对现实和冷峻的实践者,他的主业不是哲学而是政治——或者说是更为广阔的社会,所以他的眼睛始终放在现实,而非抽象的理念。但他又不是一个纯粹的马基雅维利主义者,他要从历史主义的相对性中走出来,历史哲学是他克服历史相对主义的尝试。从这方面看,他的眼光是现代的,因为他关注的是马基雅维利——施特劳斯称其为现代性的开端——所关注的现实性。他很少提柏拉图、亚里士多德等人的形而上学,甚至对希罗多德也鲜见提起。他一生都很敬佩修昔底德,把他视为为将来史家书写当下历史,同时又介入政治的观察者的楷模。③

---

① 关于施特劳斯与阿隆的接触,他们有共同的好友科耶夫(Alexandre Kojève)。并且两人在德国和美国都曾有过会面和书信往来。参见《回忆录》,前揭,第 457 页,以及《施特劳斯在芝加哥大学》的一段记录:"施特劳斯有适合当教书先生的资质,比如有一次,施特劳斯与雷蒙·阿隆在芝大社科楼302 室对谈,阿隆说,Charles de Gaulle 时常模仿尼采的口吻,说国家像个冷血动物。施特劳斯则说,尼采压根儿仇视国家,de Gaulle 却试图爱抚它——我还清楚记得,施特劳斯当即伸出手,好像在抚摸戴高乐的国家,让人联想到人们抚摸小狗。在场的每个人包括阿隆,都对这个精彩的动作忍俊不禁,后来阿隆一回到家,就把这个趣闻传遍巴黎的同行。"[阿纳斯托普罗(George Anastaplo)著,黄薇薇译,丁悟编校,载刘小枫、陈少明主编:《古典传统与自由教育》,华夏出版社,2005 年,第 63~64 页。]

② Max Weber, *Le savant et Le politique*, Introduction par Raymond Aron, Plon, 1959, p.67.

③ 《回忆录》,前揭,第 158 页。

阿隆与施特劳斯的联系，并非表面上围绕韦伯的讨论以及彼此的书信往来。他们之间的差异其实是历史、哲学和神学层面的问题。这些问题首先由施特劳斯间接地揭示出来，他所提出的政治与哲学的张力问题实为历史与哲学问题的前奏。

四、关于翻译La philosophie critique de l'histoire的一点看法

学术界大都有种共识：翻译是件费神费力不讨好的事。一旦发表就可能面临两类语言读者的共同批评，翻译永无止境，能做到"信"已属不易，"达""雅"之望更遥不可及，故译文实难尽如人意。不过另一方面，这恰恰又说明翻译是项功德无量之事，不求褒赞，唯愿精益求精。所以首先要感谢本书(《历史意识的维度》)译者这么辛勤把阿隆这样一部重要的著作移译为中文，令读者有幸得飨。读罢全文，翻译简洁雅致、文通字顺，整体上都很好。只是在一个关键词的翻译上有些愚见，以供商榷。

译者将 La philosophie critique de l'histoire 译为"历史批判哲学"或"历史的批判哲学"[①]。直译并无错，但是若结合中国学界对这个词的翻译习惯，建议译为"批判的历史哲学"或"历史哲学批判"较好。以下为理由：

从法文这三个核心词来说，philosophie 与 histoire 都是名词，分别指"哲学"和"历史"。而 critique 既可以用作名词"批判"，同时也有形容词"批判的"含义。

———————————

① 西蒙－纳乌姆的序言翻译为"历史批判哲学"(序言第 11 页)，文末"作者著作目录"(第 284 页)翻译为"历史的批判哲学"。

1. 关于 La philosophie de l'histoire 与"历史哲学"的问题

La philosophie critique de l'histoire 直译为"（关于）历史底批判哲学"。但是因为法文已有 la philosophie de l'histoire（据说最早使用的是伏尔泰，他的初衷是用哲学的方法，去考察纷繁庞杂的历史事实，从中选择对当下有益的东西），中文一般翻译为"历史哲学"。又因为法文从拉丁语简化而来，没有区分第二格，所以在 la philosophie de l'histoire 中，是 philosophie 修饰 histoire 还是相反，单纯从语法上难以确定；现代中文已经不用代表领属关系的"底"字，取而代之以"的"来通用，而"的"字也用于形容词，这就可能造成了某些句意上的模糊。例如，在"A 的 B"中，难以区分 A 是 B 的领属关系还是修饰关系。因而，la philosophie de l'histoire 直译为中文"历史的哲学"就会有至少两种理解。

但这个问题我们可以通过德语得到解决。因为现代德语还保留了第二格，即属格。且非常好的是，黑格尔恰恰就有一本书名为《历史哲学》(*Philosophie der Weltgeschichte*)，这里 der Weltgeschichte 就是名词第二格，表示Weltgeschichte 对 Philosophie 的领属。因而，为避免"的"的混淆问题，中译一般就把 Philosophie der Weltgeschichte 翻译成"（世界）历史哲学"①，而 la philosophie de l'histoire 在中文中也就翻译为"历史哲学"。

还需进一步指出的是，黑格尔的哲学是一种大全的哲学，就像他把不同民族国家的历史统一为世界历史一样，**历史哲学的主词是历史，不是哲学**（虽然在精神运动的最高阶段，历史与哲学达到了同一）；其次，"历史哲学"的前身是"历史神学"（希伯来和基督教传统）②，这是一种从整体上看待人类的两种不同的方式：前者为理性，后者为神学。

---

① Weltgeschichte 是由 Welt（世界）和 Geschichte（历史）合成的。

② 可参见洛维特《世界历史与救赎历史》，亦可参见《历史意识的维度》第 4、30、79 页的相关内容。

但阿隆的历史哲学并不是在讲历史整体,而是在讲**历史整体是如何被建构出来的**,[①]因而在黑格尔那里,历史统领哲学,以表示历史发展到最高阶段是哲学;在阿隆这里,是用哲学来看待历史。而历史与历史认识又有共通性[②]——这是他受新康德主义影响的体现。因而,在阿隆看来,批判的历史哲学是**用哲学的方式去考察:历史为何具有整体性或对象性**。这就涉及人类是怎样认识历史的,需要考察这种(对历史的)认识的限度。

2. 关于 critique 的问题

无论 critique 是作名词还是作形容词用, 在 La philosophie critique de l'histoire 的文意上都是用来修饰 philosophie 的,借以指出这是一种带有"批判性"[③]的"哲学",而非不假反思的哲学。[④]

阿隆的历史哲学受康德影响很多。我们知道,康德生前完成了三大批判,即《纯粹理性批判》《实践理性批判》和《判断力批判》。在晚年他致力于对历史问题进行批判和划界,惜乎天不假以时日,最终只留下散见各处的文章,后人整理为《历史理性批判文集》[⑤]出版。

狄尔泰旨在继承康德的遗志,将其《精神科学中历史世界的建构》中的一部分命名为"历史理性批判"。阿隆也将狄尔泰的工作称为"历史理性批判"(la critique de la raison historique)。"批判"(la critique)是康德意义上的,是三大批判的延续,旨在为历史学找到限度。康德试图在感性形式和知性范畴中找到人类构建、思维乃至认识自然现实的工具。从这一层面看,历史理性批判是对人类先天认识的形式和范畴的分析,通过这些形式和范畴来建构和认

---

① 《历史意识的维度》,前揭,序言第 7 页,正文第 48 页。

② 《历史意识的维度》,前揭,第 3、4 页。

③ 《历史意识的维度》,前揭,第 6 页。

④ 《历史意识的维度》,前揭,序言第 13 页。

⑤ [德]康德:《历史理性批判文集》,何兆武译,1996 年,商务印书馆。

识历史。所以阿隆的历史哲学也是康德意义上的**历史哲学批判**。

在"历史""哲学""批判"这三个词中,相信译者也会同意,核心是"哲学";"批判"用来表征这种哲学的样式;"历史"用来表征哲学批判的对象。阿隆本意旨在提出一种不同于以往的对历史认识的看法,这种看法带有哲学的批判性。因而,La philosophie critique de l'histoire 所指的含义为:**用带有批判性的哲学来处理历史(认识)问题**。

综上,如果沿着习惯来说,阿隆的历史哲学应该是一种批判哲学。是对历史认识进行哲学上的批判。如果翻译为"历史的哲学批判",一则与习惯不同,同时也会把"历史的"误解成形容词(historique)来修饰"哲学";二则因为"历史哲学"的称谓在中文已为人们所熟悉,且也只有黑格尔和伏尔泰两个层面的含义。所以建议为展现阿隆不同于一般的历史哲学,突出其"批判哲学"的特点,并且不将作为哲学的批判对象的历史与批判主体(姑且用"对象"和"主体"称之)的关系打断,不如将其翻译为"批判的历史哲学"或"历史哲学批判"。

第二章
阿隆历史哲学的引入

　　……后来有一天，我听见一个人在读书，他说那是一本阿那克萨戈拉斯的著作，书里说：nous（思想）是万物形成和有序的原因。我很喜欢这个关于原因的理论……我一路读下去，发现他并没有利用"思想"，并没有把一切事物的安排归于"思想"，而是提出了空气和水和火，以及许多其他不可思议的东西作为原因。我看这就好比是说，苏格拉底在做任何事都不是出于思想，而是要指出我做某件事的原因时，首先说我坐在这儿是因为我的身体是由骨骼和筋腱构成的，骨骼是坚硬的，有许多关节把骨骼分开，筋腱能松能紧，而且为皮肉所包裹，贴在骨头上，又有韧带相连，都能活动，如此一来，筋腱一松一紧我的手脚就能弯曲，这就是我盘着腿坐在这儿的原因。照此讲来，他就得把我们彼此谈话的原因归结为声音、空气、听觉，以及无数诸如此类的东西，而避而不谈那真正的原因，其实原因是雅典人认为判我死刑最好，因此我才认为我坐在这儿最完美。

——柏拉图《费多篇》(97B—99A)

第一节　什么是历史

　　"历史"这个词含义很广，并且诸含义又多有很多交叉模糊之处。从希腊语流传下来的ιστορία（拉丁字母转写作 historia），演变成今天英语的"history"、法语的"histoire"以及德语的"Historie"……

　　只这一漫长的演变就足以为"历史"写一部历史了。而当我们称呼某一对象的历史时，其实已经暗含地承认了它乃是在某一基底（substance）之上（即某物）的演变。一个本质不发生变化的东西无所谓历史。因为它始终是其所是。也即是说，所谓某物的历史，首先要有这个作为"此"的事物，也即具有**统一性**，同时它的变化（历史）并不能影响这个"此"的本质。这样的问题放在一般的物理或化学研究上很容易理解，因为首先要有一个被分析的基本单位，其后才可以对其位移、形态乃至物理和化学性质的改变作出研究。但当研究某物的历史时，这样一种"此"的统一性就多少看起来有些可疑，因为物理的统一性总还是可以还原到某一质点的物质或原子，但历史的这种统一性的来源又是什么呢？它是类似物理实体那样为其本身所本有的吗？

　　有一种理性主义的学说，认为历史科学是精神的创造。过去只是为了并通过意识才存在的。埃及（Egypte）的历史首先是埃及学（égyptologie）的历史。[①]因为在研究之前，现实并没有被预先创造好，现实与我们的认知是混合在一起的。没有今人对某些历史事件的概括，所谓的历史就只是各种零散的事件。这些松散的事件如何能够彼此关联为一个整体，或者说它们具有怎样一

---

　　① Raymond Aron, *Introduction à la philosophie de l'histoire*, Gallimard, 1986, p.41.

种内在的关联性,从而能够被统称为"某某的历史",这是历史能否存在的基本问题。

此外,历史与一般的自然存在物又有所不同。因为当我们指称某一事物的本质时,就是说它是其所"曾是",并且还将如此"是"。①一个石头唯有在过去和将来都是石头的时候,我们才说它就是"这个"石头。倘若有一天它被粉碎成粉末或尘土,那么它就不再是一个石头(沙子或泥土)了。但当我们提到一个事物的历史时,这个事物必然要有所变化,而如果有"石头的历史"的话,它或许会指这块石头从被发现到被加工成一块雕塑的过程,人们不会称呼一个恒定不变的东西有历史。一个永远恒是的东西没有"历"的史。如同卢梭在《论人类不平等的起源和基础》②中描述未成为人的自然人的情况一样,它可能非常古老,但并不成熟。因为即便千百年沧海桑田,那个万世后代的子孙的生活与其祖辈并无二致,时间对他们没有丝毫影响,千百年的生活方式始终未曾改变。于是,我们说这样的野蛮人没有历史,只有"自然"。严格地说,石头有的只是自然,没有人类的作用令其改变,它也就没有历史。

历史必然意味着变动和多样。本质上包孕了丰富的含义,并在时间的维度上呈现着多样性。希罗多德最早使用这个词的时候,意指"探究"(为了记录人类的丰功伟绩,但特别是为了探究希波战争的原因)。与今天指称某一东西的过去事实或事件不同的历史,希罗多德的"historia"更偏重于"史学",或者说是"对历史的认识"。③而其后的修昔底德,在指称历史时有意回避了"ἱστορία"(故有人建议将《伯罗奔尼撒战争史》改译为《伯罗奔尼撒战争志》)。

---

① 此为亚里士多德对实体 ousia 的定义。

② 中译本参见[法]卢梭:《论人类不平等的起源和基础》,李常山译,商务印书馆,1997 年,第106 页。

③ 这个词倒是与中文的"史"的意思颇近。《说文》训"史"为:"记事者也。从又持中。中,正也。凡史之属皆从史。"意即史官记事当秉持中正。

无论是对同时段"历史"的理解,抑或是在时间长河中对历史丰富性的展开,都使得"historia"这个词丰富多样起来。而民族意识强烈的德国人,不满足于 Historie 这个词的多意(或者说模糊? 歧义? 混淆?),又单独创造了 Geschichte。从构词上看,显然,这个词来源于德语的动词 geschehen,意即"发生",其名词形式 Geschehen 指"发生""事件""事故"。所以德语 Geschichte 的发明,显然取意于"经历""变动",并将之分享了"Historie"的名词或实体含义。

历史必然意味着变迁,无论这一变迁在总体或者局部上的表现是进步抑或后退。中文历史之"历"字,恰恰反映了这个"变"的本质。然而奇妙的是,历史本身又绝非完全彻底的变,我们大可以称呼人类的历史、太阳的历史,因为千百年来,沧海桑田、斗转星移。但我们终究保留了那个可以被赋予"历史"称谓的本体(substance)的不变。这个本体是个基底,没有它,只有变动和流转是难以想象的,这颇像罗素揶揄柏格森一般:芝诺的理论竟是被箭的"飞行"所刺中(批判)。我们称谓人的历史、太阳的历史,但不会将人与太阳归为一类,合称为"人的历史"或"太阳的历史"。在"历史"的"历"中,似乎总还是有某种未曾变迁的东西存在,它使得某某得以成其为"某某的历史"。但究竟这一基底是本体论上的,抑或是人类之认识的构想,千百年来,又形成了一段人类争论的思想史。这其中的变与不变,就是历史的复杂和多样。

一、历史的概念

在阿隆看来,历史既可以指历史事实(la realité),也可以指对历史事实的认识(la connaissance)。[1]英文中的历史既可以用"history",也可用"故事"

---

① Raymond Aron, *Leçon sur l'histoire*, Edition de Fallois, 1989, p.114.

（story）来表示。若用英语来下定义的话，可以写作：History is the story of the dead told by the living（"历史就是今天活着的人所讲的关于死者的故事"）。在法语中，"故事"（story）对应的是叙述（récit）或故（去的）事（histoire）。但无论是叙述还是故事，都是由活着的今人参与其中的，所以法语可以描述为：l'histoire est le récit ou l'histoire des morts racontrée par les vivants。①可以说，英法世界所使用的"历史"基本上秉承了希罗多德"探究"的含义，其偏重于对历史的认识。在德语中，指代历史的词有两个："Geschichte"和"Historie"。前者既有认识（connaissance），也有事实（realité）两种含义，②而后者则指"认识"，以及重建（reconstituer）、讲述（raconter）或撰写过去事件的方式（la manière）。在法语中，后者可以用"historiographie"（历史编撰）来表示。但即便剔除了历史编撰的含义，"历史"仍旧没有确指，它有时表示主观对历史的认识，有时也指人们所认识的客观对象。如果从德语对"Gestchichte"和"Historie"的区分上来看，"历史"（Historie）首先被定义为指对人类过去的认识（la connaissance du passé humain），阿隆正是从这一定义进行分析的。③

这个定义有两个关键点：首先，人类过去俨然是被当作一个对象，或者说一个统一体（unité）；其次，认识的对象是人类的过去，而不是自然或者其他物体，意即人类与自然事物不同。

为什么人类的过去可以被视为一个整体，从而成为研究的对象呢？阿隆从两方面作出了回答：①生物学的解释版本，②神学的以及被世俗化后的神学版本。④

---

① *Leçon sur l'histoire*, ibid., p.114.

② 海德格尔在《存在与时间》中明确区分了"Geschichte"与"Historie"。参见《存在与时间》，陈嘉映、王庆节译，生活·读书·新知三联书店，2006年，第425页以及注释2。

③④ *Leçon sur l'histoire*, ibid., p.115.

　　生物学的版本以进化论为基础，将其视为猴子的繁衍发展，其历程一直延伸到现在并还要继续发展到未来。人类作为动物的一个种族，因而也只有唯一的一种历史(histoire-une)。这个被称作"人"的种族，从古老的石器时代开始，冥冥中似乎就已归属于一个群体了。显然，这种生物学的解释并不能令人满意，它有些粗暴地把所有人类的差异抹平而抽象为一个统一体。人本是一种特殊的动物，每一时期、每一部族之间都存在着很大的区别，更无论相隔千万年的人类诸种社会形态了。这些不同部落间的差异巨大，细致的学者决不会把这样的人类与其自身的存在方式、文化和历史混为一谈。阿隆还举了列维-施特劳斯(Claud Lévi-Strauss)的人类学研究来说明人类群体间巨大的差异，"唯有狭隘地局限在过去那些我们感兴趣的领域中，才能证明人类的过去是一个整体"①。

　　神学及其世俗化的解释版本来源于基督教。②人被描述为上帝的创造物，他们有一个共同的祖先亚当，亚当的罪是所有人类的原罪，人类历史就是为了寻求救赎并获得拯救。这种神学解释在近代科学的世界中被排除掉了，但它的影响却并未在宗教去魅后而消亡，反倒是以世俗的模样在线，数万人仍默默地背着这个基督教的"十字架"。马克思主义哲学，在阿隆看来，就是基督教关于历史解释的世俗版：人从原始共产主义(对应于《圣经》的伊甸园)进入阶级社会(对应于人类原罪的开始)，阶级社会是一种堕落，同时也是一个必要的阶段(救赎的必经之路)，经历并超越了这一阶段，"人们就能在时间的尽头重建人类统一性"(对应于救赎历史的结束)，实现共产主义(得到救赎)。共产主义的实现就是资本主义的灭亡，在那里，生产资料无限广阔，按需分配

①　*Leçon sur l'histoire*, ibid., p.117.
②　参见[德]卡尔·洛维特：《世界历史与救赎历史》，李秋零、田薇译，生活·读书·新知三联书店，2002年。

使得所有人都拥有了合理的生存环境,并且更为重要的是,它许诺了以一种和谐的人性来替代人与人之间的斗争——这是人类彻底的拯救。①这样浓厚的未来救赎和乐观主义,在阿隆看来最多也只能算作是一种努力或一种可能性。科学对基督教的批判同样适用于共产主义的幻想,未来不是那么一种可以确定实现的目标,我们无权根据未知的未来就把人类视作一个整体,这不过是一种超阶级、国家和时间的假设。②

通过以上两方面分析,阿隆认为,人类历史并不是一个能够为我们掌握的统一体,我们不可能拥有关于它的整体认识。在他看来,历史认识并不总是遵循时间顺序,一些重大的历史事件,往往并不符合连续事件的叙述。他以雅各布·布克哈特(Jacob Burckhardt)的《意大利文艺复兴时期的文化》③为例,这本书就是以专题和问题作为研究对象,抛弃了其他历史学家以往按年代顺序来叙述的方式。阿隆提出,这同样是对文化整体或文明整体的**重建**,是对某个研究对象的意义、结构、组织和价值系统的重新发现。④任何一种历史都是以解释学的主体来构造和重建一个历史整体,无论其构建的角度是时间还是主题等。

这种解释学的重构认为,**人所生活的世界首先是一个意义世界或者说是一个业已被理解的世界**(un monde significatif ou un monde compris)。这样一个自发理解的世界平时并不被我们所注意,而只有当我们忽然身处一个完全不同的环境,自己所理解的世界与另一个陌生的世界出现了某种不合时,我们才能发现曾经被认为是理所当然的"业已被理解的世界"。举例说,我们到

① *Leçon sur l'histoire*, ibid., pp.117–118.
② *Leçon sur l'histoire*, ibid., p.118.
③ 中译本参见[瑞士]布克哈特:《意大利文艺复兴时期的文化》,何新译,商务印书馆,1997年。
④ *Leçon sur l'histoire*, ibid., p.119.

美洲或非洲的原始部落,虽然大家同被称为"人类",但当地人的行为举止、手势动作以及说话和生活方式,都与我们有很大不同,我们需要逐渐融入对方那个世界才能理解这些行动与手势的含义。同样,我们也可以由这些不同而发现自己原来生活的世界,这些生活世界所表达的意义和方式与那些部落不同。事实上,我们是本然地(naïvement)处在一个世界中,这是一个充满了意指事物的世界(un monde peuplé de chose signifiantes)。①世界中的每一个人,都以大量不自觉的知识储备来理解其周围的环境和他人。这些知识储备使我们能够正常地去理解所遇到的人和事情。但另一方面,理解也并不代表着我们已经在深层次上达到了共识,或者能够参与到那些人的活动之中(譬如比较专业的技术工作)。这种理解其实是以普通的方式看懂了那些活动的目的,而非拥有了知识或认识到了本质。

借由这种通俗的认识,可以建构一些社会科学的知识。很多学科都是由一些基本概念建构起来的,这些概念在使用中也渐渐成为通俗认识的一部分。于是可以发现,在社会与概念之间存在着某种辩证关系:这个世界同时由两方面组成,一方面是我们在某一社会中生活而逐渐得来的认识,另一方面则是科学或准科学认识的逐渐普及。②

历史认识就是将这种相似的辩证方式应用到了历史领域,它试着探寻前人世界。用这种通俗的认识去理解我们周边的世界是很容易做到的,但如果去理解已经与我们这个世界相隔甚远的时代,那么就形同去研究一个新的世界体系,重建它们的难度就会更大,因为我们必须首先具有前人们的生活细节和经验,之后才能理解他们的生活方式,因而必须借助某些契机来寻找到这些经验的进路。现成留给我们的只有他们生活过的痕迹(des traces)和古迹

---

① *Leçon sur l'histoire*, ibid., p.121, 注意 signifiante(意指)与 significatif(有意义的)的词源关系。

② *Leçon sur l'histoire*, ibid., p.122.

（des monuments），这些遗迹就像曾经鲜活的历史火焰留下的灰烬一般，我们需要从这些灰烬中复活历史过去的活火。①

由这些留存下来的遗迹，我们多少就可以重建前人所经历过的事情。因而，历史认识（la connaissance historique），或说作为认识的历史（l'histoire en tant que connaissance），就是从当下对过去进行的重建或复原（reconstruction ou reconstitution）。阿隆强调，这种复原并非是对过去整体的抽象复制，而是**对处于某一段时空里**的过去的重建。②这种重建使我们与当下的经验脱离，我们此时已经生活在了过去的传统与习俗中。因而，在历史的现实意义上，历史的经验方式有两层含义：我们经历着过去——但这个过去仍然在我们现在的尺度内，并且作为我们过去的经验，我们能够探问它的起源，考察其对不同于我们的前人意味着什么。③这就是阿隆所提的第二种对历史认识的思路，是解释学对历史认识所作的定义，它以所有作为社会存在同时又作为历史存在的人的经验为出发点，走向重建过去发生而现在业已消失的历史事件。

但分析哲学家们采取了完全不同的观点。在他们看来，历史学界的叙述或话语是由命题构成的，历史学家只是用话语和描述的形式去呈现了这些命题。在他们看来，这些命题就像自然规律一样，是先在的，它们的存在并不以历史学家是否描述来决定，也就是说，命题是普遍有效的。理论上说，分析学家会认为，科学命题的真理性被认为早在人们建立或发现前就已经存在了，人们只是**发现**了这些规律，而不是**发明**了它们。或许会有人反驳说，那么在它

---

① 此处比喻借用了萌萌教授的文章题目"复活历史灰烬的活火"，载《启示与理性："古今之争"背后的"诸神之争"》，上海三联书店、华东师大出版社，2006 年。相关解读亦可参见拙作《语词的索引——从萌萌的进路贴近本雅明的历史哲学》，收录于《启示与理性》（第七辑），上海三联书店，2016 年。

② *Leçon sur l'histoire*, ibid., p.119. 黑体为笔者所加。

③ *Leçon sur l'histoire*, ibid., p.119.

们被发现前,那些所谓的真理在哪里呢? 如果人们永远都没有把它们发现出来,它们是否也存在呢? 如果没有那些思考到真理存在或不存在的人的大脑,又怎么能孕育出"真理已然或尚未建立"的观念呢? 这似乎是个没法解答的问题,但跳出这种争论来看,分析哲学家们其实是将自然科学的成果推广到了历史学领域。在他们看来,历史学家所描述的命题与自然科学家们发现的自然规律根本上是一致的,也就是说,在分析哲学家们看来,历史认识的对象——即人类的过去——与自然的过去是同质的。这就回到了最初的分析哲学家们与历史学家的根本分歧上,阿隆历史哲学的建立,首先就要指出分析哲学家对待历史的自然科学式的解释的本质是什么。他下面的工作都是围绕着这一主题展开的, 并且阿隆从分析哲学家的内部,以丹托和亨佩尔-德雷两个案例,来指出分析哲学家的解释并不能应用到历史领域,并且从分析哲学的内部争论,他挖掘到了德国历史学家的"理解"传统。

二、解释学传统与分析哲学的差异

分析哲学家认为对历史的认识是由与事实相关的各种命题组成的。他们承认,即便在自然科学中,认识的对象也不是简单地由分离的命题组成的集合。分析哲学家们并不打算把握认识对象的所有方面,而只要抓住核心部分(le noyau)。他们承认任何书写出来的历史都比这个核心部分有更多的内容,但他们相信,只要是想建立起一套历史认识的逻辑,就必须通过这个仅仅包括了逻辑核心的部分去定义历史。而现象学家和解释学家会认为,只有当我们不把历史缩减到一个叙述命题的集合时,才能更好地理解历史。

对于分析哲学家与解释学家的不同, 阿隆从二者对下面三个问题的回答呈现其各自的特点:①人类历史与自然历史的区别是什么? ②所谓的历史社会与历史认识有什么关联?③诸事件的编年史(chronique)与历史认识有什么不同?

1. 关于人类历史与自然历史的区别

前面已经大致提到，分析哲学家从逻辑出发，认为历史学家的叙述(récit)或话语(discour)由诸多命题组成。历史学家的描述可以浓缩成一个由命题组成的整体。分析哲学家用科学的方式去解释人类历史,科学追求普遍命题的方式同样适用于历史认识。从理论上说,如自然规律一样,在人类并未出现或发现它们前,这些命题就已存在了。问题只在于历史学家的叙述是否是真(符合)命题而已。在分析学家看来,叙述所对应的规律是先在的,并不由人类和历史学的叙述所影响，问题只在于历史学家是否正确地描述了该规律。正确的命题可以求证于实践,就如同人们可以在事实上将阿波罗宇宙飞船送上天前,已经根据这些规律在实验室里模拟好了一切,事实只是验证这一模拟符合与否。

在阿隆看来,分析学家与解释学家的根本区分在于,分析学家高度集中于事件的核心部分。而这一部分在历史学家看来实在过于抽象,因为他们认为,只有充分地了解细节,不将其缩减为一个叙述性判断,才能更好地理解历史。分析学家则会反驳说,固然历史的丰富性要远高于这个逻辑的核心部分,但历史认识的建立,必须以逻辑核心作为主干。因而,分析学家们不大会在人类历史与自然历史之间作出区分。科学在自然方面的重建取得了广泛的成就。天文学、生物学以及物理学发现的规律,都成功地映证在了自然界中。从某些方面可以说,"对于自然的认识的部分也隶属于历史认识"①无论是自然

---

① 《il y a des fragments des science naturelles qui relèvent de la connaissance histoirique》, *Leçon sur l'histoire*, ibid., p.217.

科学还是人文科学,它们都不是在单纯描述事物,而是在做一种理论的建构。

但现象学家会提出一个问题:对自然的重建与对人类行为的重建,二者之间的差别是程度上的还是本质上的(une différence de degré ou de nature)?分析学家会认为这是个伪问题,因为无论是程度上还是本质上,都是人类认识的问题,主观的看法无关乎规律本身。但现象学家认为未必如此,相同的自然实体,人们对其描述的方式有多种,而每一种都是从不同的目的和意义出发的,这样,同一个自然实体在意义方面就会有多重含义。例如,晨星与暮星,二者在自然上属于同一个对象,但它们所指代的含义却有所不同:前者指早上的星,后者则指晚上的星。如果以自然的同一替代意义上的差异显然不合理,我们不会将早上看到的星称为"暮星",也不会在晚上称该星为"晨星"。因而,凭借自然方面的同一,是否可以撇开人类主观认识的多维层面去还原成单一呢?此外,历史认识原本也不能撇开人的思想(pensé)、感受(senti)和意愿(voulu)。抽掉人类意识的人类过去,是否还可以称其为一种人类历史呢?自然历史可以中立,或说尽可能不沾染人的意识,但人类历史却不能脱离人的意识。在阿隆看来,即便自然历史与人类历史的差别不是"本质"(de nature)或"根本"(fondamentale)的,但至少也是"重大的"(significative)或"实质性的"(substantielle)。[①]

2. 历史社会与历史认识的区别

关于历史社会与历史认识的关系,现象学家和秉持解释学传统的哲学家都倾向于将历史学家的话语与社会的历史性(l'historicité des sociétés)联系起来。社会的历史性既可以指历史学家所归属的社会的历史性,也可以指历史学家话语对象的社会的历史性。历史性（historicité）或历史社会(société

---

① *Leçon sur l'histoire*, ibid., p.129.

historique)的概念来源于狄尔泰,阿隆把"历史社会"理解为变动着的社会,它在一定程度上可以意识到或诠释自身和过去。"诠释自身"这一说法似乎有点神秘,大致上指能够意识到自身的变化,也就是意识到过去并能有所前瞻,即为一个有历史感的社会。在阿隆看来,希腊人就建立了一个这样的历史社会。他以修昔底德为例,称赞其为"整个世界最伟大的历史学家"[1],从后者对伯罗奔尼撒战争的记述中,就能看到他作为一个历史的参与者,既能看到战前的过去,也能为将来提出告诫(《伯罗奔尼撒战争史》中他提到要写一本永久有效的书)。今人如果要写一部"伯罗奔尼撒战争史"的话,要从两方面来看待修昔底德:首先要把他的书当作重建历史事实的材料来看待,也就是前面提到的基本的建构元素。因为现今关于这场战争的记述,只留有修昔底德的记载,其它的材料唯有留待日后考古学的新发现了。其次,修昔底德本身就是一个历史认识的对象。对他的研究能够使我们知道希腊人自己是如何看待这场战争的。修昔底德想写一本永久有效的历史,他说自己的书必须对将来的人类有所帮助,因为在他看来,人总是相同的人,如果同样类型的战争再次爆发,那么同样的现象还会重现。所以从修昔底德对未来强烈的意识中,我们可以领会希腊人对城邦间关系的理解,以及他们对战争的诠释。

　　关于"历史社会"与"历史性",海德格尔[1]推进了狄尔泰的研究。他不仅将

---

　　① *Leçon sur l'histoire*, ibid., p.130.需要注意的是,阿隆对修昔底德推崇有加,而对"历史之父"希罗多德鲜少谈起,每当他称赞希腊最伟大的历史学家的时候,他是指修昔底德。他看重修昔底德对历史的意识,也就是他能够考虑到历史的过去和未来,以及能成为有意识的历史创造者和参与者。相比,希罗多德与荷马等人在他眼中就不那么科学,他们所记述的历史神话色彩很重,不是批判的历史,并且对历史本身并没有很强的意识。

历史社会理解为对自身的过去、当下和未来具有意识的社会,而且将它们的本质定义为通过某种筹划(un projet)或者拥有某种筹划的社会。[2]其实在狄尔泰那里已有如此的倾向了,海德格尔在《存在与时间》中推进了这个想法,他建立了"历史的"(historical)这样的先验范畴(la catégorie transcendantale),认为人是一种历史的存在,因为它被定义为一种筹划,从这种"历史的"先验范畴出发,我们就可以理解人的历史性以及社会的历史性。[3]

那么分析哲学家会如何看待海德格尔的话语呢?他们或许会认为这是一种在哲学上用复杂的话语表达的相当简单的描述,即人是一种社会动物,这种社会动物具有为将来筹划的能力,是一种为自我设定目标的存在者。[4]而那种作为"历史的"(historial)先验范畴,也即"人是历史性的"这一定义,分析哲学家们不会纠缠于语词上的讨论,他们会认为,一个历史学家与其纠结于对过去作真判断(des jugements vrais),倒不如关注历史认识导向何处更有意义。他们将眼光放在未来而不是过去,逻辑规律的效用不在于总结历史,而在于预言将来。

3. 关于编年史与历史认识

关于编年史与历史之间的区别是一个老话题,在贝纳德·克罗齐(Benedetto Croce)及马克斯·韦伯那里,这样的区分都十分明显。克罗齐深受黑格尔哲学的影响,他关于编年史与历史的区分其实来源于黑格尔在《历史哲学》中对历

---

① 阿隆对海德格尔与现象学的关注从他1928年去德国接触了现象学后就没有间断过,他是法国最早一批接受现象学影响的学者。也正是由于阿隆的介绍,萨特等人才开始去德国学习现象学,法国的存在主义之后如日中天。若说他早期的博士论文受新康德主义和韦伯影响较深的话,他之后的历史思想则越来越受现象学影响。可以说,他后期对历史哲学问题进行的重新思考,大都是在现象学和解释学层面上展开的。他在《回忆录》里曾多次表示自己对《存在与时间》的重视。

②③ *Leçon sur l'histoire*, ibid., p.132.

④ *Leçon sur l'histoire*, ibid., p.133.

史的区分。

　　在克罗齐看来,历史是鲜活的,如果仅仅提及某些历史的名称,那至多只算是一种简单的事件代称或书名。但对于曾经历或思考过该历史事件的人来说,它们的意义就完全不同,当人们思考或将思考它们,而不是凭空称呼它们的时候,就需要根据自己的精神重构它们,它们也曾是或者将是历史。[①]那些没有精神参与的名称就如同编年史,是死的历史。历史主要是思想的活动,一切历史,当它不再被思考,而只是被用抽象的词语记录下来的时候,就变成了编年史。所以克罗齐断言,"一切真历史都是当代史"[②],他明确反对马里奥维·托里诺的观点,后者认为"先有年代记(编年史),其后才写成历史"[③]。克罗齐认为,从探究这两种态度或行动的性质,即起源的结果看,历史首先存在,之后才有编年史。就如同先有活人,后有死尸一般,死尸只是生命的残骸,编年史就是历史的枯骨。

　　克罗齐举古希腊绘画史为例。就当代人来看,他们对希腊绘画的认识缺乏相关的文献,并不了解在古希腊人的生活中,绘画扮演着怎样的角色和意义。因而,对于古希腊绘画史,只留存着简单的关于古希腊绘画的一个空洞概念。流传至今的叙述和学者们撰写的古希腊绘画史缺乏对画作本身的直接认识,都只是一些画家的名字和他们的生平轶事,这些并不足以填充绘画史。脱离了活文献的历史就只是年代和事件的记录,不再是一种精神活动。[①]

---

　　①　参见《历史学的理论和历史》(*Teoria e storia della storiografia*),田时纲译,中国社会科学出版社,2005 年,第 6 页。

　　②　《历史学的理论和历史》,前揭,第 6 页。

　　③　《历史学的理论和历史》,前揭,第 12 页。

　　当然,编年史并不意味着不能转化成历史。克罗齐指出了编年史重新变为历史的可能:当生活的发展逐渐需要它们时,死历史也会复活,过去的历史就会变成现在。就如同文艺复兴时期,死去的希腊和罗马精神重见天日一般。精神每时每刻都是历史的创造者,也是全部过去历史的结果。不从精神本身即历史出发,就根本不可能理解历史思维的实际进程。克罗齐将人比作一个熔炉,它的质料就在我们的胸中,在此熔炉中,质料重新燃烧,与文学(文献)结合哲学(思想或精神)产生历史。

　　阿隆明确反对编年史与历史的本质区分。在他看来,两者的区别只是程度上的,而绝非如克罗齐在《历史学的理论和历史》中表达的那样,可以明确区分两者。阿隆把丹托看作反对克罗齐的学者,他借后者来说明,分析哲学家与存在主义或现象学家并不存在区分,②二者本质上正如编年史与历史的区别一样,是程度上的。在阿隆看来,《分析的历史哲学》③一书是美国分析哲学的经典,在这本书中,丹托试图说明,在人们的历史认识或者历史科学中,都包含有某一核心,即解释。没有解释,叙述就不成其为叙述,正是在这一基础上,丹托才批评克罗齐及沃尔什等人关于编年史和历史的本质区分。在丹

---

　　①　马克斯·韦伯在《新教伦理与资本主义精神》的导论中也这样看待中国与印度的历史:西方人发展了历史这一文体;中国只有编年史,而没有修昔底德式的历史。

　　②　"将哲学家们划分为分析哲学家和存在主义或现象学论者两大阵营,这种做法是愚蠢的,甚至会导致毁灭性的后果。"参见 A.C.丹图:《萨特》,安延明译,工人出版社,1987 年,第 5 页。

　　③　原文为"Analytical Philosophy of History"。该书原出版于 1965 年。20 年后,重新再版,并添入三章新内容,更名为"Narration and Knowledge",1985 年由哥伦比亚大学出版社出版。中译本:《叙述与认识》,周建漳译,上海译文出版社,2007 年。中文在翻译 narrative 与 narration 时并未严格区分,大多将 narrative 翻译"叙述",偶尔会结合语境使用"叙事"。在《历史讲演录》中,阿隆将 narrative 译为 récit。同时,也使用了 narration(英文与法文相同),实际上他在使用时也并未区分 récit 与 narration(参见《历史讲演录》,第 171 页)。本书为区分两词,暂将 narrative(对应法文 récit)译为"叙述",以表示其同时含有"叙""述"的动作含义;将 narration 译为"叙事",以偏重名词含义。需要说明的是,Narration and Knowledge 中译者将题目中的 narration 译为"叙述",本书在引用时保留了原译名。

托看来,二者其实只是程度上的差异。

在《叙述与认识》的"历史与编年"中,丹托明确反驳了编年史与历史的逻辑区分。阿隆指出,丹托的理论基础在于:任何事件都没有完美、全部的认识,这是思考过历史认识的人的共识。①我们之所以不能对历史事件作出完全的描述(description),"是因为面对将来我们在时间上是短暂和有限的。我们不可能给出完全的描述"②。

沿着这一思路下来,描述只能是一种叙述的组织,"组织叙述是某种我们做的事情"③,它不可避免地必须关涉到主观因素:在组织叙述时将一些事件与我们认为重要的一些事相联系。它由这个人或那个人关注的兴趣所决定,可以说,在这一点上,丹托与克罗齐是一样的。既然所有认识都是只能把握历史事件的某些方面,而不可能完全复制现实的整体(ensemble),那么相对主义者在某些意义上就是有道理的,阿隆指出,"相对主义者和现象学家所用的论据(argument),分析哲学家也同样采用"④。在完全描述的不可能性方面,并不存在什么分歧。

阿隆总结了丹托的两个观点:①所有的叙述都是历史学家从某种重要性的兴趣上作出的,"它由这个人或那个人的论题兴趣所决定。因而**相对主义是对的**"⑤。从这点来看,丹托想说的是,这样的叙述(按照定义,如果假定历史是一种叙述的话)就包含了很多另一历史诠释(interprétation)学派所认为

---

① 丹托的这一基础源于对查尔斯·比尔德(Charles Beard)的批评。后者认为史学与科学相比具有缺陷,因为史学不能实现对历史的完美记载。

② 《叙述与认识》,前揭,第 177 页。

③ 《叙述与认识》,前揭,第 178 页。

④ 分析哲学家与相对主义者不同的是:这一论据是用来作为拒斥"认识是对现实的反映或复制"这一幼稚观念的。在分析学家看来,认识无疑是片面的(partiel),但片面并不等同于偏见(partial)。即便所有科学认识都是片面或部分的,但都不能得出结论说这些部分或片面就不是真的。

⑤ 《叙述与认识》,前揭,第 178 页。黑体为笔者所加。

的是相对主义标志的元素。①②所有的叙述在描述的同时就已经进行**解释**了。从丹托的观点可以看出，根本就不存在纯粹客观描述的编年史，在最微小的意义上，编年史也包含了解释的元素。

于是问题过渡到了分析的历史哲学的中心问题：历史解释是什么？

第二节　解释与理解

一、历史解释的四点前提

阿隆拒绝编年史与历史的本质区分，认为这种区分是历史学内部的，并且是与历史学家的心理或经验有关的，也即具有某种相对主义的倾向。这一步的跨出，为对历史的解释开拓了道路，叙述中无法避免的解释问题就成为分析哲学的另一个争论点。

在一般情况下，历史解释就是对唯一而独特(unique et singulier)的事件的解释，分析该事件的前件。然而顺着这个思路便产生了一个逻辑矛盾：既然科学解释追寻普遍性，或者说致力于找到一条具有普遍性的规律，那么对唯一事件的研究就谈不上科学的解释。因为事件本身是独特和唯一的，对该事件的认识并不有助于得到一个普遍的认识。只有不把这个独特事件作为唯一的，它才有可能成为科学的研究对象。

于是，阿隆断言，所有经典的问题，包括现象学的问题，都在这一矛盾中

---

① 《历史讲演录》，前揭，第122页。

被暴露出来。假如没有普遍规律来解释一个独特事件的连续性,那么难道不应该转向行动者的意向吗? 对行动者的意向分析——通过行动者的意向来解释某一事件——是科学的还是非科学的? 亨佩尔与德雷的争论就围绕于此。在亨佩尔看来,对意向的解释是科学解释中的一种;而德雷则认为,对意向的解释在本质上不同于科学解释。

此外,历史解释之为合法的(légitime)解释,它首先也必须遵循以下四个前提:

(一)关于事件间的联系

必须首先承认,人们想要解释的事件并非是过去已然发生的事件,同时也不是经验的事件,而是历史学家建构(construit)的事件。如前所述,历史是叙述,这意味着没有纯粹的事件,也没有纯粹的现象实在(réalité phénoménale pure),只有对具体实在事物的描述或界定的诸种命题(propositions)。人们解释的并不是原始事件(l'événement brut)或原始现象(le phénomène brut),而是历史学家建构的事件。需要说明的是,分析哲学家走得更远,他们将历史作为命题来研究,在他们看来,即便历史事件尚未发生,但这些建构出来的命题也已然在先地存在了。历史学家的任务就是描述这些命题。

当然,历史中人们所经历的事件与历史学家的研究对象会有不同。因为历史学家不可能经历真实的历史(除了个别参与过历史的如修昔底德等史家),他们解释的都是建构的历史,是对经验事件的重建(reconstruction)或重组(reconstitution)。①简单地认为叙述、重建或重组是过去事实的复制或反映,这是一种纯粹的幻想,②并且这种重构必然以概念的参与为前提(suppose)。某一历史事件的概念具有统一性(unité),它是由历史学家所赋予的,行动者在经历事件的时候并没有这种统一性。阿隆举修昔底德所描述的伯罗奔尼撒战争为例,认为是修昔底德创造了"伯罗奔尼撒战争"这个统一体,经历这场战争的人并没有这个概念,他们或许会认为自己参加了与斯巴达的战争或者尼西亚斯停战等事件,但"伯罗奔尼撒战争"这一概念唯有通过修昔底德才具有了意义与统一性。由此延伸下去,伯罗奔尼撒战争与雅典在此期间的一次具体战役虽可对应为整体与构成事件,但它们之间并没有本质区别。事件并非一个不可分的原子(atom),它也是由诸种元素构成的整体(ensemble)。③而这个整体,对于更大范围的整体来说,也是一个构成元素。一次血战可能是一

---

① 可以看出,阿隆并未严格区分重构(construction)与建构(reconstruction)这两个概念,正如在后面他没有区分多元性(pluralité)与多样性(diversité)一样,二者经常混用。重构和建构都是用来指称历史记录或者历史认识对象的非"原初性"。但(1)当使用"重构"时,意指对历史事实的再次复原和建立。这种复原并不是复制,正如仿古建筑一般,过去的永远就过去了,没有复制和回复的可能。所以这种重构是一种新的复兴。但另一方面,重构出的历史又并非赝品。因为它重构的乃是过去历史的本质。因而,(2)建构更类似于上面所提到的这种非赝品的指称。因为它回避了"重"的那种令人怀疑的相似性。并且正如阿隆在历史认识中所提到的,对历史对象的概括,如"第二次世界大战"这个大事件,乃是后人将诸多历史事实归类汇总的结果。生活在历史中的人当下并不能给出这个称谓。从这种意义上说,"第二次世界大战"就是对从 1939 到 1945 年这段时间的所发生的战争事实进行归类与汇总,而这种归类与汇总必然是后人,特别是历史学家所做的。因而,是他们真正构建了"第二次世界大战"的历史——虽然他们并未参与战争。

② 历史对象是由历史学家构造的,这一思想其实来源于现象学的重构。或者更早可以追溯到康德的先验哲学。阿隆早在青年时期就曾研读过康德,随后赴德国访学到二战即将开始才回国。其博士论文也深受新康德主义的影响。现象学的思想使他摆脱了新康德主义在他心中的另一个结,经过他的引进,萨特才开始了现象学的学习。(参见阿隆的《回忆录》第一部分)

③ 阿隆特意避免用英文 whole,而使用 ensemble。后者虽然也指整体,但并没有"全部""唯一"的含义,它有一种开放性,更多地是指"共同""一起"的含义。比如我们可以说,合唱团是一个整体(ensemble),但这并不意味着说除此之外没有其它的团体或歌唱者。

个战役的"原子"，但它又同时是由某些更为微小的行动所构成的；同样，一次战役作为一个整体，也是一场战争的一个构成元素。整体与事件的区分只是相对的和程度上的差异而已。

（二）微观事件与宏观事件的区分也是一种相对的区分

一般的历史大都运用宏观的视野，通常类似于将军的运筹帷幄。士兵们的短兵相接对于战役来说是微观事件，但这一微观事件同样也是历史。它是从一个普通士兵的角度来重构历史的。因而，事件与整体、微观与宏观的区分，用阿隆的比喻来说，就像俄罗斯套娃一样：微观套在宏观里面，宏观又被套在更外层的整体内。就如同找不到原子①一样，我们也找不到全体（le tout）。

（三）叙述意味着同时具有被叙述的对象，即实体（entié）②

汤因比在《历史研究》的开头也提出了类似的看法，他质问了所谓的"清楚、可理解的研究领域"。研究叙述的实体，如果想要跟随它所经历的各个阶段，那么我们就要知道如何可以决定（déterminer）这一实体，并且思索它超越时间的持续性和永恒性。

（四）事件（l'événement）与作品（l'oeuvre）的区分

阿隆所谓的事件，是指发生在某一时间某一地点，或者说与人类历史有关的，有时间有地点的人类事件。而作品在其诞生时也属于一个事件，但当其完成后，就成为一个作品了。比如《伯罗奔尼撒战争史》、巴特农神庙，它们一旦完成，就是一件艺术品，具有了独立性，不再与作者创作时的意向（les in-tentions）和经验（l'expéreinces vécues）关联，也即不再与事件同质。①对事件

---

　　①　"原子"（Atom）的本义即"不可分"。
　　②　这一观点似乎仍然未跳出认识与认识对象的主客二分的认识论。但不同的是，阿隆认为认识对象是被认识主体的意向性重构起来的，而这一重构的基石来源于概念。

的解释,与对作品的解释是不同的。事件的解释与行动者的意向性有关,而作品却具有自身的生命力。

阿隆强调这四点前提,意在确定事件的范围,也就是类似于第三点的确定叙述对象。那些幻想中的对历史真实的复制、历史中业已完成的作品,以及将历史事件作为基本原子或者全体,都不是解释或诠释的合法对象。划定了历史解释对象的限度后,我们就可以转到亨佩尔与德雷的争论上了。

二、解释与理解模型

历史叙述的是诸事件间的联系。对这一联系的解释,在以亨佩尔为代表的一派中,将其概括为"演绎模型"(le modèle déductif):涵盖了独特联系的规律(loi)的模型。这一模型的想法很简单,设想两个独特的事件 A 与 B。如何解释事件 B 的发生呢? 似乎如果能找到一条普遍的规律(une loi générale),根据这条规律,每当事件 A 发生了,那么事件 B 也跟着发生,并且每次事件 A 发生在事件 B 的前面,那么我们就作出了对事件 B 为何发生的解释。

阿隆提到以下一个例子。人们都知道,水在零摄氏度以下会结冰,并且相同质量的水变成冰后,体积会变大(大前提)。假设有一天,阿隆的汽车散热管爆开了,那么用亨佩尔的模型就可以解释为:因为天冷,且散热管里没有防冻剂(小前提),那么根据自然规律(大前提),我们就可以解释散热管为何爆开这一结果。这便是亨佩尔模型的解释思路:通过一条或几条普遍命题来说明,当事件 A 发生时,事件 B 紧随其后就发生了。只要事件 A 的条件满足,

---

① 这一点可以看出他与伽达默尔文本诠释的差异。似乎阿隆只认为历史事件,也就是行动者的意向性才是诠释的对象;自然事物或者业已脱离人当下的创造而存在的作品与建筑都不属于此列。历史学并不诠释作品,"对作品进行诠释的人的行为"——意向性——才是历史学真正的对象。

在发生了事件 A 的具体情形中,我们就可以从中得出事件 B 必然会发生。

　　然而德雷并不这样看问题。试看,当有人问阿隆,为什么他的散热管会爆开,阿隆肯定不会回答:因为气温降到了零摄氏度以下,水会结冰。这样的回答当然有道理,但无人会这样作答。而是会说,因为汽车修理员在修车时忘记添加防冻剂了;或者说,前天他不小心划伤了一个叫让(Jean)的车,结果这哥们儿晚上偷偷地溜到阿隆的车库,把车的防冻剂全换成了水。

　　德雷提出的就是这种以“合理性模型”(le modèle rationnel)来给出的解释:唯有把握行动者所朝向的意向或目的,一个事件才是被解释了。[1]很明显,合理性模型只适用于人类行动,我们不能说水有结冰的意向,雨有落下的意向。[2]在阿隆看来,自然事物遵循自然规律,水的凝结点是零摄氏度,故温度低于零度水就会结冰;雨自然下落是因为地球的引力。但人类的行动在于人的意向行为。让的报复体现了他的意向和目的并取得了成功;汽车修理员的行为体现了他的意向和目的,但失败了。[3]德雷的模型也可以用另一种“实践三段论”来表示:

　　大前提:A 想要达到目标 X;

　　小前提:A 在某个处境中,而在此处境中能达到目标 X 的手段是决定 Y;

　　结论:因此他采取了决定 Y。

　　我们会觉得,德雷模型的合理性是古怪(drôle)的,但事实上却又完全合理。某人想要实现一个目标,他采取了某些手段,并且实现了它。促使这一结

---

　　① 《历史讲演录》,前揭,第 124 页。即事件的解释是由对事件发出者的目的和意向所决定的,而不是该事件发生前的另一事件。前者是历史解释,后者是自然科学的解释。

　　② 在目的论的前提下,每一事物(不单是人)都有向善的目的。这样的观点在古希腊时代就有,可参见亚里士多德《尼各马可伦理学》第一章。

　　③ 在阿隆看来,修理员的行为不属于德雷模型,因为“汽车修理员忘了”,从而驱动了一种无意向性的行动(un acte non intentionel)。这是一种可能性(possible)的解释,并不适于“合理性模型”。

果实现的正是他的原初目的。一旦有了某个目的,并且处境适合,他就会选择一种逻辑的、合理的与目的相联的手段。

阿隆的例子与苏格拉底在狱中的说法有异曲同工之妙,我们问苏格拉底为什么坐在监狱里?回答说:"骨骼和肌肉支撑着它的身体,所以他坐在监狱里。"这样的答案固然不错,但却并不是提问者想要的,所以苏格拉底会适宜地回答说,因为自己触犯了雅典的法律,雅典人民才审判了他。

这两种回答在日常生活中都会有,但无论如何,物质层面上的解释并不能构成人类行动中的主要解释。尤其是在人类的历史行动中,诸多战争的原因、政治的变乱,其解释绝不能只用枪炮的物理规律和刀剑的锋利程度来作推诿。

(一)两种模型对阿隆的意义

亨佩尔–德雷两种模型的讨论在分析哲学文献中占据着重要意义,阿隆总结了以下三个方面:[1]

首先,如果亨佩尔模型的解释有效,那么就意味着,自然规律的解释方式同样可用于人类行动。大多数英美分析哲学家也试图推进这一工作,他们认为,科学认识的对象可以不同(自然对象与人文对象),但科学认识的方法却是一致的。科学的方法由演绎模型所解释,对人文方面的认识和对自然方面的认识都可以运用亨佩尔的演绎模型,认识对象没有本质差异。但反对者则试图表明:人类与自然在本质上是不同的,这就关涉到科学的演绎模式是否可以运用到任何对象上,他们在质疑科学演绎方法的时候,重新找到了解释学或现象学的理解前提。

其次,针对反对者的意见,支持亨佩尔学派的分析哲学家会感觉,从行动

---

[1] 《历史讲演录》,前揭,第 133 页。

者的目的和意向去解释人的行为，会引入一种与科学解释本质不同的元素，这一元素会危及科学精神。但其实很多分析哲学家也认识到，在叙述人类历史的时候，不可能抽走历史行动者的所思所想。而他们其实并没有将客观主义的理论推到极端。事实上，他们越少运用意识与意向性的解释，也就越感到自己是坚守在科学精神的阵营中的。

最后，显然，德雷的合理性模型重新引入了德国人使用的"Verstehen"概念，阿隆将其用法文翻译为"la compréhension"（"理解"），它是解释学学派（l'école herméneutique）的核心概念。德雷或许并未意识到自己的合理性解释在马克斯·韦伯的《社会科学方法论》（*Wissenschaft lehre*）中已有提及，即根据既定目标来采取行动的合理性。这一概念的引入，为英美分析哲学与德国历史主义建立了桥梁。而芬兰学者 G.H.冯·赖特（G.H.von Wright）在他的《解释与理解》（*Explanation and Understanding*）一书中也分析了亨佩尔与德雷的争论，并且自己还站在修正过的德雷模型的一边，明确地表示，自己是要重现德国作家们对"Verstehen"这一概念所赋予的意义。

在这两种模型中，有人支持亨佩尔，有人支持德雷。像阿隆这样的历史学家，大都会选择德雷模型来书写历史。但严格地说，该模型其实并没有解释（expliquer）——它并不具有科学意义上"解释"的含义——只是作为一种有效的（valable）模型来使用。其思考方式并非是科学的，它所针对的是某些独特的（singulier）事件，适用于历史认识的某些片段（certaines fractions de la connaissance historique），但并不能在普遍性上作出科学解释。实际上，在两种模型中，人们试图以不同方式来拉近这两种模型，尤其是弱化亨佩尔的演绎模型。

这一改进首先说明了，普遍命题并非是唯一的。一个事件并非只有一个前件，而是有很多前件。因而，在各种前件与待解释的事件之间，就没有单线条的严格的因果决定论,待解释事件是由多条普遍命题所决定的,故而解释乃是一种或大或小的可能性(probabilité)说明。于是,经过改进的亨佩尔模型,对于某些独特联系的解释,就从决定性或必然性过渡到了可能性。可能性取代必然性,方便了在历史事件的解释中引入普遍命题。然而这样解释的麻烦在于,相反的结果同样也能在可能性中找到。阿隆称这种改进为:"一切事情在事后看都是可能的,而事先预测则往往会错。"①

另一种改进是,分析学家们引入的"倾向性"(dispositionnelles)命题,即有关性格、脾气,以及行动者的生活和行动方式(la manière d'être et d'agir de l'acteur)的命题。他们认为,**对一个决定作出解释,并非是出于目的的合理性,而是取决于这一决定的行动者**。在分析哲学家看来,个性比目的性更根本,并且通过确定行动者的个性,就可以建立一个由个性推演出普遍的演绎命题,并且这一命题关涉个体,也即属于特殊命题(la proposition particulière)。

以上便是弱化了的亨佩尔模型,它通过命题前件的多样性、环境的非决定性和可能性命题以及倾向性的引入等元素,修正了以前纯粹的亨佩尔模型。这样,历史解释就不再是最初展现的纯粹的模型,而更像是一个解释草图(an explanation sketch)。这种新的模型被称为构成型的亨佩尔模型(le model Hempel constituant)。②

虽然大多数分析哲学家已经不太按照纯粹的亨佩尔模型来解释历史,而更多使用修正了的亨佩尔模型,但在阿隆看来,这仍不能回避以下三个问题:

第一,关于经验命题与普遍命题的关系。分析学家在解释历史事件时,即

---

① 即中国俗语的"马后炮"或"事后诸葛亮"。

② 除了修正的亨佩尔模型外,阿隆也发现了英美分析哲学中的一场革命:维特根斯坦后期思想。通过维特根斯坦的影响,英美学界也与德国哲学逐渐取得了某种相通的元素。参见《历史讲演录》,前揭,第140页。

便使用了可能性等命题,但仍然秉持着普遍性这一立场。从这一点出发,普遍性与经验的区分就不那么明朗。究竟如何区分严格意义上的规律与经验上的规律性,这是英美学界尚未得到解答的问题。此外,涉及行动者个性的"倾向性"命题是否可以归为普遍命题,这也是一个悬而未决的争论。

第二,前件与后件的关系并不明朗。对于一个结果,原因是否仅仅是某个前件,抑或是前件整体(ensemble)? 是否在诸多前件中存在一个典型的起决定作用的前件?

上面两个问题,逻辑学家尤其感兴趣,而阿隆认为更重要的是下面第三个问题:

存在两种模型的直接对比:一种是来自于规律的或必然的连续模型,从这一模型可演绎出独特的联系;另一种是处境与行动间的关系的合理性模型。前一种模型中,给定一些前件事件是必要的,之后可以演绎出一个独特的结果事件。而后一种模型需要研究一个处境,并且表明处境中的行动者是合乎理性的,在处境与行动的关系间存在合理性,从而通过行动者的合理性来解释。这两种模型的差异,导致了分析哲学内部的争论,这一争论隐含着要求人们在两种解释方式间作出选择:要么科学只有唯一的模型,人文科学也必须遵照自然科学的方式;要么从自然科学中分离出人文科学,因为对它的解释不能按照自然科学的解释方式,而应当引入行动者的意向性、选择合理性解释的模型。简言之,这一问题的根本就是要回答:科学是否有两种模型? 关于人的认识是否与对自然的认识不同,它是否具有某些特殊性?

以上这些问题使分析哲学与解释学或现象学在人类科学的诠释(interprétation)中相互走近了。

(二)Verstehen(理解)开启的诠释学方向

阿隆以埃姆斯密电为例子作出了说明。①西班牙女王伊莎贝拉二世宣布退位,西班牙政府想请普鲁士国王的堂兄即位,然而普鲁士国王因怕触怒法国而表示反对,但之后被俾斯曼说服又改变了初衷,同意其堂兄即位。

消息一出,法国觉得这是俾斯曼有意让法国腹背受敌,故表示,若这一行动被执行则马上就向普鲁士宣战。于是,普鲁士国王又改变了态度,表示不赞成自己堂兄即位,并与法国大使在埃姆斯温泉会面。之后,国王把会面的情况发了一份电文给俾斯曼。

俾斯曼看到电文后非常开心,并询问参谋总长毛奇元帅对法国宣战是否有全胜的把握,毛奇作出了肯定的答复。于是,俾斯曼私自篡改了埃姆斯密电,添加了很多会激怒法国人的内容,并公布出去。电文传到法国,舆论果然一片哗然。法国人显然被电文激怒了,于是向普鲁士宣战。普法战争由此爆发。

这里暂且先不用亨佩尔与德雷这两种模型解释。如果问俾斯曼要实现的目的的话,我们会说,他主要是想在法国与普鲁士之间挑起战争。在次要方面,他希望法国首先宣战——因为在舆论方面,这样会对普鲁士有利。

但俾斯曼的行动并不单纯为其目的所决定,他同时也考虑了别的因素。比如普法两方的军事实力,并且他还询问了毛奇元帅,普鲁士是否有胜利的把握,而且得到了毛奇肯定的答复,并且估计到法国会因此电文的内容而被激怒,故而才作出修改电文的决定,从而实现了他的目的。

阿隆表示,这个事例已不仅仅是被目的必然性所驱使了。各种非目的性的前件扩大了对俾斯曼修改电文这一行动的诠释(interprétation),将诸多客观因素考虑进来,必须要把这一特殊决定放进当时整个政治整体的框架中才行。对俾斯曼修改电文这一行动的诠释,便被他的个人心计,以及当时的政

---

① 《历史讲演录》,前揭,第 143 页。

治环境还有普鲁士国家发展的意图丰富起来。一般历史学家的解释也大都会如上述去阐释,从而呈现历史事件的原因。

但按照分析哲学家们的经典看法,他们希望能够在这一事件中找到一条完全客观的认识,而不去参考行动者的行动,尤其是行动者的意识。当然,修改后的亨佩尔模型会考虑俾斯曼这个人的意向,从而将其作为俾斯曼作出这一行动的解释原因。但阿隆指出,这一观点其实是认为,对决定作出解释的东西,是**俾斯曼这个人的天性**。这也就是倾向性的普遍命题所想要表达的:俾斯曼是一个合乎某些规则的人。从这条普遍命题出发,可以演绎出俾斯曼的行动。

但事实上,对一个行动作出解释的东西,是应针对既定目标采取的手段,还是这个行动者的个性呢?

这个问题我们先放下,再看另一个问题。按照德雷模型,就要找出合理性的目标从而解释俾斯曼的行动。但合理性是一个模糊的概念,有多种多样的合理性并不能清楚地说明,在何种意义上,俾斯曼对埃姆斯密电的篡改算是一个合理的举动。俾斯曼想要实现目标的合理性,并不意味着他在那时所选择的手段就是合理的,也就是说,俾斯曼所针对的目标(普法开战)与他实际所采取的行动(篡改电文)之间,并没有必然的联系。而只有当为了达到该目标,只存在唯一可能实现的手段时(且这一手段就是修改电文),这种合理性的必然联系才存在。

阿隆认为,德雷的诠释同样不能说明必然性的存在。若德雷想要在合理性中建立必然性时,他就错了。因为德雷为了对行为作出解释,想要重建某种等同于自然界的必然性的东西,这种倾向其实与亨佩尔同出一辙,即便是修正了的亨佩尔模型,其倾向性也代表着一种普遍性。而在阿隆看来,对于行动者或者算计所作出的解释的关键在于,我们不可能再现必然性(on ne retrouve pas la nécessité），我们所重现的是可理解性（on retrouve l'intelligibilité）。从参与者的意向性可以解释参与者的**一种**行为，但并不能解释参与者为什么不能采取其它行为。

分析哲学家的逻辑推断可以用下面的"实践三段论"来表示：

大前提：俾斯曼想同法国进行一场战争；

小前提：篡改埃姆斯密电是挑起战争的唯一方法（le seul moyen）；

结论：他篡改了密电。

在这个三段论中，手段与目的之间的关系是必然的，也是合乎理性的。但必须在得到最后结论时，证明大前提与小前提的有效性，大前提涉及俾斯曼的个人意向，并且这一意向始终如此。但小前提却不能保证，因为并不能说篡改埃姆斯密电是战争的**唯一**方法，它只是引起战争的方法之一。俾斯曼的行动，只是一个在**特定处境**中选择的方法，他的个人倾向也不能决定选择行为的唯一。

关于德雷的诠释，他通过合理性来重建解释很有启发，阿隆十分欣赏这一点。但德雷的问题在于，他同样犯了一个基本的逻辑错误：德雷认为各种解释不是建立在普遍规律上，而是建立在"行动的原则"上。在"要做的事情上"，德雷区分了"行动的原则"与普遍规律。但即便如此，某个行动的原则——它说明了某个行动在既定困境中适合去做且做起来是合理的——也并不能解释人们为什么在实际上（en réalité）做了该事。在各种具体的环境中去说明什么样的作为是否合适，或者解释为什么一个人以某一特殊方式行动，它们都没有一个规范的评价标准。①用行动原则或"好的理由"来解释并非

---

① 《Il n'y a pas de principe normatif d'une évaluation spécifiant quelle sorte d'action est appropriée dans les diverses circonstance，et pouvant servir à expliquer pourquoi une personne a agi d'une manière particulière》，*Leçons sur l'histoire*，ibid.，p.183.

是一种真正的解释,因为理由在原则上可能是好的,但原则却与实际无甚关联。

在阿隆看来,其实解释是对于行动者盘算、思想的方式以及决定与处境间关系的重建。然而分析学家们却出于某些理由,选择了这两种模型中的一种,这些理由可以总结为以下三种:①参照历史学家们的看法的话,他们会选择倾向于独特而具体的可理解性的模型。因为历史学家关注的是历史上发生的个体特殊事件。②参照逻辑学家的看法,他们会认为有且仅有一个模型是逻辑上有效的,并且能够提供一种真正的解释(explication),也就是说,只有当具体的联系是由某个普遍命题演绎出来时,这个解释才是逻辑上有效的。历史学家虽然不使用普遍命题,但逻辑学家也会反驳说:要么历史学家使用了普遍命题却不自知,要么历史学家根本就没有作出解释。③参照行动者的意向性(intentionnalité)来解释人类的行动。这一根据意味着区分了作为人的对象和作为自然的对象。同时他们还认为,至少在某种特殊的情况下,人类的行动可以与实际发生的行动有所不同。

阿隆选择了①③两种作为参照,因为在他看来,亨佩尔模型之所以不令人满意,是因为该模型想要把特殊和独特的行动纳入到一种普遍的必然性命题之中。但人类行动真正有趣之处,并不在于他必然会这么行动,而在于他同时可以以另一种方式行动。人的行动中并不存在某条必然性的命题,由此就能推断出某人的决定。人类行动可以得到某种诠释和理解,但这种理解只说明人类行动是可以理解的,而不意味着存在这样一种解释所揭示的行动的必然性。由此,阿隆也反对德雷模型,因为该模型虽然引入了合理性的概念,但仍旧意图从中找到解释和必然性。他认为,严格说来只存在经过修正的德雷模型(le modèle Dray modifié),即**用理解来取代解释,用可理解性来取代必然性**。阿隆将这种修正的德雷模型称为日常生活的形而上学(la métaphisique de la vie quotidienne)。与全体性(globale)的形而上学不同,这种形而上学在于,自己通过深思熟虑后作出的决定,是出于某种筹划或算计的:虽然自己的目标或许并不明确,但即使不以明确的方式思考,也可以根据所看见的现实、根据预想中的结果来规划自己的行动。并且自己在这样行动时,并不觉得是受到了某种限制而必须去做的。行动者本人完全可以有其它决定,但之所以采取这一行动,是因为在该特定的处境中,行动者经过了深思熟虑的思考,并认为有更多和更适合的论据支持自己作出这样的决定。但假如将这种决定作为必然性来对待,认为这样行动的决定是根据某种普遍命题就可推断出来,则是完全错误的。

当然,阿隆也并不认为,对整个历史的诠释,只能缩减为行动者的意向性,[1]他并不反对普遍命题的参与(比如在让令阿隆的水箱爆开的例子中,水的凝点和气温就存在普遍性),无论如何,"总会有一些普遍命题以各种元素的名义"参与进来,但普遍命题在其中只是使得某方面的决定具有可能性,而不是必然性。对历史和人文科学的诠释,根本仍是对意向性行为的诠释,它们并不是从普遍命题中推理出某些独特的结论,而是根据行动者的意向目标,从而得出其在某个具体行动中的行为的可理解性。

因而,在俾斯曼的例子中,寻找俾斯曼个性中的倾向性(弱化后的亨佩尔模型)并不能演绎出俾斯曼行动的必然性,对俾斯曼修改电文的解释(姑且先用"解释",而不用"诠释"这个词),应当关涉到他对自己所生活的世界的看法、他所认为的合理的行动手段以及他想要达到的目标。对俾斯曼的行动尽可能扩展到最大限度的可理解性,但这仍然不能被归结为必然性。另外,从

---

① 阿隆的主张明显与德国学者不同,他并不认为历史单纯由先验主体构造而成,其中也将包含某种超越主体的"普遍命题"。

深层去看，区分俾斯曼的倾向性与其某次具体行动的合理性也是有问题的。后者在重建行动者行为的可理解性时，必然包含了俾斯曼本人在该行动下的行动倾向（对时事及其它事件的看法）。普遍的倾向性并不能从特殊的行动中抽离出来。

历史的解释理论（la théorie de l'explication historique），用阿隆的词汇来说，应该被称作历史的诠释理论（la théorie de l'interprétation historique）。这一理论借由 Verstehen（理解）而向英美分析学界敞开了大门。从英美分析哲学到德国解释学的转变，德雷在其中起到了很大的作用。

德雷并没有阅读过韦伯的作品，但当他在英美学界提出合理性模型的想法的时候，他为这一转变提供了契机。冯·赖特熟悉大西洋两岸的哲学，因而他看到英美哲学内部的大陆元素，他认识到，通过修正德雷模型，最终可以导致接受精神科学方向的德国哲学的一些元素，并且具有一种朝向解释学传统的倾向。德雷模型以目的合理性为解释的思路仍然带有分析哲学的必然性倾向，但经过修正的德雷模型，则暗示着一种接受德国术语"Verstehen"的新的分析哲学。这种哲学的倾向与英美分析哲学不同，它认为解释的关键不再是对特殊具体的事件联系作出演绎的推理和解释，而是旨在揭示出其中的可理解性（intelligibilité）。

第三章
阿隆的历史哲学（上）：理解

哲学与历史最重要的不同在于研究方法。哲学家从一般的概念的角度出发考察实在。他试图将全部生活包含在一个"统一概念"之中，把生活与历史图式化。历史学家则从"存在的状况"出发。

——格奥尔格·G.伊格尔斯《德国的历史观》

引子　以哲学为根基的思想

　　阿隆在《学术生涯自述》①(*Ma carrière.Note du 6 janvier 1983*)中曾提到,自己的学术生涯可以分成两个明显的时期:一个是二战前,以关于德国社会学思想以及正副两篇博士论文为代表;另一个则以二战后一系列的社会学批判,以及他所力图澄清的历史认识问题为代表。

　　这一区分同样适用于阿隆的历史哲学。

　　二战前,阿隆的历史哲学得益于德国的社会学和历史理论。围绕《历史哲学导论》的两篇主要作品:《德国当代社会学》与《批判的历史哲学》(又名《论德国的历史理论》)正代表了他历史哲学的特征。这三本书体现着两大特点:一个是新康德主义,另一个是现象学。前者使阿隆摆脱了此前自己在法国时自然而然地接受了的形而上学倾向,新康德主义使他将哲学的反思建立在人的认识与活动之上;后者也即胡塞尔的现象学,加深了狄尔泰及德国历史传统对阿隆的影响,使他把理解(Verstehen)置入一种近乎现象学的方式中。意义乃是内在于生活经验的(Erlebenisse),历史学家重构了这些意义的同时又没有沉溺于重新恢复那些曾经历的过去的幻想。这种重构与对物理对象的建构不同,其完全体现了理性化的人类活动。在《历史哲学导论》中,阿隆以独特的方式阐释了理解、历史的因果性的限度,历史诠释的多元性以及对过去的重构几方面问题。在他看来,历史学家扎根于他自己的环

---

　　①　出自 Raymond Aron, *Histoire et Politique*, Commentaire Julliard, 1985, p.517.中译本参见高宣扬主编:《法兰西思想评论》(第二卷),同济大学出版社,2007 年,第 445 页。

境、他的共同生活以及他的时代。

从表面上看,《历史哲学导论》一书把阿隆引向了历史的相对主义。这一倾向成为阿隆在博士论文答辩时遭受的主要批评。然而在阿隆看来,历史认识的相对主义和类似韦伯所提出的价值相对主义,这两者并不严格地相互包含,而是共同归属于同一个理智世界(univers intellectuels):一个活在完全不同于自己的文化或社会的历史学家,在力图理解这个社会时能够超越自己,即达到对学者来说可以做到的完全的客观性。但对过去的重建总会包含着历史学家当前的痕迹,这是非常正常且不可避免的。这种痕迹的深浅同过去与现在的距离差异相关。

战争和现实扭转了阿隆的思想方向。他转而关注对现实社会的思考和批判。这其中包含了大量诸多领域的研究,而这些研究与他的历史哲学并非毫无关联。战争期间,阿隆完成了关于世俗宗教的批判的两部书。在他看来,法西斯主义和马克思列宁主义分别代表了非理性和理性两种世俗宗教。然而这些体现现实的"宗教批判"的基础却是《历史哲学导论》①,《导论》中所体现的对过去的认识,与其说是相对主义,不如说是要限制这种认识的界限。阿隆指出,历史认识不是一种再生产(reproduction),而是对过去的重构(re-construction)。这种重构本质上是部分的(partielle par nature)。所谓的总体意识形态(idéologies totales)乃是由于一种无论有意或无意的历史哲学幻想所造成的。萨特和梅洛–庞蒂的既是存在主义同时也是马克思主义的幻想都属此类,阿隆的批评散见在《历史与暴力的辩证》《想象的马克思主义》《知识分子的鸦片》等作品中。阿隆对科耶夫的黑格尔主义也有保留,虽然当时法国许多思想家都受了科耶夫的影响,但他并不完全认同拿破仑–黑格尔,甚至

---

① *Ma carrière.Note du 6 janvier 1983*, ibid., p.518.

斯大林–科耶夫这一对子关系,也不认同"哲学家能够理解历史英雄虽然做了但不能理解的行动"这样的主张。然而阿隆也保留了一些淡化了的黑格尔主义,即人的历史性、人的历史条件、诸种事件和制度的哲学意义。

关于工业社会和国际关系的几部著作也出于同样的计划。这一计划是阿隆两大时期的思想总结:工业社会旨在澄清现代发达社会的特征,无论社会主义体制抑或资本主义体制,它们都是社会的两种组织模式,而不是历史发展的两个必然阶段。对工业社会、阶级斗争,以及民主与极权主义的客观研究,构成了历史批判的社会学。

对国际关系的分析出于同样的目的。这些作品尽可能客观地分析了 20 世纪各种新形式的战争。这种"历史–科学"式的分析也证明了阿隆在《历史哲学导论》中曾提及的观点。

阿隆的历史哲学,尤其是后一时期的历史哲学,散见在工业社会与宗教批判以及国家关系等诸多领域。读者似乎很难像在早期那样,只需抓住《历史哲学导论》这篇文章就可以发现他历史哲学的核心。然而是否能够从这些领域中轻易发现一个核心,与阿隆思想是否具有一个核心并非同一个问题。从另一方面来说,散见在诸多领域中的历史哲学的闪光,恰恰是历史多元性的体现。阿隆没有时间最后完成这一计划,它本是阿隆对自己两大时期的思想总结,这一思想是面向于将来——而不仅仅是过去——的一种尝试性的解释,它是对人的历史条件的一种哲学式的论述(un essai philosophique)。虽然这个工作未能完成,但通过阿隆二战后为这一计划所作的铺垫:通过这些闪光的众多领域,我们同样可以看到那些属于历史哲学的本质的东西,而它们也反映着阿隆历史思想的特点。

本章和下一章(第四章)正是笔者对阿隆两个时期的历史哲学的分析和概述。在本章,我们集中对阿隆早期思想,即《历史哲学导论》进行分析,这其中尤以理解(verstehen)和诠释学的理论,并结合历史的因果分析为重点。在第四章,我们以阿隆后期散见在诸多领域,以及在《历史讲演录》中意图统一的作品为主,重点围绕"历史建构"的问题,以国际关系的建构实例为分析重点。

第一节　过去与历史概念

狭义的历史是有关人的过去(le passé)的科学;而广义的历史对象则涵盖了大地、天空等自然之物,以及人类种群和文明。具体来说,历史是关于过去的某种客观实在(réalité),从形式上看,是对于这种客观实在的认识(la connaissance)。阿隆关于历史的讨论,就是从广义的角度切入的。但在这广义的范围里又有很多难以统一的东西,譬如自然历史与人类历史能否统一? 历史的变化(devenir)是否是一种整体的进展(évolution)? 所有的历史都是关注过去,但过去是否仅仅是一门科学(la science unique)的研究对象?[①]

一、理论与历史

人们一般会区分两种科学范畴,[②]即理论的与历史的:一方面,人们建立了规律系统(le système des lois),用这些规律来解释事件的联系;另一方面,又从当前追溯到之前的宇宙系统,来重构这个进展过程(reconsitituer l'évolution)。

---

① *Introduction à la philosophie de l'histoire*, ibid., p.17.
② *Introduction à la philosophie de l'histoire*, ibid., p.19. 阿隆在这里举了库尔诺(Cournot)的例子。

在阿隆看来,这种区分是成问题的。因为所谓的规律,譬如自由落体运动,当我们深入到某一个具体事件中,就会发现它与事件的前提条件联系得一分紧密。我们越是接近具体的事实,如某一时间某一地点的某一次铁球的下落,那么事件就越不能与它所属的时空整体相分离。规律自然可以用某种超事实的形而上学或数学来逻辑推理,但每一个具体事件,无不只能通过一切决定其发生的先决条件才能得到解释。

历史与物理事实不同。物理事实的未来严格地由当前起作用的规律所决定,以至于我们更了解的是它的未来而不是过去(规律的超时间性)。但生命体的未来取决于自己的过去。过去已经被铭刻在它的生命中了,人的历史永远在影响着它的现在和未来。这种影响虽然也类似于规律,但它没有跳出时间,仍未逃脱时间性的先后关系。规律则与时间无关。[①]秩序在宇宙学、物理学和生物学中占主要位置,但是在人类社会,变化(devenir)才是根本的。秩序只是变化的内部结构。人的行动当然可以还原到物理层面,但人高出物理自然的地方恰恰是那被还原所丢掉的东西。

阿隆同时指出,历史也不因此就完全被归为偶然性的产物。意外事件并不是历史的主要构成部分,特别是在历史延续性方面。时间正是使系统(système)得以实现的元素,同样,生命也是在时间中一点一滴地完成的。抽象的因果关系与连续的现实是相互关联的,它们创造了巧合事实(des faits de coïncidence),与理论科学正好相反。最终,进展概念保存并超越了现实的变化与偶然,将分散的时间集中起来。历史不能缩减为秩序(ordre),而只能是偶然。但历史又不完全是偶然,其中也有规律。与其说历史是相遇(rencontres),不如说是以变化取向(orientation d'un devenir)为特点。清楚明晰的

---

① 依海德格尔:此在的存在在时间中敞开。故人必然是一个历史的存在,而不是一个物理存在。可参见本章第三节以及海德格尔的《存在与时间》。

必然性(necessites)、偶然,以及变化(devenir)共同构成了历史。①

二、自然历史与人类历史

自然科学的进步使得对自然之外的研究也变得科学化和规律化,对人的研究也常以生物学和物种学的方式展开。譬如关于生命体的系统分类,以及人类的基因组成和突变或演进。拉马克主义(lamarckisme)和达尔文主义(darwinisme)都是这一科学方式的代表。凭着经验,人们建立了一些对过去有效的解释原则。如生命的多样性,物竞天择、适者生存等。然而基因突变(mutation)和波动(fluctuation)使这类进化理论产生了危机,很多生物学家因此将这两种学说独立起来。同样的情况在量子力学上也曾出现,测不准原理与爱因斯坦的思想始终存在着张力。

阿隆指出,形而上学或许恰恰能够填补科学的空白。②柏格森(Bergson)提出的创造进化论解释了生物的多样性。③但遗憾的是该理论仅限于形而上学的讨论,未能引起众多其他领域学者们的同意。突变论加上天意说(prov-identialisme)④就是现今对进化论的最好补充,这些问题和答案都来自于历史,它在如此长的时间中,似乎被一种生来就很智慧的力量引导着。对人来说,这些问题本身就代表着历史需要解释,但这始终难以以一种进化论或者突变论去以偏概全。

对历史的阐释始终是在合理认知的启发下得出的。人们试图解释天上星辰的分布和运转规律、解释陆地海洋的构成以及各大洲板块的漂移运动,很

---

① *Introduction à la philosophie de l'histoire*, ibid., p.21.

②④ Introduction à *la philosophie de l'histoire*, ibid., p.34.

③ 中译本参见[法]柏格森:《创造进化论》,姜志辉译,商务印书馆,2004 年。

多历史现象在我们关注的当下也还在继续地变化着,而一些偶然发生的事件也同样已经留下了痕迹。正是因为有这些痕迹,回顾式的研究才成为可能。

　物种的历史与人类的历史和自然的历史都很相似。然而人类历史与自然历史的差异似乎更为明显。历史学家们关注人的个体,他们不像生物学家那样关注一个物种的普遍性,用一些标本或明确的事件,作出自然发展的规律推断。历史学家凭借直接理解(comprendre directement)来研究人类历史,而不以自然研究的规律为中介。历史科学,或者说人类的历史是精神的创造物。过去只是为了并通过意识而得以存在的。在研究之前,现实并没有被预先创造好,现实与我们对现实的认知混合在一起。①

　那么自然是否有历史呢? 人们探究历史的意义并不是单纯为了记述过去的事实和变化,对历史的肯定还包含着更为深刻的探索。对于一个动物物种来说,它的历史包含了从诞生、成长到最后死亡的过程。或许在这一过程中,由于基因突变或者环境的影响,产生了新的群体。但是其中的个体仍是动物,它的自然仍旧是动物的自然,猴子在进化成人之前仍然是猴子,②那些没有发生变化的个体与那些已经由于某些突变而变成了另一种物种的个体在本质上是一样的,它们彼此之间并没有什么可以互相学习的地方,也没有什么可以创造给对方的东西。正如卢梭在《论人类不平等的起源和基础》③中说过的那样,动物可以很古老,但永远不曾长大。它们经历了世世代代,但每一代的个体都与之前和之后的个体一样,以同样的方式出生,又以同样的方式死亡。几万年的时间与一天的时间在它们身上没有表现出任何差异,严格地说,这样的物种并不能说是有历史的。历史必须肇始于自觉。

---

① *Introduction à la philosophie de l'histoire*, ibid., p.41.

② *Introduction à la philosophie de l'histoire*, ibid., p.43.

③ 《论人类不平等的起源和基础》,前揭,第106页。

人是有历史的,随着时间的变迁,我们在不断地成长和进化。人类创造了新的思想和产品,并将它们保存了下来,后代因此能够继承前人的思想与文明,并且有意识地去搜集过去有意义的遗产。自从人类将共同的战利品流传给了下一代,并通过这个传承得以不断地发展,人类的历史就开始了。①而经历了前人所经历并思考过的东西,就给当下的人带来了双重可能:一是可以令我们无意识地重温过去,另一是再认识或者抛弃过去。这正体现了人类掌握自己历史的能力:人类有了自己的历史,并且能够选择历史的发展方向。人类为了拥有历史也不需遍布地球。他们只需制造工具和纪念物,通过它们而改变自己。只有人类才有历史,因为其历史构成了他本质的一部分,或确切地说,就是他的本质。②

尽管有人根据形而上学的理论,将人类定义为制造工具的动物,但大家还是承认了人的特殊性。因为人在创造工具的同时也在根据一种行为来确定自己的生存条件。而这种行为就是历史的原初行为。它既要求行动者的行动,也要求与行动者相关的同伴的理解能力。这就是为什么,人类历史的个体之间存在着一种隐晦的精神纽带。历史从来都是精神的历史。③

学者们已经建立了一个自然方式的宇宙,并且还不断地将其延伸到对过去的假想中。他们也正是在这些假想中加入了物种的历史。然而阿隆指出,无论这些阐释有怎样的说服力,尽管它们看上去颇有逻辑性与严密性,但仍不能将人类的过去归结为物质的偶然现象,更不能由此来摧毁人类历史的特殊价值。因为从非意识的研究出发,永远不可能解释意识。从非理性的角度出发,也永远不可能解释理性。④

---

① *Introduction à la philosophie de l'histoire*, ibid., p.43.

②③ *Introduction à la philosophie de l'histoire*, ibid., p.44.

④ *Introduction à la philosophie de l'histoire*, ibid., p.45.

从上面的分析可以看出，人类的历史与一般自然事物的历史有本质区别,因而需要单独研究。既然对过去的认识同样隶属于历史的一个方面,那么对科学的反思与对变化的描述就不能分开。理论不应分离主体和客体,同样语言也不能。①并不存在一门有效性如牛顿运动定律那样确然的历史科学。因此,阿隆认为历史理性的批判应当像西美尔(Simmel)②所主张的那样,描述应多于建构、现象应多于逻辑。这一批判无需演绎出某些公设或普遍性,而只需尽可能达到客观性(l'objectivité accessible)。因而,主体并不是先验的自我,而是一个历史的存在(un être historique)。既然历史学家的好奇心与历史的结构彼此对应,那么历史研究就最好是在人类的历史中、对人类自身以及进化的过程所获取的认识进行分析。这样,所有的研究就集中到一个核心问题上:个人是如何最终领会人类的总体性(la totalité humanie)的?

第二节　人类的发展与对历史的理解

一、理解与意义

由于认识与变化不可分割,从狭义上研究历史的时候就必须时而以客

---

①　*Introduction à la philosophie de l'histoire*,ibid.,p.53.

②　中译本参见[德]西美尔:《西美尔文集:历史哲学问题——认识论随笔》,陈志夏译,上海译文出版社,2006 年。同时参见 Raymond Aron, *La philosophie critique de l'histoire*(批判的历史哲学),Librairie philosophique J. Vrin,1969,chap Ⅲ;Raymond Aron, *La sociologie allemande contemporaine*(德国当代社会学),P.U.F.,1981,pp.5-10,p.24, 以及 Raymond Aron, *Mémoire*（雷蒙·阿隆回忆录）,Julliard,1983,p.108,110,111,129。

观性为起点,时而以主观性为起点。以人类的过去为研究对象,一个好处在于这是研究者自己的历史,这门科学关注于曾经思考的生命,并且再一次对这种思考进行思考。然而在这种再一次的思考中,有必要区分理解(compréhension)与解释(explication)。简单地说,前者旨在表明现实的内在关系,后者则旨在表明外在或无机的世界。比如,我们可以理解开普勒的三大定律,但我们解释的是自然。人类理解(comprendre)自己,同时也理解自己所创造的东西。

以上是阿隆对理解和解释作的最基本的区分,但对他来说,更重要的不仅是理解与解释的区分,而且还是理解与因果性(causalité)的区分:理解是对客观给予的可理解性的把握;因果性则是指建立在连续的规律性(la régularité des successions)基础上的因果规则。①

"理解"一词来源于德语 Verstehen,这一概念与狄尔泰(Dilthey)、雅斯贝尔斯(Jaspers)、弗洛伊德(Freud)甚至斯庞格(Spranger)都有关系——虽然他们对这个词含义的使用各有不同:②

狄尔泰的名言"我们解释自然,理解人类"已在德国家喻户晓。③他认为,与自然科学相比,精神科学有自身的特殊性。当自然科学所追求的整体性逐渐地被元素所构建时,精神科学的客体却呈现出整体状态。精神整体先于元素出现,要想理解这些元素,首先就要理解整体。任何精神活动都保存着这个基本特征,对整体的理解有助于甚至决定了对细节的理解。

雅斯贝尔斯的观点建立在不同的基础上。为了系统化心理学和心理病理学的诸多结果,他建议将理解与因果性彻底分离:人们可以理解穷人的仇

---

① *Introduction à la philosophie de l'histoire*, ibid., p.57. 关于因果性问题,参见本章第四节。

② *Introduction à la philosophie de l'histoire*, ibid., p.57,58.

③ Dilthey, *Die Geistige Welt. Gesammelte Schriften*, Vandenhoeck & Ruprecht, 1990, p.144.

富心理,失意者的诋毁和怨恨,但是不能**理解**梅毒所导致的麻痹性痴呆的机理——它由某种符合自然规律的因果性所决定。

在弗洛伊德的理论中,精神分析也用到了理解的方法。一些表面上看是机械的或者偶然的行为,其中的合理性却可以被心理学家直接理解。

斯庞格也提出了理解的概念。但是在他那里,理解是指一种精神心理学。与其说精神心理学关注于意识现象,不若说更关注于意识所分有的客观精神。斯庞格极力挖掘人类生存于其中的不同的价值领域与观念领域。这种方法勉强属于心理学,它令我们把目光转向了理解的另一个根源。

在狄尔泰那里,理解就是一种行为,通过这种行为,我们从符号(signe)过渡到了意指之物(la chose signifiée),从表达过渡到了自我表达的意识,这是一个具有决定意义的步骤,因为每个人都封闭在自己的圈子里,只有通过他所创造的作品,才能打开并显示自身。①理解是对他者进行认识的一种方式。人们或许会把理解这个词运用在对他者认知的方面,但是阿隆在使用的时候宁愿选择最为宽泛的意义,因为在他看来,理解绝非是一种可以确定的单一化的认识方式,它是我们对人的存在和人类创造的产物的认识,这些产物已存在如此之久,以致无需制定因果的规律性就可以接受它们。**理解始终是对意义的把握**。②

同样,从最宽泛的层面来看,全部观念的内容以及所有意向性的对象都与意义相关。无论目的、价值或是全体性(totalité)都不能与意义混淆。意义是最广泛的概念,它超越于(supérieur)一切整体(ensemble)以及一切精神认识上的关系。**认识引发出了一种意义**,这才是我们所称道的理解。**意义内在于现**

---

① *Introduction à la philosophie de l'histoire*, ibid., p.58.

② *Introduction à la philosophie de l'histoire*, ibid., p.59. 黑体为笔者所加。

实,它曾经并且将会被那些经历过以及将要认识到它的人所思考。[①]

二、从个体理解到历史认识

在这一部分,我们主要介绍阿隆是如何处理意识的自我理解,借以明确实际经验(l'expérience vécue)与意义(signification)、恢复(résurrection)与重构(reconstruction)、参与(participation)与知道(savoir)之间的关系,同时也通过人类对自身认识的不同方面来对历史认识加以定位。

(一)自我认识

每个人对于自身来说都是最切近但又是最神秘(mystérieux)的存在。或许对于自己行为的意图、自己的性格,他人比自己更为了解("不识庐山真面目,只缘身在此山中")。但一旦承认了这种旁观者对行动者自身认识的优越性——尤其在心理学家与患者的关系那里,即便是"可能"的优越性,那也意味着这个自我在用他者的方式反抗自身。究其原因,是因为我们对自己并不了解,自己对于自己是最神秘的存在,他者的位置让我们更鲜明地对象化自己。至于我们的精神状态,在每个瞬间我们都会有一个意识需要自己去深化和明晰,精神也在不断地重复并反躬自身。

自我认识既是最无可争议的,同时也是最难思考的。因为自我认识将主客体的相互关系纳入到了主客同体的事实中。通过主客的辩证,所有自我都必然会转变为客体对象,因为自我已经不是那个获得认识之前的人了:笛卡尔的"我思"的对象乃是先前之我。[②]

---

① *Introduction à la philosophie de l'histoire*, ibid., p.59. 黑体为原文所有。
② 参见[法]笛卡尔:《谈谈方法》,王太庆译,商务印书馆,2000 年;以及《第一哲学沉思集》,庞景仁译,商务印书馆,1986 年。

自我认识,并不是认识自己的某个片段,也不是认识自己已有的理性知识或感情,而是要去认识我们自己所是的那个独一无二的总体(tout)和统一(unité)。①然而我们不可能重现过去的一切,不可能经历自己曾经经历过的事情,因而这种对自我的认识既不能达到总体,也不能实现统一。或者说,现有的对自我的认识,本质上只是我们对自我的重构,而这种建构通过有可能被不断加入的新元素而修正。因而,这种建构的统一体是无限的,自我就是其所构建的源泉。越是扩大研究的范围,我们对总体就越接近,但永远难以达到这个总体。②

这也并不是说人的知识情感与观念的并置(juxtaposition)无法实现统一性和全体性,事实并非如此。不能实现总体并不意味着作为对象的我(moi)不可以被组织和统一起来,再者,我们同样可以发掘出自己本性的次序,心理学的综述和类型的划分能够帮助我们确定自己的特性,但从严格意义上说,由于这样的认识是外在的,所以它又是未完成(incomplète)并有待发展(progressive)的。③认识的外在性并不在于外部信息的特点,而在于内在认识的本质。一旦人类想要实现自我认识,那么他自己就变成了对象,因而内在自我(je)就转变为外在认识的对象的我(moi),也就难以通达全面(intégralité)了。

正像前面所说的,这种不全面性并不意味着我们不能重建自我。实际上,每时每刻,我们都在拉近过去与当下的距离,在两者之间建立联系,而这种联系本身也是重新创造自我的过程。因此,在一个不断更新的"自我"的辩证过程中,反躬自省与选择行动相互交织、对新的信息的接受与超越的努力也相互交织。自我认识是根据一种辩证法而发展出来的,即在总是不完全的发现

---

① *Introduction à la philosophie de l'histoire*, ibid., p.70.

②③ *Introduction à la philosophie de l'histoire*, ibid., p.71.

与从未获得过胜利的决定之间，个体通过了解和创造的双重努力而得到界定。这一过程没有结束，不可穷尽。人们既通过新的行动，同时也通过自身的反省来显示自己。①

（二）对他者的认识

对他者的认识是自我认识的必然方向。阿隆指出，任何观念主义（idéalisme）都应该从一个（un）自我出发，过渡到那些众多（les）的自我。观念论者声称，要首先掌握一个确定（le）的观念，然后才能发现诸多（des）的观念。②在胡塞尔的学说中，对他我（alter ego）的认识具有决定意义。现象学一直在研究先验自我，这种自我本身就包含着所有的意指关系，在这些意指关系中，素朴的生活不断得到发展，故而为了证明广延实体的实在性，并不需要笛卡尔求助于上帝的方式。由于自我的多元性（la pluralité des ego），只需引入虚构（fictif）与现实（réel）的区分就够了。然而德国学者们的关注点并不在于对他者的认识，他们更关注精神科学的独特性。这种独特性取决于对象，即人类、社会以及思想产生的本质。西美尔在其作品中用康德的口吻指出一个问题："社会在什么情况下是可能的？"他指出，不同的个体在任何时候对彼此的认识使得社会成为可能。然而阿隆认为，这种意识的交流，必须以对历史和对社会生活的了解（savoir）为条件。

对他者的认识与对自我的意识相仿。当我们看到某人紧握拳头时，我们马上就可以猜到这人大概生气了；从某人上扬的嘴角，我们也可以知道这个人可能比较开心。传统的解释会在这里使用类比的方式，我们知道哪些动作代表着愤怒和快乐，因而可以通过推理，猜出对面这个人相应的情感状态。这种对他者的认识是投射着的自我意识。事实上，我们看到的不是紧握的拳头

---

① *Introduction à la philosophie de l'histoire*, ibid., p.74.

② *Introduction à la philosophie de l'histoire*, ibid., p.75.

和上扬的嘴角,而是这些表征背后所代表的意义。机体是一个具体而完整的存在物,每个部分都在某种程度上表征着整体。人就是这样的一个整体,而人与人之间也存在这样的一个整体处境。但需要注意,对他者的认识的直接性与自我认识相仿,也是瞬时的认识(connaissance instantanée),但这种相通不是参与或移情,而是认识。

他者永远不会孤立地出现,在观察者与其对象之间,永远存在着某种联接的群体,这个群体要么建立在情感的基础上,要么以语言为媒介……他们永远也不是互不相关的思想中的主客对立。对于每一个"我"来说,他者就是我们大部分痛苦和欢乐的来源,他人的行为和判断关涉我们自身。非理性思考的生活先于我们理性的认知,它们甚至还先于我们一般的情感,并对它们起支配作用。①

或许个体会在机体的激情和爱的热浪中忘却这两种差异。但是阿隆指出,理智的(intellectuelle)交流却可以区分二者。积极的合作并不必然暗含着理智的交流,当所有人都明白自己处境的时候,自然的、非意志的行动和信息就足够了。散步或游戏中的朋友和搭档,他们彼此默默地配合对方,无需刻意。社会系统也是这样,个体之间彼此渗透。这是因为他们首先是这个团体中的成员,担当着某种职能,之后才有了个体的意识。

所有这些显现彼此交融,它意味着对他者的认识并不总是要去认识一个独立于自己的他人。除了直观的觉察(la perception des intuitive)外,还要通过意向性的相似或同一(la similitude ou l'identitié des intentions)作为沟通。这些现象同时也证明了,并不存在严格意义上的意识融合(fusion des consciences)。一个古代的人来到现代社会,心理学的方式(分析个体)并不能消

---

① *Introduction à la philosophie de l'histoire*, ibid., p.80.

弭这种历史时代的差异。为了能够使他理解当代，就必须为其提供必要的社会背景和生活知识，正是这些基本知识才能使周围陌生的环境与活动变得可以理解。感情的移转甚至也要依托对这样的基本常识的理解才能起作用。故而这种与他者的交流绝非心理移情，而是认识。

对他者行为的追溯性阐释就如同对自己行为的反省一样。人们甚至可以用知觉(perception)这个词。说我们知觉了他者的意识，同时也说明，对观察者来说这个意识成为了一个对象。①对他者的理解同样来自于对动机(motifs)的寻求，随着这一研究的扩展，将会囊括整个处境本身。过去的历史把我们引向了起源之处，但也从来没有一个绝对的开端。对动力(mobiles)的研究同样无止境。对他者的认识与对自我的认识一样，在最根底上没有终结。即便处在一个特定的层面，对他者的重建也无法避免多元性。就如对一个人物的描写在不同的传记作家笔下会有不同的特点一样，这种多元性并不是可以最终得到统一的。形象的多元性会因观察者的改变而改变，只有上帝才能权衡所有观察者的各种价值视角，将这种"矛盾"放回到它们应有的位置，把性格特征与行为统一起来。阿隆指出，这不是在强调精神的无能为力，而是排除虚构，旨在描绘视角的对立以及我与他者的对话。对他者的认识与对自我的认识是相似的，它们中的任何一者都并不享有特权：它朝向一个趋于无限的目标行进，与实证科学不同，每一条行进的道路都会被不断质疑。然而这并不妨害每条道路所指向的目标。

自我认识与对他者认识的关系既相互补充，又辩证对立。一方面，每个人在与他人的交往中发展自己的观点。在自己眼中的我，与他人对我的那些表象(représentations)不同。我们本能地知道自己行动背后的动机和目的，理

———

① *Introduction à la philosophie de l'histoire*, ibid., p.78.

解这些动机与目的的不同来源。然而这种认识相对于他者来说,既非无足轻重,同时又非高高在上。通过他者对"我"的行动所表现出来的赞同或反对,我们在不断地重新定义自己,或者改变成他人想象中的模样,或者否定他人的看法。另一方面,对自身的行为与特征的阐释也暗含着某种心理学的知识(savoir)。这些知识不但来源于科学的书籍,还更多地来源于生活的体验与人类的经历。在我们的生活和经历中,知识不断地得到积累。故而,为揭示自身就必须观察那些影响我们的知识积累的他者。在他人身上,我们可以客观地(objectivement)发现同样在自己身上不愿看到的东西。

他者就像另一个"我"一样,或许,我是在和另一个自我(alter ego)说话,对话的"你"在"我"的眼中就像我自己的"我"一样是个绝对主体(un sujet absolu)。①我可以意识到自己知识(savoir)与他者的不同和特殊,而人与人之间的交流却超越了这种不同和特殊。每个人的实际经验确实封闭在自我里,这对他者而言的确难以通达,然而我还是能发现自己的特征和自己的过去,这与发现他人的特征和历史一样。孤独与交流一样现实,"社会和精神交往使得交流丰富了,它或许并没有将个体永远停留在孤独的状态"②。

(三)个体与集体

阿隆指出,对个体与他者的交流和分析,并不是要研究集体生活的不同形式或不同方面。这些研究是为了指出,现实的实在(réalité)在什么程度上,转变了历史对象并进而转变了历史学家的意向(intention)。

传统或许认为,历史是社会自发的记忆(la mémoire spontanée des so-ciétés)。③人们关注的过去乃是群体(group)的过去。历史的好奇并非诞生于个

---

① ②　*Introduction à la philosophie de l'histoire*,ibid.,p.86.

③　*Introduction à la philosophie de l'histoire*,ibid.,p.93.

人的沉思,而是从属于这个高于自身的群体,这种惊异之感与整体相关联。阿隆指出,这确乎是历史的最初形式,但是当个体开始意识到自身的范围,有了自我意识后,历史学家就不再局限于单纯对过去的回忆,不满足于对某一传奇或献身于某个理想的集体或权威。他们会根据当下的现实和个人判断来看待过去,就像研究当下的问题一样来研究历史事件。纪念碑式的历史与社会的历史具有同样的尊严,因为在自我建构上,它们所需要付出的努力与政治诉求(la volonté politique)是同等层面的。

但这种个人与社会的对立也是人为的。因为这是发生在个人认为自己才是对自身唯一负责的主体时才得出的结论。人们固然可以切断自己与家庭或者社会职业等关系,但是每个人身上所固有的语言、概念或价值系统,这些东西本质上都是社会性的,并且都不是个人所能摆脱掉的。没有了这些,个人就不再是个人。在阿隆看来,这些对立更多地来源于政治意识形态。在和平年代,大多数人都是在自己的圈子里彼此认识的;而在动荡年代,社会关系被看作是命运、天数或者少数极权暴政的结果。在最终目的上,个体诉求和集体目标只不过是两个极端:或者是个人去接受社会的规定,在社会中生活并通过社会实现自我;或者个人要求社会保证个人最大程度的独立性,国家只是在最低限度内为个人服务的行政工具。

在个体之中并通过个体,共同体的表象方得以明晰;也正是在个体之中并通过个体,那些先于个体并超越于个体的共同体才得以实现。阿隆所作的客观描述,既不是为任何一种形而上学作辩护,也不是为各个民族的灵魂(ames nationales)或集体意识(conscience cllective)的抽象存在作辩护,它是对既超越又内在于人的实在存在(existence d'une réalité)的肯定。这些实在的存在是社会的、精神的、总体的,也是多样的。①

（四）历史（认识）

前面提到的阿隆对历史概念多样性的描述,可简单概括如下:在历史对象方面,它属于过去。同时,鉴于人类历史并未结束,仍旧处在生成状态之中,它就既是精神的又是集体的,既内在于个体又超越于个体的实在性;而历史（认识）②同时既来源于对自我的认识,又产生于对他者的认识。它力图超越观察者（le spectateur）和行动者（l'acteur）的片面性与相互性,试图超越自我与他者的辩证关系。如此看来,在本质上,历史与人的存在密不可分,它使得现实与过去相互对照,使得每个人曾经的状态与当下的状态相互对照,使得主体与其他的存在者相互对照。历史认识是一种从生命出发,最终又回到生命的辩证运动的思考。③

在对自我的认识中,个体所经历的过去和实际经验与反省之间有着抹不去的差距,过去永远也不会在反省中原样复活,它只能是以概念的方式得到意义重建。在这一点上,对自我的认识和对他者的认识是一致的。同样,历史认识也是这样一种类型,认知与认知对象之间的差距永远存在着这种若即若离的关系。正如意识内容（noema）不是意识行为（noesisi）一样,但二者又从不分离。④

经验事实在时间中远离了我们, 它的替代物成为我们对之形成意象（image）的对象。对历史人物的意识最终要在其行动和作品中得到确定,而他们清晰或模糊的程度,有赖于对过去数据掌握的多少。但无论怎样,这些数据永远是对过去的部分描述,而非所有。同情（sympathie）也是一个重要的因素。

---

①　*Introduction à la philosophie de l'histoire*, ibid., p.94.

②　"历史"本就有"探究""认识"的含义。参见第二章第一节对"历史"概念的考察。

③　*Introduction à la philosophie de l'histoire*, ibid., p.95.

④　*Introduction à la philosophie de l'histoire*, ibid., p.88.

对自我的认识、对他者的认识是在一个亲密的氛围中展开的。我们与自己的同代人一起,会有许多近似或相同的看法与情感,这些相同的东西使我们能够理解人们彼此不同的具体经验,就像通常说的:我们能够换位。

历史认识既不意图恢复过去事实,也不复原罕见的情感,或恢复我们生活环境的情感总体。历史学家仅仅是通过一些观念(des idées)来发现那些意识(les consciences)。这些就是类似于传记或自传的他者认识和自我认识方面的历史。而更为宏大的历史学家则以公共的人和公共事件为研究对象,传记史家研究时代同时研究个人,但他们最终要回到个人;一般意义的历史学家旨在超越具体的个人,而指向时代和更为广大的问题,他们的视野更为宏大,但本质上却与前者没有太大差异。

"历史并不属于生命的秩序,而是属于精神的秩序。"[①]如果对自我的认识就是明确地意识到某个实际经验或恒常不变的自我,那么这个自我或许就已经自我封闭,陷入自我认识的死循环中。然而一旦我们发现了他者在自我之中的关系,那么这个我就必须从自身中走出来,只有把那些使自我行动的冲动同时也看作人类经验时,才能真正把捉(saisis)到它们。[②]自我认识就像认识某个特殊存在物一样,必然发生在对其处境中共同存在的其他存在物的发现和深入了解之后。每个人用自己的时代与其过去进行对比,将一个文化或民族与另一个文化或民族进行对比。自我认识实质上是最后的(dernière)认识,而不是最初的认识,它是对他者认识的完成。

因而,历史的存在既非持存或经验的积累,亦非被回忆的东西。历史意味着对意识的持有(prise),通过这种持有,过去被承认为过去(le passé est

---

① «l'histoire appartient à l'ordre non de la vie, mais de l'esprit», *Introduction à la philosophie de l'histoire*, ibid., p.102.

② *Introduction à la philosophie de l'histoire*, ibid., p.101.

reconnu pour tel),意识以一种新的在场方式使它恢复了(la conscience lui restitue une sorte de présence)。这就是为什么,"历史的本源并不在记忆(mémoire)或过往的时间中,而是在反思(réflexion)之中"①。

同时,记忆和经验也不是像原子那样永远不动地封存在印象(l'impression)与回想(l'évocation)中。它们都是"我"的生命的一部分,并且随着生命的变化而变化——只有某些刻骨铭心的特别事例会多少躲避开此变化,永远铭刻在我们身上,并最终得以再现。记忆确实提供了材料,它总是与历史的最初形态相关联。最初的那些叙述(récits)是叙述者为了向他人讲述或揭示,而把事件彼此联接起来。但是与认识的方式一样,这些记忆同样与实际经验不同。无论是关于他者或自己亲身的描述,讲述者都不可能重新塑造他曾经看到或者经历过的事件。他自以为讲出了最真实和客观的过去,但其实仍是用语言的形式重新构建并阐释了过去的经历。讲述者在讲述时本质上是一个旁观者——即便他确实曾经是一个行动者,他也不能真实地再现过去的事实和亲历的经验。

在个体不具有连续性,没能进入历史甚至自己的历史之中时,记忆就是认识的证据,也是认识的条件。由于有了当下的滞留(immédiate rétention),事件间的连续性即时间成为了可能,通过经验的累积,"我"就成为一个历史性的我。或者说,我就是我的过去(je suis mon passé),就是我的经验的总和。②连续性使"我"既可以与遥远的印象一致,也可以与最近的印象一致。进化着的存在者(l'être qui évolue)就是在保存中不断地丰富自己,而它同时也会适时地忘记一些。伴随着对这种命运的意识,以及对单纯统一时间的抛弃,历

---

① *Introduction à la philosophie de l'histoire*, ibid., p.101.

② *Introduction à la philosophie de l'histoire*, ibid., p.102. 从滞留与连续性问题,可发现阿隆得益于胡塞尔的现象学。相关材料可参见《生活世界现象学》等作品。

史就出现了。通过反省，个体使得与其融为一体的存在的进化具有了历史性。

阿隆认为，"理解就是对他者意识或源于意识的作品的重构"①。或许在对自我认识的理解方面，人们会觉得理解与重构难以分开，二者常常被混为一谈。但在对他者的认识那里，理解就需要以某些确定的符号（signes）②为中介，对符号本身的阐释，以及从符号到一致对象的推理又使认识与事件增加了一层距离，一种新的不确定性也出现了。用我们"重构"的这种关系来代替实际时间，可理解性（intelligibilité）——它是理解（compréhension）的特征——与实在（réel）间的内在性还存在吗？

这种距离必然会产生理解的多元性问题，这涉及理解与诠释者的关系，当我们阐释一个行为或者一部作品时，我们都要用概念式（conceptuellment）的方式来重建它们。然而不同的概念选择以及使用之间的差异造成了不同阐释者间的差异，这种差异究竟是非此即彼的矛盾对立，抑或是多样性或多元性的阐释理论？这是我们下面所要讨论的问题。

三、诠释系统的多元性

上部分末尾提到的理解的多元性问题，在阿隆看来，其实源自于阐释的多元性。这就关涉到理解与诠释的关系问题。

这种多元性是否是本质的，或者说是不可化简的（irréductible）？倘若确实如此，那么在一个系统内部，在多元的阐释中的其中一种，如何能够判断其真（vraie）和假？对于这种真实性（vérité），只能或者在元素（élément）中寻找，

---

① 《La compréhension sera pour nous la reconstruction de la conscience d'autrui ou des oeuvres émanées des consciences》，*Introduction à la philosophie de l'histoire*，ibid.，p.103.

② 在后面，阿隆将这些"符号"总结为"概念"（concept）。

或者在或大或小的规模全体(totalité plus ou moin vaste)中寻找。并且它还受到对象整体分解(例如无法把捉的基本原子,或者全体本身的模糊界限)和重构过程中观察者的介入两重威胁。这样,甚至连真实性本身也需得到澄清。

为了交流,人们使用他们从外部获得的符号系统(le système de signes),这些符号以语词为形式,也就因此而获得了客观上的确定意义。它们通常来自约定俗成或惯用法。然而具体到使用该词的某一时刻、特定的人那里,它的意义又会与通常这些确定的意义有所偏差。在日常生活中,去除掉这些交流符号,我们还会使用表情、动作、肢体等无声的方式来传递,并且也会就某种体会达成默契——这种默契恰恰不是凭借符号来表达的, 符号反倒来源于这种默契。

交流对话者也并不意味着同处于一个时间和空间, 他们有时候相隔几个世纪,跨越不同国度。而这时,作为符号的语言的唯一阐释就暗含着对被时代或者某个个人所使用的系统而进行的重构。从诠释者的角度来看,在重构和诠释过程中,这种多元性所代表的与其说是交流(communiquer),不如说是创造(créer)。

阿隆以卢梭的作品为例说明了这个问题。他指出,卢梭在写作《社会契约论》的时候必然有自己的意向和观点,但是必须区分卢梭的意图与《社会契约论》文本本身的意义。倘若史学家只是凭借相关的背景资料和人物传记而指出了卢梭的某些政治倾向或者他思想的来源, 或者只是分析了卢梭作为日内瓦公民而成为沙龙的一个反对者,那么他还不能说读懂了《社会契约论》。这本书中所包含的政治哲学的意义,远远超出了传记文学以及社会影响。作品的意义绝不能与作者自身的道德、政治或者宗教意义倾向相混淆。区分柏拉图与其笔下的苏格拉底、歌德与浮士德,甚至鲁迅与阿Q,都是不言而喻的。

这样，阿隆就提出了外部（externe）与内部（interne）两种不同的诠释。从整体上看，也即揭示出卢梭不同作品的统一性。人们可以把他设想为既是一个日内瓦公民，同时又梦想着正义的政治、最好的教育方式的空想家，同时还是一个孤独的漫步者。与其说它们代表了这些思想的对立或非对立（la con-traduction ou la non-contraction des idées），不如说是各种不同主题的情感一致性（la cohérence affective des différents thèmes）。而从具体上看，如果对某一文本——如《社会契约论》——本身进行研究，或者将其放在政治理论的演变中进行研究，那么这些诠释就可能不是对立的了。

阿隆指出，这些不同的诠释，源出于历史学家按照自己所要探究的目标，在各个元素间建立了不同的关联、运用了不同的概念。**而那个目标，乃是出于其本身的设定**（assigner）。[①]因而，历史学家的工作自然看起来就体现了诠释的多元性。有多少种诠释，就存在多少种理论系统，即心理概念（coceptions psychologiques）与原初逻辑（logiques originales）。也就是如果通过理论可以理解作为某个体系的规定性，同时又能理解诠释本身的意义价值，那么就可以说：理论先于历史（la théorie précède l'histoire）。[②]

外部的解释必须以理解作为前提，[③]它绝不能取代理解的根本地位。理解的多样代表着诠释的多元性，它是摆在历史学家面前的一个无可争议的事实。并且无论如何，总会有一些诠释具有相对的独立性。在这些各自具有独特价值的诠释中，内在于历史探究（antérieure à l'enquête historique）的理论乃

①　*Introduction à la philosophie de l'histoire*, ibid., p.111. 黑体为原文所有。

②　*Introduction à la philosophie de l'histoire*, ibid., p.111. 关于这一说法，还可参见 *Mémoires*, ibid., p.123："历史学家找到了哲学的意义，又找到了他所诠释的作品的意义。但是前者支配着后者。" *L'Opium des intellectuels*, Calmann-Lévy, 2002. p.257, 以及 *Dimensions de la conscience historique*, Plon, 1961. p.23.

③　关于解释与理解的区分，可参见第二章第二节。

是其成立的保证和根基,它决定着(fixer)内部理解的本质,同时也决定了外部解释的可能性。

关于内在的历史探究似乎有点不同寻常。因为众所周知,历史探究首先是以事实为根据的, 一切的历史研究决不会建立在歪曲历史事实的基础上。然而历史探究的目的并不能局限于此,对事实的考察揭示的只是类似传记作家所作的资料收集或事实堆砌,而历史作为以人为行动主体的事实,并非与一般自然现象和机械运动完全等同。历史的意义,或说行动者行动的意义,才是历史所要探究的根本目标。历史的意义规定着历史学的研究方向,它的目标是意义,而不是简单的事实,后者只是历史探究的必要条件。单纯通过对事实的考察并不能揭示历史的意义,这就如同考察雅典社会的关系,不能通达《巴门尼德篇》所要阐述的高远思想一样。①

通过经验的研究,人们可以找到某些观念产生的原因,但这并不就意味着这些观念的真正(authentique)意义就是在某种历史环境下所产生的。②阿隆指出,对于一部作品的理解,常常超越了心理原因或社会环境因素。历史学家通过历史中的诸如经济、政治形式或作者心理等现象,或许可以完整地解释某些艺术形式、体裁或者创作手段,但他所分析的只是作品之美所形成的历史,而不是作品本身的"美"是什么。③内在理解则决不会局限于这些不同时代的技法或者体裁的限制,巴比松艺术与古典主义的创作方式和风格非常不同,但是它们都达到了极高的艺术造诣。只专注于体系的形成会很容易忽视

①　*Introduction à la philosophie de l'histoire*, ibid., p.114.

②　*Introduction à la philosophie de l'histoire*, ibid., p.114. 此处阿隆阐述了历史哲学超越历史主义的方面。即他相信,历史的意义绝不是被历史事实和具体环境所决定。历史主义所诉诸的历史相对性,并不能揭示哲学层面上的真正意义。

③　其实,当艺术堕落成现代文明的复制品时,艺术作品的真谛就已经消逝了。今天,任何人都可以复制一张蒙娜丽莎的肖像,但很少有人能达到达·芬奇那样的艺术高度。

对深层意义的理解。

但另一方面，内部解释也有一种弊端，因为从超越性上讲，艺术类似于某种科学命题或者形而上学，并不依靠其来源——虽然在自然科学与社会科学那里二者有些不同。这种形而上学性乃是一种类似于哲学的追求，而阿隆认为，从总体上看，哲学似乎总在表达一个存在，而非某一纯粹的思想（exprimer une existence et non une pensée pure），它总是指向一个未实现的、变化中（inachevé et changeant）的对象，指向人类自身①（"认识你自己"）。故而，这种内部理解有时又会过于形而上学，脱离了历史事实。

如此一来，内在理解可能时而沦为技术性的诠释，时而又提升成精神、本质或者永恒意义的诠释。它们体现了理解诠释理论的双重性。但它也对独断论的历史决定论（détermination）提出了最好的质疑，因为后者忽视了诠释的多样性，声称掌握了唯一（排他）的真理。历史决定论倾向于否认诠释者和创造者的自由，并且通过这种否定而自立为王。阿隆指出，要想达到显而易见，但同时或许又是捉摸不定的人类自身存在的统一性，历史学家就必须经历作品多元性的考验。

目标对象的多样，意味着并不存在一个历史的实在（la réalité historique）。在科学以前，事实只是忠实地重建。所谓历史的实在，由于它是"人"的历史，故而是模棱两可（équivoque），同时也是不能穷尽（inépuisable）的。模棱两可是因为普遍精神的多元性通过人类的存在而展开，在这种整体的多样性（la divesité des ensembles）中，观念与行动才具有了一席之地；不能穷尽，则是从人对于人的意义、作品对于诠释者、过去对于现实的意义而言的，它们都不可能最终得到完结。

---

① *Introduction à la philosophie de l'histoire*, ibid., p.115.

围绕作品,理解的远离与趋近类似于一种辩证运动,它更多地反映了精神的自由性质,而非诠释的不确定。历史学家就像一个创造者一样,这种自由就是其"创造"能力的体现。客观性或许超越了这种表面上的不确定性或相对性,但它不能否定(ne méconnaîtrait pas)普遍精神的多样。同时,理解的有效性会上升得越来越广泛,它隶属于现实与理论的有效性。掌握了现实的真理,也就有可能把握住突破内在的真理。[1]整体与个体的这种辩证运动最终揭示了历史科学的真正目的(la fin authentique)。就像反思过程一样,历史科学既是实践的又是理论的。人们愿意把历史科学所得到的观念应用到现实的系统中,通过吸收借鉴前人的作品来丰富自己的文化。既然人类只能通过比照(confrontation)来认识自我和定义自我,那么这些重建方式也要如同前人留给我们的作品那样,作为后人的例证和参考。理解与建构就是这样一种辩证运动。

第三节　理解与诠释

Verstehen 这个概念是德国历史主义的核心概念, 它影响了一代又一代的德国学者。然而在这些众多的学者中,这个词的含义却不尽相同。譬如康德在《纯粹理性批判》中就将"Verstehen"作为知性,黑格尔也是沿着康德的路向, 将它作为理性的从属, 德国古典哲学的哲学家们大都与此类观点相似,将它归属于人的知性能力,或者认为其从属于理性或自我意识。海德格

---

① 《La vérité actuellement possédée permettrait de saisir la vérté des conquêtes antérieures》,*Introduction à la philosophie de l'histoire*, ibid., p.148.

尔重新定义了"理解"的内涵,并将它与"此在"关联起来,从而开启了一个更为深远的路向。阿隆提出的历史的"理解"和"建构"这两个特点都与海德格尔的工作分不开。他对海德格尔的研究,从早期在德国访学一直到后期在法兰西学院讲学也都未曾中断过。

我们知道,海德格尔将自己的工作定义为对"存在"的研究。这一研究始于对亚里士多德的关注,但海德格尔对"存在"研究的突破口不同于亚里士多德,他在《存在与时间》中找到的是"此在"[①],即通过"此在"——这唯一能追问存在问题的基本存在者——来揭示"存在"问题。

一、此在与理解

(一)此在与现象学方法

此在的特殊性,一方面在于它本身就是"存在者",另一方面在于它不同于其它存在者,即它是唯一能追问"存在"的存在者。追问存在就是追问"存在的意义",并且最关键的是,它已经对存在具有某种理解[②]了。此在的发问基于它对"存在"的了解,但这只是了解,还不是认识(Wiseen)或已经成为知识(Science)。了解只是范围和方向上的,是一种大致的把握,认识和知识则是"明确具体的概念上的"[③],用海德格尔的话说,还不知道它"是"什么,它的

---

① 虽然在这部作品没有完成前,他便感觉到从"此在"探究存在问题的这一"形而上学的尾巴"依然存在,并终止了这条进路。但这并不有碍于后世从"此在"与"理解"等问题开启的诸多思路,虽然这些思路或许仍被笼罩在现代哲学的迷雾里。

② 英译为 understanding,中译本《存在与时间》将其翻译为"领会"。两种翻译各有优缺,本书暂不作区分,为语句顺畅而区别使用,并在适当之时译为"了解",诸种译名皆旨在揭示"Verstehen"一词与解释(explaning)的不同,下不赘述。

③ 张汝伦:《〈存在与时间〉释义》,上海人民出版社,2012 年,"释义"第 13 页。

"是"意味了什么。海德格尔在《存在与时间》的导论部分就指明了此在的优先性,他认为,"**对存在的领会本身就是此在的存在的规定**。此在在存在者层次上的与众不同之处在于:它在存在论层次上**存在**"①。因为此在的生存就是理解自身,即它"从它本身的可能性——是它自身或不是它自身——来领会自己本身"②。

　　传统对"理解"的解释大都是在理性或意识层面,与以往的哲学不同,海德格尔将"理解"放到了人的生命层面,将其作为人的基本存在方式。这一点与胡塞尔尤其不同,后者坚信理性的作用,并致力于将现象学做成一门真正的"科学"。海德格尔认为,人不可能是脱离身体而存在的纯粹的精神或自我意识。人的存在在于他业已被投抛于一个先在的世界。"这种被投入性属于和帮助构成了他的精神性。"③因为人被抛于世,并天天生活在这样的世界中,所以他的这种存在方式才不被注意。唯有当这一世界发生问题时,他才会重新反省这个原有的生活世界。海德格尔举工具的例子来说明:一个锤子,在它能够被良好使用的时候,我们对它的知觉就只是使用,它使用得越方便,越顺手,我们越不会去注意它。唯有当这个锤子发生了问题,譬如锤杆折断了,不能使用了,我们才开始审视锤子,去关注它。哲学其实就在阐释人们生活中对日用而不觉的"存在"。而要弄清存在,"首须提示出此在在存在者层次上及存在论上的优先地位",并且"对此在的存在论的分析工作本身就构成基础存在论"。④对此在的分析,就是弄清这个提问者的存在方式。此在并不是如传统哲学那样被视为某个主体。此在与其说是一个存在者,不若说是对存在

---

　　① 《存在与时间》,陈嘉映、王庆节译,生活·读书·新知三联书店,2006 年,第 14 页。黑体为原文所有。

　　② 《存在与时间》,前揭,第 15 页。

　　③ 《〈存在与时间〉释义》,前揭,第 19 页。

　　④ 《存在与时间》,前揭,第 17 页。

的索引,是一个形式结构,①正如《存在与时间》的基本问题不是人,而是存在的意义一样,此在也像一个指示牌:它的意义在于揭示存在,指引我们寻觅存在。没有此在,我们无从追问存在问题;固守此在,则无异于舍本逐末。人们当然可以分析此在的构成和元素,但不可能发现它的真正指向和意义——指示牌的本质不在于它的质料和构成,而在于其形式。存在的意义并不是由此在决定的,虽然存在的意义要由此在来追问。相反,是存在规定着此在的追问,它规定着问题的方向和领域,并且在本质上规定着此在。

海德格尔将此在作为人的存在,意在指出,此在是人的存在,是人与存在的关系。人能够探讨和追问他自己或者其他存在者的存在,人的这种探讨和追问就是理解,就是对存在的理解,就是人的基本存在。《存在与时间》的初步目标就是为了理解存在,揭示存在的意义。这就涉及海德格尔所运用的方法——现象学(Phänomenologie)②,或者更直接地说——诠释学(Hermeneutik)③。

海德格尔通过考察"现象学"这个词的词源,揭示了它与存在的切近关系。因为在海德格尔看来,意图用探究存在论历史的方式来澄清存在论,这条道路根本走不通。一般的学科,在导论部分总会追溯所谓的该学科的历史,从而梳理出一条类似学科历史的脉络。但存在论的探究与此完全不同,倘若

---

① 《〈存在与时间〉释义》,前揭,第 20 页。同时可参见《形式显示的现象学:海德格尔早期弗莱堡文选》,同济大学出版社,2004 年。

② 海德格尔的现象学来源于胡塞尔,他们都认同"回到事情本身"这一口号,但二人却又有着深刻的不同:胡塞尔将"事情"理解为先验主体,它本质上仍是意识结构;海德格尔则将"事情"理解为存在者的存在,它的立足点是此在,由此揭示存在的意义。

③ 中文亦有翻译为"释义学"。但若将该词译为"解释学"似不妥,因为无论阿隆或者海德格尔,都明确区分了理解(德文 Verstehen,法文 compréhension)与解释(德文 Auslegung 法文 explication),释义学与 verstehen 关系密切,因而翻译时就有必要对两者作出区分。"释义学"比较贴近本义,以突出对"意义"所作的阐释(Interprétation),但中文这个词更常作名词用,用作动词似有不畅(德语 Verstehen 本是动词 verstehen 大写而来);"诠释"或"阐释",中文既可以当动词用,譬如"诠释"某事之含义,亦可用作名词,对某事作出的"诠释"。两种译法各有千秋,本书亦不作区分,在适当处酌情选用,下不赘述。

要探究存在论的历史的话,也必须走一条谱系学而非传统历史学的道路。将存在问题放在历史时间中丝毫不能使该问题得到解决, 反倒会混淆问题,因为时间(历史)在根本上源出于此在的时间性。①存在问题与一般学科不同,学科总是有自己的研究对象,以及一套研究系统和方法。它们的研究对象是存在者,是作为客体的存在者。对存在问题的探究不能以探究存在者的方式,否则便仍旧混淆了"存在论差异",即存在与存在者的差异,将存在当作了存在者。存在问题并不是历史时间轴上的存在者,它是存在者得以发生和显现的可能。图 1 简单呈现了存在者与存在的区别。

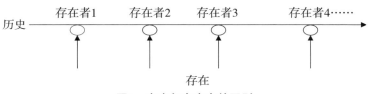

图1　存在与存在者的区别

在时间轴上的点代表了各类实际的存在者,也就是历史中各门学科的研究对象。学科史研究的就是这些存在者,以及它们在时间中的相互关系。但存在问题并不归属于这一时间纬度,它是纵向的,是历史中各个存在者得以发生和存在的可能,从而本质地规定着存在者。对存在的研究当然不能脱离存在者,但并不是考察存在者之间的关系就可以得出存在问题的本质,而是必须运用谱系学的方式,毋宁说,这些历史时间中的存在者都是存在的谱系,②对它们的考察必须是纵向的,即从存在与存在者的关系,从存在的发生方面去研究。横向时间轴上的存在者都是存在发生于时间之中的存在者,它们彼此的关系并不关涉存在之发生。所以对存在的研究根本在于"使存在从存在

---

① 这个问题海德格尔在《存在与时间》的第四章"时间性与日常性"有详细论述,此处不作展开。

② 参见张志扬:《偶在论谱系》,复旦大学出版社,2010 年。

者中崭露出来,解说存在本身"①。

以往的历史学研究并不能探究存在的问题,海德格尔在胡塞尔那里发现了现象学的方法。现象学并不意图研究事实的对象是"什么"(Was),而要研究它"怎样"(Wie)。也就是说,现象学并不像以往的科学那样,研究对象的特点和作用,而是研究这一存在者如何如此,也就是探究存在者的存在是何以发生的,即存在者与存在的关系是什么。从这方面来讲,现象学并不是某种学派或者立场,而只是一种方法(Methodenbegriff),一种使存在得以显现的方法。现象学的口号是"回到事情本身"(Zu den Sachen selbst!),这里的事情(Sachen)并不是一个事物或者即成事件,而是指存在的发生。现象学这个词由两个希腊术语组成,而现象学作为一个完整的词则产生于沃尔夫学派,但是正如前面所说的,现象学这个词本身的历史与它的本质并无太大关联。现象学的本义要从源出②的"现象"(Phänomen)与逻各斯(Logos)的含义中去探究。在《存在与时间》第七节中,海德格尔分别考察了现象与逻各斯的来源,他将"现象"理解为:显示着自身的东西。它区别于"现相"(Erscheinung)③,后者是"通过自身显现呈报出一个不自身显现的它物"④,即它只是"像"而非"象"。故而,现象就是存在者的存在的显现,是存在的意义,是存在的自我显现。⑤

逻各斯(Logos)含义众多,但它的基本含义是"话语"。在海德格尔看来,"话语之所谈就当取自话语之所涉;只有这样,话语这种传达才能借助所谈的

---

① 《存在与时间》,前揭,第 32 页。

② 注意,这里强调的是源本、源流,而非时间上的开始。

③ 作出这一区分,也在于他批评当时的新康德主义者李凯尔特,后者通过混淆现象与现相来批评现象学。(《〈存在与时间〉释义》,前揭,第 103 页)

④ 《存在与时间》,前揭,第 34 页,注释 1。

⑤ 《〈存在与时间〉释义》,前揭,第 109 页。

东西把所涉的东西公开出来，从而使他人也能够通达所涉的东西……这种'使……公开'的意义就是展示出来让人看"①，也正因为如此，Logos 的展示才可能有真有假②，真也就是去除遮蔽，使呈现；若指示性的形式不再是能使人所见（以 noein 认识的方式朴素直观），而是指示性地追溯到了其它东西，使人把某物当作了该物来看，那么这种综合结构③就具有了遮蔽的可能。这样在综合的众多事物中就有可能发生遮蔽，也即是某物遮挡了该物，即"不真"（不显现）。后来的符合论真理观，要以这种遮蔽与去蔽的真理为基础才得以可能。因而，"Logos"的含义就是"有所展示的话语"④，这种展示就在于将另外的东西呈现给人看，使其显现。话语被说及的对象未必是说及者，而是与其密切相关的诸种"综合"，正是通过话语的不断交谈，那真正想要被说及的东西才在话语的道说中显现。⑤

　　分析了现象与逻各斯，现象学的含义便可简单概括为："让人从显现的东西本身那里如其本身所显现的那样来看它"⑥，现象学就是研究存在的意义的学科，它与其它如物理学、历史学、生物学等学科不同。它研究的是存在者的存在，也即是存在论。而现象学描述的方法就是诠释的方法，现象学以诠释学的方法来诠释存在者的存在。

---

　　①　《存在与时间》，前揭，第 38 页。

　　②　这里海德格尔所讲的真与传统的符合论的真理观不同，在他看来，传统的真理观把真看作为归属于判断的东西。这种一个东西与另一个相符的判断并不是希腊的原初定义。海德格尔考察了"真"的含义，并作"去蔽"解。相关文章可参见《存在与时间》，前揭，第 39 页，以及《论真理的本质》（中译本收录于《路标》，孙周兴译，商务印书馆，2000 年）。对赫拉克利特残篇解读的文章（中译本收录于《演讲与论文集》，孙周兴译，商务印书馆，2018 年）有《逻各斯》与《无蔽》。

　　③　《存在与时间》，前揭，第 40 页。古希腊的综合与现代的综合含义不同，大致是指使某物和其它事物在一起时被呈现。如通过对某事各角度的描述，使该事件本身得到展现。

　　④　《存在与时间》，前揭，第 40 页。

　　⑤　《〈存在与时间〉释义》，前揭，第七节 c。

　　⑥　《存在与时间》，前揭，第 41 页。

（二）理解与诠释学

我们前面提到过,现象学与其它科学不同,后者是以相关科学的研究对象为目标的,而现象学并不称谓其研究对象,也不描述这些研究关乎何种实质内容,①它要"告诉我们**如何**展示和处理这种东西"②。现象学旨在描述事物或者事情(Sache)之如何,而无关乎科学研究对象的"什么"或"本质"。所以海德格尔说,"描述的现象学"这种称呼本身就是同义反复,因为现象学本身即为"描述"。描述的出发点是"实是"(Sacheheit),而不是被描写的东西。也即是描述的是存在者之如何,即"存在者的存在",而不是存在者。但存在并非显而易见,它自身并非显露无遗。如若事情本身昭然若揭,现象学就没有"使其呈现"的意义了。"遮蔽状态是'现象'的对立概念"③,现象学之所以要"让人看见",其实正是由于存在本身通常并不显现,但它又同已经显现者有关。它是显现者的意义和根据(Sinn und Grund)。

为明确现象学的任务,海德格尔区分了现象的(phänomenal)与现象学的(phänomenologisch)两个术语的含义。前者是"以现象的照面方式给予的以及可用这种方式解说的";后者则是"所有属于展示方式与解说方式的东西,所有构成这种研究所要求的概念方式的东西"。简单说来,前者指我们与之相遇而被给予或理解的东西,也就是存在的意义和存在的结构,后者是使这种结构得到呈现的方法。即前者是研究对象,后者是研究方法。现象学意在以适当的方式来显示存在的意义和结构,这种方式就是诠释学。

现象学是存在者存在的科学,等同于存在论。此在的有限性决定了它比一切其它存在者有更为优先的地位,是基础存在论。此在的生存就是对存在的

① 《存在与时间》,前揭,第41页;《〈存在与时间〉释义》,前揭,第103页。
② 《存在与时间》,前揭,第41页。黑体为笔者所加。
③ 《存在与时间》,前揭,第42页。

理解。从这点出发,现象学描述的方法就是解释(Auslegung)[①],此在的 Logos 有诠释(hermeneut)的含义,"通过诠释,存在的本真意义与此在本已存在的基本结构就向居于此在本身的存在之领会宣告出来"[②]。在《存在与时间》第二十三节,海德格尔说明了理解(verstehen)与解释(auslegung)的密切关系,理解的成形活动即为解释,理解 "在解释中有所领会地占有它所领会的东西"[③],理解通由解释而成为了它自身,但理解并不生于解释,恰恰相反,在生存论上,解释根植于理解活动。诠释本质上是此在的反思,是将此在对存在的意义的理解得以呈现的方式,现象学阐释了此在自身存在的结构,同时根据此在自己的结构,也呈现了被它所理解的其它存在者的存在的结构内容。更重要的是,现象学经由此在,也阐释了存在的结构,揭示了存在的意义。海德格尔列举了诠释学的三种基本意涵:

第一,诠释学的原始意义。通过诠释,使此在的本真意义与此在本已存在的基本结构在此在的理解中得到呈现。

第二,由于呈现了存在的意义与此在的基本结构的意义,也就开拓了阐释其它存在者的存在论的视野,可以以此来诠释其它存在者的存在。

第三,由于此在比一切其他存在者在存在论上具有最为优先的地位——唯有此在能够追问存在的意义,并且此在的追问就是此在的存在方式——因而从哲学的理解上看,它可以用来分析生存的存在论(der Existenzialität der Existenz)。这是最为首要的意义。第一种诠释学的意义其实是它的延伸,而第

---

① 这里海德格尔仍以解释来指称现象学的目标,它与诠释不同,后者较为系统化和专题化。解释则有释放、放开的含义。参见第 32 节中译者注。阿隆也区分了这两个词,但他的使用则完全相反,他将 explication(Auslegung)理解为精确的解释,而将 interprétation 理解为不确定的、多样的诠释,与 Verstehen 直接相关。

② 《存在与时间》,前揭,第 44 页。

③ 《存在与时间》,前揭,第 173 页。

二种则是第一种的再延伸。此在的历史性是其生存的基本规定,因而此在的诠释学的基本任务就是从存在论上揭示此在的历史性。[①]

现象学以此在的诠释学为方法,旨在揭示存在的意义和结构,它本质上就是存在论,因而海德格尔将二者完全等同起来:现象学的方法就是诠释学,现象学与存在论是同一门哲学学科,哲学就是"普遍的现象学存在论"[②]。

二、理解与诠释

(一)阿隆的诠释学

阿隆使用 Verstehen 也是在此类意义上的,他以 compréhension 来翻译其名词形式,以 comprendre 对应动词 verstehen。他明确区分了理解(compréhension)与解释(explication),后者是分析哲学家使用的概念,他们意图把一种独特联系——即从一条法则来演绎出特殊事件中的联系——归入到普遍命题,理解是要挖掘出事件内在的可理解性(intelligibilité),而可理解性与进行思考的人类意识有关。在逻辑学家看来,既然任何解释都是要从某一条普遍命题来推理出特殊的联系,那么任何违反这一立场的都会被认为是"非解释性的",因此在他们看来,历史学家所完成的绝大多数的工作都不会符合逻辑学家的"解释"要求。但阿隆指出,逻辑学家在这里犯的错误是,他们用本来有待证明的前提去循环论证:普遍命题是否可以应用于人文科学本就是

---

① 这一部分正是《存在与时间》中对时间性和历史性的论述,海德格尔由此揭示了与传统完全不同的时间概念和历史概念。通过对时间问题的诠释,海德格尔表明,任何一种存在之理解,都是以时间为其视野的。通过一系列的阐释表明,对存在之理解,正是以存在在时间中发生为其前提。限于篇幅,关于时间性和历史性的问题不是本书的主旨,读者可参见《存在与时间》第二篇,尤其是第四章与第五章的内容。

② 《存在与时间》,前揭,第45页。

尚待证明的论断。

　　逻辑学家对理解理论的一个批评是：理解最多算是一种启发性的程序，一种或许有用的手段，它呈现的是一些心理学上的特征(un caractère psychologique)，不具有逻辑上的价值。这一批评其实反映了逻辑学家把"理解"当作观察者与被观察者之间的一种通感的直觉(un intuition sympathique)。这种具有神秘主义或者唯灵论色彩的直觉，德国人称为"Einfühlung"，法国人称为"empathie"(移情)。但通过意向性(l'intentionnalité)来进行诠释的逻辑理论并不意味着诠释者的意识也参与了行动者的意识。我们不可能去直觉或当下地把握到历史行动者意识中所发生的事。[①]相反，只有探索到了行动者本人的世界以及行动者的目标，诠释理论才会有效。而对这些元素的探索，是需要凭借严格的智力上(intellectuelle)[②]的理论方能实现的。阿隆所谓的理解，纯粹是一种对于人的行动或性格方面的智力重建(une reconstruction intellectuelle)。智力重建完全不同于对另一个人的感同身受 (une expérience sympathique)。诠释理论仅仅假设至少有一些历史事件的行动源于行动者的深思熟虑，并且在行动者的意向行动上，所拥有的唯一解释形式(la seule forme d'explication)就是诠释，它旨在重建行动者们曾经生活的世界与行动者本人的性格。当然，对于没有深思熟虑的行动者而言，这一诠释或许并不与历史事实相符。但我们再强调一次：**诠释学并不旨在复制历史的真实原貌，而且这一期待也根本不可能实现**。在诠释和理解中，会不可避免地包含很多诠释者所创造的元素，但这些元素有助于我们更好地去理解历史事件而不是妨害

---

　　① 《il n'est pas question de dire que nous saisissons intuitivement ou imm é diatement ce qui se passe dans la conscience d'un acteur historique》，*Leçons sur l'histoire*，ibid.，p.192.

　　② 注意该词与"可理解性"(intelligibilité)的同根。Intellect 亦指"理解"。为区分 compréhension，在此暂译为"智力"，形容词为智力的(intellectuel)。

这一目标。历史工作的目标之一,就是理解曾经故去的古人——他们不同于我们的社会和生活环境——理解他们是怎样的人,他们的社会是怎样的。

阿隆举了克劳塞维茨的例子,[1]用以区分诠释与移情的差异。曾经有一个美国人写了本书,将克劳塞维茨描写成一个神经官能症患者。认为他的死是由自己的失败感所致,并且其妻子也谈起他死前已经丧失了继续生存下去的力量。于是作者试图追问,克劳塞维茨这种内在的失败感是怎么回事?阿隆回答:对此他一无所知。因为对克劳塞维茨内心的失败感是否有所共鸣,并不会妨碍他对克劳塞维茨一生中几个重要决定的理解和重建。比如通过阅读他的文本以及信件,就可以重构出他那种半普鲁士、半民族性的激情,理解为何他会拒绝服从普鲁士而为俄国沙皇去抵抗拿破仑的军队。

同样,二战期间流亡在英国的自由法兰西与服从维希政权的对立也是如此。智力上分别重构两派的主张完全可以。通过重建,阿隆能够同时理解双方各自的立场,并且理解双方无法彼此交流与谈判的心理状态。但在感情上,他并没有投入其中任何一派。感情上参与某种经验或认同某个人物,与重建某一行为的逻辑完全不同。当然,不排除在极端情况下,当通过彻底的方式来重建某个人或某个团体的思想方式或感情方式时,最终会产生一种感情上的参与感。但这只是理解之后一层面的事情,使用各种概念的重建仍是最本质的(essentielle)部分,而且会比那种感情上的参与或意识与意识间的直接关联更加深刻(plus frappante)。

进一步看,直接的理解(compréhension immédiate)也是以某种在先的经

---

① 阿隆在讲授"历史哲学"的同时,还开设了一门关于"政治行动理论"的课程,其内容主要是关于克劳塞维茨的思想。用阿隆的意思说,一方面关涉历史科学的认识论,另一方面则涉及行动或者关于战略的思考,它们共同构成了一个目标:搞清楚我们如何认识"我们生活于其中并通过知识来加以塑造的世界"。《历史讲演录》附录"法兰西年鉴摘要"部分,前揭,第 442 页。

验为先行的。我们生活在日常社会内部，对这一经验往往日用而不自知。一旦身处某个与自己社会文化背景不同的社会，就会有明显的差异感。自己日常的经验再不适用于新的社会环境，相同的动作所表达的含义也就有所不同。因而，理解在前的部分，还以大量日常认识为储备。动物的世界与我们的不同，即便能够将动物的叫声翻译成我们的语言，我们也不可能单凭词语的翻译来理解动物的生活。只有首先生活在动物的世界，拥有对该世界的某些基本经验和背景，才能理解它。

逻辑学家对理解理论的另一个批评是：理解性的关系只是一种需要确认或证实的假说。确实如此，阿隆在介绍韦伯思想①的时候，也曾经提到过，这些智力关系所构建的诠释本质上都是假说式的。但必须说明，的确，关于某个行动和决定诠释的貌似可信(plausible)是未经证实的，必须要知道行动者所考虑的处境的逻辑是怎样。对某一行动的诠释，若认为是预言，则有可能犯错，而假如是回溯和诠释，则体现了该行为的可理解性。但即便是事后回溯，仍然需要知道当时行动者的处境是怎样的，并且还要知道行动者的个性与思考、对环境的分析，只有考虑了总体的情况，才能诠释他的行动。超出诠释范围的，则是之所以造成我们不能完全理解诠释对象的元素了。正是这些元素决定了我们无法以确定的方式来作出肯定的预见，而只能事后去作诠释。在可信与可证明之间具有一条无法跨越的鸿沟，只有事实（le fait），即事件（événement）才能填补它。但就像前面一再强调的，真正的历史不可能被原样复制，对一个处境及行动者的重建，不可能用任何工作去作出与历史真实事件是否一致的证明。逻辑学家们所强调的普遍命题只是一种假说，它不具有填补该鸿沟的能力。相反，重建本身已经包含了其所**可以承担得起的所有的**

---

① 即《德国当代社会学》。

真实性或可能性。①

诠释学旨在揭示一种内在的可理解性。在人文科学中,阿隆并不满足于在前件与后件之间建立某种规律性的先后承接关系,认识的目的在于把握其中的内在可理解性,而正是这种可理解性构成了人类本身。在他看来,人类行为本身具有某种可理解性,可理解性使得我们可以**解释或诠释**某些特殊状况(l'état singulier),而不是从某个普遍命题中演绎出这一特殊情况。普遍命题的可信性并不是因为其演绎高于诠释,恰恰相反,正是特殊事件(le cas singulier)的可理解性使我们能去诠释它,并且它还使诠释比普遍命题的演绎具有更高的可能性。当然,在重建特殊事件时并不是只依靠诠释,它同时也不排除普遍认识。这样的理解理论才是一个比较完整的理论——即便达不到最完整。这也就是今天运用在实践中(elle est pratiquée)的理解理论。该理论可以归纳为以下三种不同的类型:

1. 心理分析上的理解

此类型常出现于弗洛伊德和阿德勒那里, 这种理解一直以对概念的使用、对常见的规律关系的认识以及某种叙述元素为前提。实际上,心理分析上的理解并不仅仅以概念为中介——弗洛伊德常使用概念——而是假定每种情况下都有某一种特殊的、与一个人的历史相似(comparable)的东西。它们显然也是智力的重建(reconstitution intellectuelle)。

2. 解释学式的(herméneutique)理解

这是关于某个文本或者关于人们对所能同化为某一文本的东西的理解。②对于文本的理解,关键一点在于解释学循环(cercle herméneutique)理论:理

---

① 《elle comporte en elle même toute la vérité ou la probabilité dont elle est capable》,*Leçons sur l'histore*,ibid.,p.203. 黑体为笔者所加。

② 前面我们提到的"完成的作品"就属于此类。

解文本的某个元素应以对文本整体的理解为前提;同样,对文本的整体理解又要求以文本的元素为入口。故而,解读一个文本就意味着在元素与整体之间不断地往复运动。但这一往复并非是逻辑学中的循环,它不是一个恶性的循环。对文本的理解就是要进入这个循环,通过这样无限的循环往复,文本的意义才能逐渐得到展开。解释学循环的前提是承认在文本与解释者之间存在差异,那些认为历史文本与解释者之间没有时代区分的看法,在解释学家以及阿隆看来都是错误的。沿着解释学的思路,或许并不能完全重现文本那个时代所体现的完全的意义,但区分文本的时代和解释学的时代,正是解释者进入被解释文本时代的前提。同时,通过解释学的循环,不断向现代读者敞开历史文本的含义和背景——这是理解文本的必要元素,就如同前面提到的,理解的前提具有经验上的在先性,首先必须让读者进入文本所处的世界和境遇。

3. 第三种理解的类型最为简单,但也有可能是最基础的

这就是阿隆所选择的盎格鲁–美利坚(即英美)分析哲学的例子,这种理解类型涉及手段与目的间的关系问题,它依照的是行动者对处境的认识。除韦伯外,卡尔·波普尔也表达了类似的看法,他也用“处境的逻辑”来解释一个人的行动。[1]他认为,历史学家们所采用的方式,就是要重新找到行动者所思考的处境逻辑,并由此出发,去理解行动者之决定,也即是重新找到行动者对处境的知觉和他所采取决定之间的联系的内在可理解性。

理解理论作为治史的方法会经常应用到古老社会和文化方面。关于过去历史的探究,在本质上就是要重建古代社会的处境,问题只在于,我们能在多

---

[1]　参见 *The Poverty of Historicism*(历史主义的贫困)。中译本参见[英]波普尔:《历史主义的贫困》,何林、赵平译,社会科学文献出版社,1987 年。或参见另一译本:《历史决定论的贫困》,杜汝楫、邱仁宗译,上海人民出版社,2009 年。

大程度上理解古代人的思想，以及我们的思维方式与古人有多大的不同。

英美学界曾经就我们是否有权将自己的逻辑思维运用到古人思想上展开过争论，这关涉到科学的普遍性命题是否在历史上也可自由运用的问题。英美学界的争论受维特根斯坦后期"语言游戏"的影响很大。一部分学者主张，并不能用我们现代人的逻辑范畴（catégories logiques）去理解古人甚至是其他民族，而应当深入到被研究者自身的理智系统（leur propre système intellectuel）中去。语言与文化密切相关，只用自己的语言规则去理解另一种文化和时代是不可能的，唯有深入一种语言游戏的规则内部才能理解该社会的语言。我们若想去理解古代，就必须重建起他们的语言规则。如此，前面提到的第一个问题就会出现，即理解能够达到什么程度？因为理解是重建，若重建行动者的处境逻辑与我们本身的不同，那么就有可能在理解上出现无法跨越的鸿沟，这一问题也直接关涉人类文明或人类精神的统一性（unité）问题。有可能是，人类本身是一个断代的多样文明，彼此之间并没有承继关系。每一代人都按照自然生活，没有历史的传承。历史或许并不一定是按照进步和积累下来的路向在行进，人类社会或许并不能被看作是一个统一体。

关于人类社会文化结构差异的问题，很多人类学家都作出了有意义的研究。尤其是在巫术方面，当地人对巫术的看法与我们完全不同。除了一些民族性宗教很强的地区外，现代人生活在一个科学意义的世界里，对于巫术之类一般会用科学的理论去解释，将其视为一种迷信而排除出自己的生活世界。然而在古人或原始部落中，巫术本身就是他们生活的一部分。举例来说，一位努尔木匠在雕琢碗或凳子时，发现它忽然开裂了。①在我们今天看来，这是一个极其自然的现象，会认为是木头材质的问题，以后换用一种更为结实的

---

① 这个例子是阿隆所引用的人类学家埃文斯－普理查德的研究成果。

材料就好了。然而这位木匠会立刻谴责造成这种灾祸的巫术,向人们倾诉说这是邻人对自己的怨恨和嫉妒的证明。我们一定会说事实并非如此,他的邻人总还是个好人,但这个木匠就会将那个裂开的碗或凳子拿出来,仿佛它们就是证据一般,来证明他所言不虚:如果邻人没有对他实施巫术诅咒的话,这个碗或凳子是不会裂开的。在这里,我们会说,木质的坏裂是因为木质缺水干裂的缘故,但在他的世界里并非如此。因为在以前雕刻的几百次中,都没有发生裂开的现象,唯有这一次,他在使用时也像以往一样检查了材料,但它竟然裂开了。这一不同以往的现象,就说明邻人对他施行了巫术。

现代人的解释遵照自然科学的知识,但努尔人的解释机制也是完全合理的。两种解释的差异在于对事件理解的方式不同。努尔人的例子所提供的解释是一种与我们不同的解释模型,但它却同样是合理性类型的解释。如果用现代人的思维去思考,就不可能理解努尔人的社会与文化,在我们看来,巫术的理解方式是与科学的方式矛盾的,我们选择的是后者。而唯有当我们知道巫术是他们生活世界的构成基础后,我们才有可能理解这个木匠的报怨,并理解整个社会的生活方式。之所以今天我们见不到神迹和迷信,是因为在我们生活世界中已经没有了神迹与迷信的维度,我们自己就不相信神迹和迷信的存在,即便它们真的发生了,我们也会视而不见,或用现有的科学概念(比如外星人或 UFO 之类)去解释。

话说回来,我们的社会不是也存在着同样科学解释不了的避讳吗？譬如中国人不喜欢"4",基督教徒忌讳"13"。虽然这些数字未必真的与不祥联结在一起,但我们就是这样避讳它们,因为这就是我们的生活世界。

因而,在阿隆看来,理解理论关键在于理解构建某个社会或组织自身的逻辑,即便这一构成未必能符合科学解释的标准,但人类的历史并不必然与科学规律相一致,揭示历史中的人的行动才是历史学家的主要目标。在历史科学,尤其是人文科学方面,很大一部分工作的目的并不是要得到某种科学的普遍命题或者规律体系的解释——况且这种普遍性本来就源生于某种本位主义——在于重建一种历史世界的景致(paysage),理解某一时代或地域人类的生活方式或社会构造。重构一个社会的可理解性,是历史工作的本来目的。历史并不仅仅在于理解事件,同时还在于理解人,发现"过去的人与我们不同的地方",进而去理解他们的生活和处境。同样,我们也可以通过引入其他公共生活的逻辑理解来改进原有的历史理解方式、丰富诠释学的内容。

(二)理解的限度

历史的理解可以朝着两个不同甚至是相反的方向发展。它要么旨在阐释一个时代自身,要么将这个时代放到更为广阔的全体中,使其从属于一个超越于该时代的更大的整体。阿隆指出,这两个方向对应于真实(réel)的两个方面,狄尔泰在这方面描述得最为详细:一方面,无论个人或社会,它们都有自己的中心(centre),其意义就是自身。这些个人或社会共同构成了一个整体。在其中,每个元素都指向总体,并通过总体得到解释。另一方面,个体只有在回顾(rétrospectivement)之时才最好地展现了他的意义。因为结果总是有可能更新先前之意义。一方面,生命的真理局限在当下封闭的某些统一体(u-nités)中;另一方面,这种真理在历史过程里,又逐渐在回忆和后人的观察中呈现出来。①

这两种倾向,对应着两种历史观或两种哲学思路。一些人看到了自己或集体的过去,但只是些零散的片段,每个片段只有自身的统一性,却不具有整体性,另一些人则看到了经过进化或进展(évolution)过程中的统一;一些人首先关注的是特殊性,另一些人则区分了人的同一性(identité)和传统的连续

———

① *Introduction à la philosophie de l'histoire*, ibid., p.186.

性(continuité)；一些人在每个瞬间和每个存在看到了自身的根据,而另一些人则相信进步,并认为未来是过去的目的和原因……

阿隆认为,这些对立并不仅仅是理论上的,它还与不同的价值等级相联系,与生命和思想、美与真理的相反命题(antithèse)相关。这种对立冲突是不可约减的,它们各自可以根据事迹和文本得到合理的解释。确实存在着一种根本的矛盾(une antinomie fondamentale)。进化(或进展)的哲学隐含着历史的基本统一性和最终的统一性。生成(devenir)的哲学包容着无规律的多样性的位置。囚居于一个时代,隶属于一个社会的个人,通过自我定位、选择自己的未来而摆脱过去的束缚(tyrannie du passé)。但是对于生存的人,或者说思考哲学的历史或历史哲学的人来说, 这种选择和决定是否都是自由和任意的? 或者说, 它是否追求真实的普遍性? 提问依托于个体诉求集体命运(la destinée collective)的方式,也即依托于个体自身。①

理解的限度通常来自于心理学意义上的表述。雅斯贝尔斯(Jaspers)和马克斯·韦伯都追问过此类问题。但理解并不单纯是一个心理学的概念,它还包含着对心理事实的客观化。理解总是在推动诠释者,诠释者与物理学家们不同,他们既是人又是学者。但是他们不希望只是作为纯粹的物理学家那样的学者,因为理解旨在占有并超越过去。这样,总会有后人推翻前面的问题和结论,并对未完成的客观化进程而得到的结果表示怀疑,对意识之间交流所依托的条件提出质疑。从这方面看,不承认心理生命的多样性,个体就没有质疑基本信仰的共同点、共同情感以及共同观念的优越性,也看不到诸多自我之间的融合与相似性。

理性为自身规定了对象,正因如此,理解的双重限度才体现出来。精神

---

① *Introduction à la philosophie de l'histoire*, ibid., p.187.

品质超越了动力和动机,自由与整体性则处于分散状态。或许实际的接触会给我们以真实的触感、持久的存在感或对某些行为的真切理解,但归根到底,知识的掌握与生命体之间的交流总是存在着一层隔膜。为了消除客观化的束缚,认识就应当让位于个体间的交流。但这种交流又总是与个体的独立性之间存在张力。或许,这种认识最终超越了自身,就像人们曾经是自己,但又不是自己一样,他们与过去的自己不同,但他们本就是自己的过去:他乃是过去所传承下来的精华的汇聚。只要过去还是个人精神或生活的不可或缺的部分——事实也却实如此——那么它就永远存在。[1]为了探究过去,我们有意地远离(过去的)自己,将其投射为一个他者。但是当对过去予以承认和接受之后,我们又会再次领会它。这时,客体化对象的历史学家就会重新成为一个历史存在。

这样看来,人类之间的交流似乎构成了个体理解的限度,个体在客观化对象时的各种努力都会因彼此间的交流而受到阻碍。正是由于人类行为的模糊与无法穷尽,诠释者的多方面参与活动才成为必要。除了个体经验性的理解研究外,超越于特殊性的普遍性对理解的限制也十分重要。个体历史中的短暂经历并不足以纵览整个历史,科学家也不可能完全呈现历史上古今所有的发展过程。公允地说,精神逻辑(或人类本性)的同一性——无论这种共同性多么表面——使得理解更加丰富和完整。但是我们要克服个体精神以及每个历史时刻的局限,认识的普遍性要求历史学家们必须把作为人类共同成果的真理作为他们的追求目标。

这种以主体作为出发的重构,有可能会导致过分强调主体的相对主义,[2]

---

[1]　*Introduction à la philosophie de l'histoire*, ibid., p.191.
[2]　陈喜贵:《维护政治理性》,中央编译出版社,2004 年,第一章第一节。

因而在后期(1972—1973 年法兰西学院讲授本门课程的时期),阿隆尝试一条不同于早期的道路。这就是将现今仍然保留下来的档案或遗迹,作为重构过去的开始,重建前人所经验的事件。这也就意味着,德国学者所理解的作为历史事实的"Geschichte"不存在,或者说它就如康德的"物自体"一般,符合论意义上的对历史事实的认识根本不可能。"历史认识,或者作为认识的历史,便是从现在所存在的东西出发,对于过去进行重建或者重新组织,是对于过去某时某地所发生的事的重建。"①阿隆强调,这种重构既非任意也非抽象。我们每一个人都是生活在旧有传统的风俗和习惯之下的。百姓日用而不知,反思之时又都会予以承认。这样,从历史的实在层面讲,经验历史就有两层含义(D'où une double façon de vivre l'histoire au sens de la réalité historique):我们经验(nous vivons)着过去——它仍旧是我们的现在;同时这一对过去的经验(expérience)既然属于我们,那么我们也就能够自问它的起源,以及自问对于他人来说它曾是什么。

这就是历史解释学,也是阿隆后期想要走的道路,其目的在于从对于我们生活世界中的自发认识、从留下的材料和遗迹中,重建过去有过而现在业已消失的社会。

第四节　因果的分析

古往今来,因果问题一直是哲学家们离不开的话题。在本书的第二章,我们简单提到了"历史"一词的"探究"含义,以及其与"原因"的关系。近代哲

---

① 《历史讲演录》,前揭,第 93 页。

学,尤其是休谟哲学,将因果律作为一种尚待考察的规律来看待。在他看来,原因的概念具有形而上学性,前件与后件之间的内在关联并没有一种所谓的因果律存在,人们只是在习惯上接受前件与后件的先后关系,而这一联系来自于人。①如若将前件作为原因,就是赋予了它一种不同于其他前件的意义,如此就远离了科学的实践(la pratique scientifique)。康德吸收了休谟的思想,并将因果律作为人的先验范畴之一。②近代科学,尤其在自然科学中,"原因"这一概念越来越受到逻辑学家、认识论研究者和学者们的质疑。特别是 20世纪,罗素将原因的概念视为某种形而上学,认为从人类学上看它是本质、起源,但在日渐成熟的科学中却不能起作用。③孔德也将原因从科学的分析中排除了,他主张替换为"规律"(loi)这一概念。

前面提到的亨佩尔模型与休谟和孔德这一学派有关。同样拒斥因果概念的还有另一学派,这一学派以克罗齐为代表,它来源于维柯和黑格尔传统。④认为若以因果来解释人类历史,那么就意味着将人类历史归为自然界的物理作用(如两球相撞的物理必然),他们由此将因果概念理解为自然的决定论而加以反对。

一、可知性与可理解性的区分

阿隆部分地接受了人类历史的非因果性诠释,但他同时保留了因果律存在的可能,而非简单地对其予以拒斥。他通过分析意向性的局限,来找到另

---

① [英]休谟:《人类理智研究》,吕大吉译,商务印书馆,1999 年,第四、五、六、七、八章。
② [德]康德:《纯粹理性批判》,邓晓芒译,人民出版社,2004 年,A80、B106。
③ *Leçons sur l'histoire*,ibid.,p.221.
④ *Leçons sur l'histoire*,ibid.,p.222.

一种不同的解释宏观整体的方式，使得因果关系在历史方面重新获得了某种合法性。

前面提到，阿隆深受新康德主义和解释学与现象学的影响。现象学的理解（Verstehen）开启了一条诠释人类历史的新的认识思路。对意向行为的诠释，就是用展现行动者的处境，再现这一处境中的行动者或其意识。这一对处境中的逻辑（la logique d'une situation）展现，等同于呈现出了一种可理解性（intelligibilité），它不是必然性，更不是自然的决定论。唯心论者（idéaliste）就是要把历史学家从微观层面研究中得到的这种方式应用到人类的宏观历史事件上。然而他们并没有严格地区分可知性（compréhensibilité）与可理解性（intelligibilité），①这正是阿隆与德国学者们的不同之处。阿隆指出，韦伯没能区分理解（compréhension）与思维（intellection"心智活动"）的差异。他虽然明智地区分了因果的研究（la recherche causale）与理解的诠释（l'interprétation compréhensive），给予了诠释和理解在研究人类活动的重要地位，然而却并没有注意到理解的诠释有两层含义：一方面它指对某单一意识的意向性的理解（compréhension），另一方面则指可理解性（intelligibilité）。后者堪比可知性

---

①　这两个词的含义比较接近，可知性（compréhensibilité）来源于 comprendre（理解），而这个词用来翻译德语 verstehen。康德在《纯批》中的"知性"就是 verstand。故笔者将其翻译为"可知性"；而 intelligibilité 这个词与 intellect（智力）同源，在德国历史主义传统中，这两个词并没有明显的区分。但阿隆注意到了两者的区别，他将前者与意向活动关联起来，而后者则强调其"可被理解和知道"的含义，尽管这种理解和知道未必是知其所以然的"真知"。我们亦可以对观亚里士多德在《尼各马可伦理学》（1095a6 及 1103b26 等）中对实践与知识的区分：一个实践者未必具有对某物的真正知识，但是他可以娴熟地在实践中使用该物品。比如我们可以学会如何驾驶一辆汽车，但未必拥有关于汽车构造和运转的知识。对可知性与可理解性的区分也可以此作为进路：如果可以把前者理解为"知其所以然"的话，后者则是"知其然"。但需要注意的是，在亚里士多德那里，真正的可知性，即知其所以然的乃是知识，实践只是知其然；在德国历史学者这里，理解（comprendre）才是知其所以然，是实践活动或意识活动。这一翻转在康德那里就已经出现了：理性的知并不能通达实践的知，康德的《纯批》就是在为理性立法，为实践留出地盘。从这一点我们也可以看出古今对知识和实践的理解上的差异。

（compréhensibilité），但并不涉及意识的意向性。某一微观层面的活动可以呈现为在一个处境中的意识活动，然而宏观历史事件却不能用意向性来简单理解。微观层面的事件既具有可知性，也具有可理解性，二者近乎等同（une intelligibilité comparable à la compréhensibilité）。①但在宏观层面，即便存在着可理解性，也不能由此便认为存在着可知性。

非因果性的诠释或意向微观层面的可理解性诠释，并不能排除对宏观层面的规律性事件的研究或因果性的研究。因为一方面，并不是所有的历史行动都可以视为意向性的活动，除了极权国家中首脑的绝对命令之下的行动外，很多历史事件都不是某一单一意识行为所能决定的；另一方面，即便某一行动是意向行为，也不能排除另一些事实：诸种行动共同作用而产生的历史事件适合于用某种因果概念来诠释，这种诠释不同于意识的意向性诠释。

阿隆以自杀现象为例，呈现了这两种方式对该现象的不同诠释：从个案来看，每个自杀者都有某种特殊的处境，通过分析，可以理解每个自杀行为的原因。这种可理解性即便不是必然，也还具有可知性。因为我们不能说一个人在某一处境中必然会自杀——我们可以说某一自然事件在某一前提下必然发生：比如太阳晒，石头热，但最好的证明是有很多自杀救援组织，通过某些心理劝说，能够使一些意图自杀者不再选择自杀。这些人改变的只是自杀者的想法，而不是当时的外部处境。所以对于自杀事件的理解，并不能得到加有"必然如此"描述的结论；另一方面，从宏观数据来分析，同样可以发现自杀现象的某种关联性。比如以某一国家或城市、某一阶层、某一社会环境等作为研究的出发点，从整体上分析自杀出现的情况，可以看到某种类似规律性的现象。从这一层面讲，对自杀的社会学研究，即关于自杀现象的频率等社

---

① *Leçons sur l'histoire*, ibid., p.226.

会原因,能够使我们以因果关系或然地建立某些相关的结构。而这种建构与对具体自杀行为的可理解性分析并没有冲突。[1]它们是关于同一事实的两条不同研究路径。

二、结构与片段

还有一种"反事实条件"(counterfactual conditions)[2]理论,这一理论在英美分析学家中扮演着重要的角色,经济学家们也常常使用它。该理论以假设某一事件没有发生或者不像事实那样地发生为前提,然后提问,在这样一种新的情形下会产生怎样的结果。也即拿出一个前项,假设它不存在或改变,看结果会怎样。如此来判断诸前项的决定作用。[3]比如问,若希腊在马拉松之战中失败了,那么会发生什么事? 对该问题,韦伯会回答:假如失败,那么希腊城邦内部就不会如此合理地发展(le développement rationnel)。这样,前提所假设的更改过的事件就是历史结果的必要条件,它影响着结果。但阿隆提醒我们注意的是,必要条件(condition nécessaire)并不意味着必然原因(cause nécessaire),它可以被称为影响元素,但不一定是全然决定的因素。经济学家也喜欢作这种非现实的历史分析。他们能够修改某些元素,从而得到"会发生什么"的模型与假设。但阿隆同样提醒我们注意,经济学家之所以常常作这种分析,其实是在先就已经掌握了某套宏观经济理论,他们在假设前就已经估计出了某一元素的重要性,所以也同样能够假设没有某一前件所得到的新的结果,并能在理论上比照新结果与原结果的不同。职业历史学家一般不

---

① 这里,阿隆已经为历史世界的建构埋下了伏笔。

② 法文为:des conditions contraires aux faits。

③ *Introduction à la philosophie de l'histoire*, ibid., p.202.

会提这类问题,因为他们认为在大多数情况下,我们不可能对这类问题给出一个明确的(catégorique)回答。因果性判断是回顾的可能性,而不是必然性。历史学家会借助可能性的回顾思考,得出(degager)历史发展的关节。[1]但历史学家不会也不可能一个接一个地处理所有前项,考察这些前项的重要性,因为他永远也不能穷尽这些前项。[2]

逻辑学家们对历史认识的讨论,主要集中在单一的、发生于某一时刻的历史事件上。他们会问一个历史事件如何可能? 为何必然? (How possible? Why necessary?)也就是追问一个事件的充分条件与必要条件。在已经发生的历史事件的前件中寻找原因,这是历史学家与逻辑学家共同的目标。然而这一寻找的方向由何确定? 一个事件的原因是前件整体还是某些部分或片段? 如果从整体中选择了一个前件,而不是其它,那么这种选择是否建立在逻辑之上? 历史学家的回答与逻辑学家不同。

阿隆通过考察指出,"原因"概念在希腊是一个司法用语,指的是人们在法庭上使用的证据(argument)。[3]平常一辆车用50千米/小时的速度行驶并不算快,但如果在雪地上仍然保持这样的速度则很可能发生意外。倘若真发生了事故,那么事故的原因就应当是司机行驶过快——虽然50千米/小时在一般情况下并不过分。从这个例子可以看出,所找到的事故原因其实是事故诸多前件中的一种,人们在法律上不会追究天气或路况等自然原因——虽然它们确实是事故发生的某些必要元素——而是归咎为驾驶者的不当速度。之所以选择司机的过错作为事故的原因,是因为这一前件在人们看来是可以控制的。司机的罪责在于没有控制行驶的速度。需要注意的是,这样的归罪原则

---

① *Introduction à la philosophie de l'histoire*, ibid., p.204.

② *Introduction à la philosophie de l'histoire*, ibid., p.211.

③ *Leçons sur l'histore*, ibid., p.230.

只有在法律追究或者道德追究方面才有意义，只有参照某一司法标准或道德标准时，这种追究才具有正当性。因而，如若在行为中探寻因果性，那么就必需考虑当时的处境，以及时代的评价标准，而不是行为者自身的标准。这种探究原因的方式便是从责任性或者有罪性方面作出的。

另外一种关于因果性的描述与概率论有关。在马克斯·韦伯看来，因果性本质上是某个事件发生的概率。在前面的例子中，汽车在雪面上高速行驶所导致的事故概率要远大于低速行驶。用概率这种方式可以囊括责任性的归咎原则。因为责任的大小同样可以用概率论来衡量。只是，从宏观上看，概率论（probabilité）正如其名称所表现的那样，只是一种推理，从来不会得出确定性（certitude）①，这种推理本于某种实用主义的（pragmatique）选择，并不具有逻辑上的必然性。

人们寻求某一事实的原因，而这一事实是由一连串的事件所导致的，并且这些事件彼此交织并存，在这些庞杂的前件中，人们意图寻找到其中对最终事件结果起最直接、最该负责的前件。他们寻找的是那些"概率论的临界点"（des seuils de probabilité），通过这些临界点来提出因果性的问题。

从历史学家们的实践来看，在不同情况中，所当作原因的东西是那些具有不同性质的前件。在阿隆看来，在历史中，寻求原因有两个方向：一个方向是寻找前件整体，也即寻找历史事件发生的处境或局势；另一个方向则是寻找事件的片段，也就是将注意力集中在引发历史事件的独一的、不可预测的片段上。这两个路向并不矛盾，因为它们本身所寻找的原因，即由问题所引导的原因是不同的。一般人们并不在所有的细节中找原因，而是在某些描述出来的、已经简化了的事件中找原因。

---

① *Leçons sur l'histoire*, ibid., p.233.

　　正是历史学家的历史哲学(尽管他们未必有一套完整的历史哲学的体系)决定了他们的兴趣和取向。因而,有的历史学家会选择从处境的结构来寻找原因并给予诠释,而另一些历史学家会关注某些关键的重要事件和片段。从逻辑上来说,这两种研究都是正当的,不需作出选择。

　　然而需要说明的是,从某些具体事件和片段来解释的历史哲学,彼此之间也有很多不同选择,那些研究某一年牛肉价格变化史的学者,与研究革命演变的学者似乎完全出自于个人研究的兴趣。①这些从诸多不同片段出发的历史研究,引导他们的是提出的问题而不是答案。

　　但从整体上的处境或结构来理解的历史,似乎具有更好的优先性。在阿隆看来,如果一个历史学家展现了某一历史事件是如何在一个特定环境中形成,并且展示了它是如何发展和实现的,人们如何逐渐创造了他们此前并不想要发生的历史事件,这样的研究才真正地揭示了历史。这种历史研究的方式抽象了人、他们的感情和意向,并相信有些现象比另一些更有意义。②

　　可以看出,在两种路向上阿隆更倾向于选择后者,这也是他超出意向性来解释历史的方式。他对托克维尔的《旧制度与大革命》十分赞赏,并用余生的几年时间来研究这部著作。托克维尔在该书的开篇就分析了革命可能的

---

　　①　重建历史或者重建过去,可以说是出于求知的意愿,是纯粹而简单的好奇心。但阿隆指出,对历史的好奇心(la curiosité)与对物理、数学等的好奇心有不同的源头。"对于历史产生的好奇心的天性,另有一个来源,出自另一种灵感(inspiration)。"(《历史讲演录》,前揭,第195页)历史与其它基础学科不同,对历史的好奇也不同于对一般学科的好奇。可参见海德格尔《存在与时间》第36节,关于"好奇"的分析:"而自由空闲的好奇操劳于看,却不是为了领会所见的东西,也就是说,不是为了进入一种向着所见之事的存在,而**仅止**为了看。它贪新骛奇,仅止为了从这一新奇重新跳到另一新奇上去。这种看之操心不是为了把捉,不是为了有所知地在真相中存在,而只是为了能放纵自己于世界。所以,好奇的特征恰恰是**不逗留**于切近的事物。所以,好奇也不寻求闲暇以便有所逗留考察,而是通过不断翻新的东西、通过照面者的变异寻求着不安和激动。好奇因不肯逗留而操劳于不断**涣散**的可能性。"(中译本参见陈嘉映译,生活·读书·新知三联书店,2006年)

　　②　*Leçons sur l'histore*, ibid., p.236,237.

处境,回答了革命的发生"是如何可能? 为何必然?"的问题。在阿隆看来,首先要掌握结构和处境,然后才能把握片段。[①]托克维尔选择在第二卷给出关于片段的叙述,正是这一系列片段,革命才演变成一场长达二十五年的历史风暴。托克维尔的选择就代表着处境的优先意义。而关于俄军的总动员,只是一个加速事件,是革命的催化剂。它把极高的概率最终变成现实。

从逻辑上讲,没有人会寻找某一历史事件的原因,就如同人们所要寻找的只是某一具体战争的原因,譬如 1914 年 8 月爆发的原因,或者战争持续四年的原因。根据每个研究者对事件所作的限定,他们所找到的原因就会不同,阿隆强调:"我们无法解释一个截取自具体现实中的事件:我们所解释的,是具体而复杂的现实的某一种描述,而对于这一现实,我们从来不能完整地认识。"[②]

三、责任伦理与因果性

历史因果性最明显的矛盾在于不能区分必然的联系与偶然的连续。除非用重复的方法作为检验标准,但众所周知,正如自然界没有任何两片相同的叶子一样,历史事件也是特殊和唯一的,它从来不会再原样地发生。在阿隆看来,韦伯提出的方案能真正区分历史因果性和社会因果性,将因果性判断与历史学家的好奇心联系起来,同时又能与世界的结构联系起来。

阿隆认同韦伯责任伦理的解释,在他看来,对因果的探究思维始于责任关系。通过道义、法律以及历史等方面的责任来寻找事件的始因,从而构建起人们行动和社会事件中的因果前项。正如上文提到的,在法律上,一个行为的责任并不能从自然的规律中去寻找,而是通过行为人在行动意向方面——尤

---

① *Leçons sur l'histoire*, ibid., p.240.
② 《历史讲演录》,前揭,第 194 页。

其是这种行动是他自身的选择——所作出的行动来决定的。其实,责任伦理很好地把因果关系从自然拉回到了人自身,它表示人是历史行动的主体和推动者。行动者的行动具有自主性,因而在结果上才可溯源他的责任。从这方面看,历史从来就不是自然规律式的决定论或宿命论。人们通常认为,过去的历史是确定的,而人类的未来是未定的。因为人的自由使这些尚未发生之事具有了各种可能性,后来人总可以从这些已然发现的事实中找到合理的解释。这种解释思路颇类似于"存在即合理"的说法。但是在阿隆看来,其实人类的过去与未来本质上是一样的,因为过去也是曾经的现在,甚至是相对更为古老的过去的将来,因而它同样是未定的,只是当它变为了新的过去后才被"确定"下来。"过去其实就是那些行动者的未来;只有在一种意义上,即过去不能被改变的情况下,过去才是宿命的。而在它变为现实之前",它与未来一样"不是宿命的"。①

然而用法律上有罪性责任来作为因果原因的解释也存在局限。有些行动者的行动实乃意气之举,并不必然符合合理性的原则。这种情况在国家和历史方面特别会体现在独裁者和暴君身上。正如一个人难免会有头脑发热的情况,在独裁国家,君主的意志就是国家的意志,在很多国际行动上,由于君主自身一时的失误或者意气行动导致的后果,其实往往并不是他和本国的利益所真正要追求的。因而,很多战争并不是确然如合理性责任伦理就能够建构起来。独裁国家的行动大部分责任确实应归于元首,然而一个处于混乱状态的元首所作出的决定必然是混乱且不合理性的,那么有罪性的责任就与原因性责任出现了某种不一致。一个头脑发昏的人的错误行为,与一个正常人所作出的错误行为须承担的责任是不同的,这在法律上也有体现。因而,

---

① 《历史讲演录》,前揭,第 299 页。

对于某一事件的诠释,并不能永远固守"合理性的"解释,因为有很多人的行动并不是在"理性的指导下"作出的。当然,这并不意味着当事人可以完全摆脱责任,只是表明在历史的因果关系与责任伦理方面二者并非一一对应。对历史的解释必须要考虑非合理性的因素,因为历史的行动者并非都是同质的"理性人"。

其实在原因的使用上,科学主义者与人文学者也是不一样的。前者意图通过原因来找到某些确定性的东西,通过一个或一些原因来解释历史事件的发生。但严格来说,这类原因在人文学者和历史学家那里并不存在,虽然他们也写过《某某战争的原因》这类文章。然而在阿隆看来,历史事件本是由一些材料或曾经的经验建构起来的,它的出发点来自历史学家对某一问题的好奇与关注,围绕这个核心问题历史才得以建立。从这方面看,历史从来、也不能完全重现曾经发生的事件。那些从历史中得出的原因解释,其实也本乎历史学家的研究。"法国大革命并没有一个原因,也并没有一些原因。一切取决于人们提出的问题。"①

历史学家当然应该坚守客观中立的原则,这是历史学家的本分。然而这并不意味着历史学家在叙述历史的时候没有视角。对伯罗奔尼撒战争的记述并不意味着修昔底德必须首先作为一个非雅典且非斯巴达的"世界人",进而才可以客观地记述这场战争。尽管"历史作为一种回溯的政治"②不应当偏袒任何一方,而应努力去理解所有的行动者、构建它们的思考方式和思想体系,呈现各方的真正立场和价值观点,但是阿隆指出,"只要历史学家在历史中探究着什么,他们所实践的历史就并非总是客观的"③。历史研究者的"探究"决

---

① 《历史讲演录》,前揭,第 196 页。
②③ 《历史讲演录》,前揭,第 297 页。

定着它必然从某一研究目的出发,全角度的客观并非是一个历史工作者真正想做或者能够做到的事情,即便做到了,也只是一个类似于无主题记录式的非人类的"客观事实",无疑于没有灵魂的机器的全方位录制与拍摄。历史叙述的真正意义恰恰出于对某一问题的思考,并由此而选定一个值得探究和令人受益的主题。

历史研究的这种视角方式似乎给人一种相对主义的错觉,认为历史本身变成了主观的臆造,因为真正的历史事实就像物自体一样,存在与否我们谁都不知道,而等而下之的历史认识又在历史学家不同的研究意图和兴趣中变得彼此不同。但阿隆并不这样认为,在他看来,视角不等于偏见,历史真相反而正是借助于不同的视角才体现出了它的多样。并且阿隆也从社会学研究思路上找到了使历史学具有确定性的特质。社会学家用社会学来代替历史学,用社会事件来替换历史事件:他们通过一些核心概念来构建一场宏大历史,这样就把人的意向性的元素降到了最低。然而在这些相对比较固定的概念里,他们同时又设置了某些变量(variable),正是这些变量囊括了某些具有人的自由变化以及社会中可能发生变化的元素。在下一章我们就会看到,阿隆的社会学与历史学是如何通过这些概念得到融合与建构的。

第四章
阿隆的历史哲学（下）：建构

尽管印象(impression)的构成材料似乎很脆弱,径迹也不确定,但唯有它才是真实的标准(un critérium de vérité),也正是因为这一点,它才能被精神所领会(être appréhendée par l'esprit)。倘若精神有能力从中抽取出真实,那么唯有印象才可以把精神带向更大的完善,并为它带来纯粹的欢乐。印象之于作家犹如实验之于科学家, 区别在于, 智力上的工作 (le travail de l'intelligence)对科学家来说在先,对作家来说则在后:那些不需要通过我们自身努力就清晰可辨的、那些先于我们而一目了然的东西,并不属于我们。唯有源自我们内里昏暗而不为人知的,才属于我们自己。

——马塞尔·普鲁斯特《追忆似水年华》第七部:重现的时光

第一节　历史世界建构的准备

　　如在第三章"因果的分析"部分中提到的,在阿隆看来,历史认识(la con-naissance historique),甚至社会学和人类学的认识,其存在都不同于数学、物理学或者生物学。历史是对过去的重建,是活着的人讲述的关于死去的人的故事。为什么要重建过去,重建那些不是今天的人的事情呢? 一般会说,这是出于求知的意愿(volonte de savoir),是纯粹而简单的好奇心(la curiosité)。但是对于历史的好奇不同于对数学和物理学的好奇,海德格尔在《存在与时间》第 36 节提到了一般人的好奇,这种好奇与惊异不同。阿隆十分熟悉《存在与时间》,所以他虽然使用了好奇心而不是惊异之感(pathos),却立刻在后文中提到,"研究基础学科的理由,与对历史产生的好奇的理由,二者是不同的"[①]。对历史的好奇来源于另一种灵感(d'autre inspiration)。归根到底就是对人自身的好奇,这种好奇不同于对自然外物的一点是:它具有反思性。

　　与自然科学不同,历史是人类自己创造的。在历史中,人是自由的,他的自由在于可以这样也可以那样去创造不同的历史,斯巴达的历史与雅典的历史就不同——虽然从自然(本性)上讲,他们都是希腊人。但自然具有神都无法改变的本性,[②]人们对自然只能认识,而非创造。历史则来源于每一个实践的人和他的行动,[③]他们创造着历史。可以说,没有人类,就没有历史;而没

---

① 　*Leçons sur l'histore*, ibid., p.243.

② 　[美]列奥·施特劳斯、约瑟夫·克罗希波主编:《政治哲学史》,李天然等译,河北人民出版社,1993 年,绪论第 2 页。

③ 　人的行动是一种有意向的行动。简单的条件反射等与动物类似的生理反应不在此列。"一个动作只有当它具有意向时,才会被当作是人类的。"*Leçons sur l'histore*, ibid., p.253。

有人类，自然依旧是自然。

所以与自然科学相比，历史具有不确定性。我们可以说，历史中有规律，但若讲历史的规律，则言之尚早：我们生活在历史中，若要作出这样的判断，首先要跳出历史。[①]

对过去人的行为和习惯的解释构成了历史好奇心，它是历史认识的目的。在阿隆看来，历史的事实由文献和过去的经验构成，它从来不可能被完整地重现。[②]对历史事实的解释只能从某一种描述出发，但描述有多种。历史事件的发生没有某一个原因，也没有一些原因，各种所谓的历史原因其实是由所提的问题决定的。不同的描述方式是对历史的不同诠释，这正是诠释学的传统。

一般来说，在意向微观事件(le micro-événement intentionnel)方面，可以从韦伯的目标理性(Zweckrational)、行动者的意向性或意图来解释某一处境中的行动。然而这样的方式在历史叙述或者历史重建，甚至社会学等宏观层面则难以完全有效。在宏观事件中，阿隆认为可以用社会事实来代替历史事件。"一场战争只能通过行动者或社会的概念系统来定义，但是一旦人们对战争作出统计，就开始把人类的意向性元素降到了最低"，在这方面甚至可以走得更远：所有人类的意向性活动，包括谋杀、暴力死亡，以及超速驾驶等情况都可以被囊括到整体之中。[③]

历史是由人的活动构成的，人的活动具有意向性或目的性。因而，在这一意义上说，人造就了历史。但虽然人是有意向的行动，历史却并不由单一的人、单一的意向所构成，这样看来，人们所造就的历史就不是每个人想要实现

---

①　波普尔就认为："可能历史中有规律，但不会有历史的规律。"*Leçons sur l'histore*, ibid., p.313.

②　*Leçons sur l'histore*, ibid., p.242, 244.

③　*Leçons sur l'histore*, ibid., p.246.

的历史,人们创造着自己所不知道的历史,这就是历史的古老悖论。他们只能在事后才知道历史——甚至有些事后也很难认识到自己所造就的历史。阿隆希望能够在方法论和知识论上澄清这一悖论。历史的行动是由个人的行动组成的,但整个历史未必来源于行动者的意向,他甚至断定:从行动者的意向来对社会事实进行解释从来就不是科学的解释。①也正是从这一悖论出发,阿隆考察了个人行动与社会整体之间的关系。

一般来说,我们会把个体与微观事件归为一极;将诸如国民生产总值、瓦尔拉斯、帕累托和希克斯均衡方程等归为另一极。历史世界的建立,就在两极之间。

"历史世界的建构"(construction du monde historique)这个标题来源于狄尔泰《精神科学中的历史世界建构》(*Der Aufbau der geschichtlichen Welt in den Geistwissenschaften*)。之所以称为"建构",是因为从本体论上说,历史中存在的只有个人以及个人之间的关系。历史并不是作为某一个实体存在的。另一方面,历史又不是不存在的,历史由人的意向行动所构成,但人们在造就历史时,不知且无意(sans le savoir ni le vouloir)地造就了一段可以用科学方式加以思考的历史,这段历史可以抽去任何一个具体的人的意识,或者至少不是从每个行动者所意图的结果中衍生的。②从客观上看,只有人的具体行动,而作为人的总体的历史、整体等,都是人的建构,它并不像个人行动那样具有客观实在性(des réalités objectives)。

同样的论述在舒茨(Schütz)的著作《社会世界之意义建构》(*Der sinnhafte Aufbau der sozialen Welt*)中也有涉及。阿隆指出,正是狄尔泰重新提出了一

---

① *Leçons sur l'histore*, ibid., p.273.
② *Leçons sur l'histore*, ibid., p.261.

种内在异于自然科学的人文科学。重新，是因为解释学并不是首创，其传统可以上溯到维柯。阿隆将狄尔泰的工作总结为致力于"历史理性的批判"（la critique de la raison historique）。"批判"（la critique）指康德意义上的，是《纯粹理性批判》等三大批判的延续，旨在为历史学找到限度，确立历史学的位置。康德试图在感性形式和知性范畴中找到人类构建、思维乃至认识自然现实的工具，从这一层面看，历史理性批判是对形式和范畴的分析，通过这些形式和范畴来建构和认识历史。"理性"（raison），是指寻找一种特定的方法，将理性用于认识人类世界或历史世界，并由此思考政治经济学那类范畴与认识自然界所使用的范畴是否不同，有何不同；"历史的"（historique），则是指理性的历史性（l'historicité de la raison）问题，它意图研究在人类发展的过程中，人类精神在何种程度上在以相同的方式运作。马克思曾将资本主义的规律限制在资本主义体制而非一切社会体制之内，同样，"历史的"意味着提出人类思想不同阶段的历史性问题。

故而，在认识论或方法论上去构建历史世界需要考虑两层：由于行动者在本体论上是客观且现实的，总体总要回溯到个人的行为实践或行动中，因而在历史认识中首先要确立理解意向微观事件的位置，它是历史世界建立的出发点；其次，历史世界的建立又不是由具体的某一意向活动所决定，个人处于某个他无法选择的环境中，这一环境并不是一般意义上的客观自然，而是来自同样是个人所经受的社会化的环境，是一种准自然（quasi-nature）。个人行动组成了这种实践整体（ensembles pratiques），它导致了处境与行动之间的辩证关系，因而也就需要对这种整体的构建、社会化现象加以说明。实际上，个人行动与准自然的关系是涉及历史哲学永恒主题的其它一种可能的进入方式。①

　　从本体论或现实性上看,只存在着历史中的个人和个人间的关系,历史整体并不具有这种现实性。因而,一般学者会将历史还原到个体的层面来分析问题,哈耶克(Hayek)便是其中之一,他是英美界关于方法论个体主义(l'individualisme méthodologique)和方法论集体主义(le collectivisme méthodologique)论战的源头。阿隆通过分析哈耶克和波普尔的观点,揭示了方法论个体主义思想的局限。

一、阿隆对方法论个体主义的批评

(一)对哈耶克的批评

　　哈耶克意图寻找某些超时空的、类似于自然规律的普遍命题。但同时,他又像很多研究"理解"(compréhension)的历史学家那样,认为社会科学必须回溯到个体,依照个人的意向行动来进行解释。哈耶克是一个自由主义者,在他看来,最好的经济秩序是源自个体自由博弈的市场经济。他在《通往奴役之路》②这本书中严厉地批评了计划经济,把计划经济与政治的专制(despotisme politique)视为一体。③他相信通过市场和价格,可以使个人间的博弈最终走向某种符合集体利益的目标。这样的方式只有作为主体的个人在其中行动,因而也就最不会违背所有人的利益。哈耶克既是一个自由主义者,也继承了亚当·斯密那一派古典经济学传统。他相信有某只看不见的手,

---

　　①　*Leçons sur l'histoire*, ibid., p.266.

　　②　[英]弗里德里希·奥古斯特·哈耶克:《通往奴役之路》,王明毅、冯兴元等译,中国社会科学出版社,1997 年。

　　③　《通往奴役之路》,前揭,第七章。

可以使诸多混沌的个人行动遵循某种秩序。

阿隆总结了哈耶克支持方法论个体主义的三条主要论据：[①]

论据一：社会科学都是主观的（subjective），因为其对象是个人的意见、态度或决定。换句话说，社会科学是从作为个人的元素出发，从个体的行动去重构整体（ensemble）的。[②]自然科学则相反，它们的出发点是知觉到的复杂的数据，由这些数据重新回溯到元素。也就是说，自然科学是从一个复杂混乱的整体之中去发现原子或元素；而人文社会科学则是从基本的原子或元素——个人——开始的。

论据二：社会整体（les ensemble sociaux）是建构的产物，它与个体或者个体之间的关系并不相同，后者具有现实性（réalité）。社会整体，如国家、市场、大学、军队等，都只存在于它们之中的个人或者个人间的关系中，并没有一个具体的现实存在。整体不是一个超个人的现实存在，只能借助模式、概念或者理论才能思考它们。

论据三：在社会科学中，只有将解释最终追溯到个人的行为，以及个人的理由或动机，才是最后的终极解释。那些宏观的解释或许是有效的，但终极解释只能还原到个人与个人意识。

阿隆对这些论据一一进行了评论。

1. 关于第一论据

哈耶克的出发点是人类世界的概念只有回到人类意识时才是有意义的。

---

① *Leçons sur l'histore*, ibid., p.278.

② 在汉语中，一般同"个体"相对的是"总体"，同"部分"相对的是"整体"。但有时也用"个体"与"整体"相对。一方面，整体可以作为一个有机体来理解，其中存在的是元素和部分，它们不能脱离整体而存在。如人的手、脚不能脱离人的身体而单独存在。另一方面，整体也可以由个体组合而成。其中，个体并不丢失它们的独立性，同时整体也不是简单的个体相加之和，而是比个体简单相加更多。阿隆在讲解整体的构建时，即是在此两方面展开的。故笔者暂将 ensemble 译为"整体"。

譬如纸币,如果不依托人类的意识,那它们就只是一张张印着花色的纸张。如外星人是不会明白为什么地球人拿一张稍大的纸片进银行,可以换来厚厚的一叠面积略小的更多纸片的。在哈耶克看来,我们不能像描述蜜蜂、蚂蚁那样来解释人类的行动与信仰。在自然界中,对象的分类与我们物理层面上能够知觉到的对象的本质属性相关;而在人文社会科学中,我们首先确定的是它们的意义,以及它们同意识间的关系。阿隆肯定了哈耶克的出发点,因为在本体论上,确实只能还原到个人或者个人间的关系,然而他接着指出,这并不意味着对于人类世界的解释就只能从个人的意向上进行,而不能用某种堪比自然研究的模式。实际上,人类学家列维-施特劳斯的《野性的思维》①就是以一个生物学家的视角,通过理解蜜蜂和蚂蚁的行为来理解人类的。当然,列维-施特劳斯并不是完全套用了自然生物学的方式来解释人类社会,他同样承认人类世界的意义基底,他认同人类世界的本源是建构在意义之上的。他的出发点是:神话本身就是具有意义的东西。将人类世界的本源追溯到个体只是研究的第一步,以前研究人类书写、话语以及行为的学科也正是出于如此的目的。然而研究并不能永远桎梏在第一步,下一步是通过一些可以参照的自然科学的方式来建构意义对象。

哈耶克称社会科学是"主观的",自然科学是"客观的"。其实并不是要说,社会科学没有客观性,达不到普遍有效的认识。而是说社会科学的研究对象是人类自身,必须要考虑意识。所以阿隆指出,哈耶克这样使用"主观的"概念多少有点误导读者。②但这毕竟是小问题,关键在于哈耶克承认了社会科学中存在着一些普遍命题或规律,而这些规律与自然规律不同,是与人类的

---

① Claud Lévi-Strauss, *La pensée sauvage*, Librairie Plon, 1962. 中译本参见[法]克洛德·列维-施特劳斯:《野性的思维》,李幼蒸译,中国人民大学出版社,2006年。

② *Leçons sur l'histore, ibid.*, p.282.

有意义的行动有关的。阿隆肯定了哈耶克的工作，因为这是社会科学乃至历史哲学之所以可能的前提。

此外，哈耶克提出，我们对于他者行为的解释都是借助自己心灵(esprit)而进行的。"我们不能在心灵中直接地观察这些已知材料，而只能在人们的所作所为、所说的话中辨认出来，这仅仅是因为我自己也有和他们相似的心灵。"①其实从狭义的"理解"(compréhension)来看，我们确实是在发现他人与我有共同点的地方才开始理解的。所以我们会说，我理解某人想说的，但一般很难理解一只羊或牛想说的。甚至我们面对一个疯子，理解都是困难的。但这样的表述会带来另一个麻烦，因为我们之所以想要认识他人，想要去理解，恰恰是因为对方与我们不同。如果全都一样，那么也就没有理解的必要了。哈耶克将其描述为"相似的(semblable)心灵"，阿隆觉得这句话也可以这样表述："因为在他们的心灵和我们的之间有某些共同的东西"②，这些共同的东西(quelque chose de commun)不是当即可以得到的，而是需要去发现的。此外，哈耶克也认为，对他者的理解并不以对方的意见是否为真作前提。也就是说，他们所相信的东西是真是假，与我们能否理解对方并不相干。而且区分他们信以为真的东西是真是假，对于我们理解他者的意向性没有意义。举例来说，我们可以试图理解一个原始部落的信仰，虽然在科学看来，他们的信仰很大程度上是迷信，但是这并不阻碍我们可以理解他们的思维方式和接人待物等行动方面的意义。

还有一点，阿隆认为，哈耶克把个人行为的决定作用推到了极致。在哈

①　[英]哈耶克：《科学的反革命》，冯克利译，译林出版社，2003年。法译本：《科学主义与社会科学》，第35页。

②　《Parce qu'il y a quelque chose de commun entre leur esprit et le nôtre》，*Leçons sur l'histore*, ibid., p.283.

耶克看来,经济状况那么复杂,因此归根结底必须回溯到个人本身。毫无疑问,将个人行动和行动者的意向作为出发点是有道理的,然而这样的回溯,意味着首先假设了这些个人的决定和意向确实表达了他们自己的真正需求和真实判断。但恰恰在这一点上,阿隆不想将个体经历的决定作用神圣化。个人的决定其实也是部分受到了影响的社会现象,个人的喜好并不是最终的,它还特别容易受到社会环境的左右。另一方面,计划经济也不像哈耶克所设想的那般与极权政治紧密联系,事实上根据阿隆的研究,在计划经济体制中,40000 件产品中真正能够得到监控的只有 500 至 1000 件。[①]这就是说,那些所谓的计划者们其实也只能掌控其实际生产中不到四十分之一的部分。

2. 对第二个论据的评论

哈耶克坚持经济个体主义,也就坚决反对全体主义(le totalisme)。但阿隆指出,全体主义并不意味着极权主义(totalitarisme)。全体主义、社会整体(ensmble)具有某些"独特的"(拉丁语:sui generis)现实性,与个体一样真实(réel)。这种观点来源于奥古斯特·孔德,他在生物学中的有机体研究里区分了元素(l'élément)与总体(le tout)的关系。个体(individu)这个词原义即是"不可分的",而有机体的含义也是如此,它是作为一个有机的整体存在,元素依托于有机的总体,且彼此之间相互关联。我们也可以对照分子与原子的定义来理解。按照一般的定义,分子是"独立存在而保持物质化学性质的最小粒子",原子则是指化学反应不可再分的基本微粒。这就是说,保持物质性质的是分子,而更小的原子只是它的构成元素,并不决定它的性质。所以我们会发现,相同的原子通过不同的排列方式就会呈现出不同的物质形态:金刚石与石墨的原子构成完全相同,但化学性质和物理性质却有天渊之别。故而,

---

① *Leçons sur l'histoire*, ibid., p.291.

博物学是从全体而非元素开始的。阿隆的意思十分明显，社会整体虽然可以再分为个体，且在现实上这些整体确实是由个体组成的，然而并不是说最微小的就是最基本的，就像单纯从原子出发无法解释金刚石与石墨的差异一样，他们的区别在于构成方式，即结构的不同。因而阿隆认为，解释一个生命现象不得不参照整个有机体，那么在解释社会整体中的某些现象时也必须考虑社会全体的结构。孔德不仅肯定了全体的独特性，并且还意指在认识论和逻辑上，全体相对于元素更有优先性。在这一点上，哈耶克的主张与阿隆恰恰相反。

阿隆提到的有机体只是一种类比方式，下面具体到社会整体来分析。他列举了现有的三种社会整体：宗教改革运动、大学以及民族。在宗教改革中，很明显并没有一个作为现实存在的"宗教改革"的实体，在实在性上，除了具体的个人意识和信仰之外别无其它。当今的科学时代我们仍旧谈论宗教改革，而且承认这一运动深刻影响着每一个具体的有意识、能行动的个人。的确，宗教改革的实在性与个人的实在性不同，方法论个体主义者紧抓整体特殊的非现实性（irréalité spécifique），是担心个人被整体所裹挟。然而这其实只是一个事实的命题，无关逻辑和理论。显然，任何人都不可能完全自由地决定自己想要做的事，他们总会被诸如宗教改革这样非现实的实然（réel）整体所影响。同样，大学与国家也都如此，构成大学的是那些学生和教席人员，每年师生——特别是学生——都会有所变化，但大学这个整体却始终如一，因为大学所依托的是大学之中诸角色间的可持续关系（des relations durables entre des rôles）。民族也如此，它是"历史-社会"的另一个面相（un autre visage），民族代表了一种大多数个体的意识，即便没有个人那样物理上的实在性，却也能决定个人的行为，因而似乎比个人的实在更"实在"。所以在阿隆看来，最重要的是分析社会整体自身的属性，尽可能作一种类型学（typologie)的研究,从而把具体的实在归到每种相应的类型中。

3. 阿隆对第三个论据的评论

哈耶克认为,在社会科学中所有的解释都应最终归结到个人行动和其意向性上,否则就不是终极解释。阿隆认可从微观意向可以来解释宏观规律,然而他指出这只是一种解释,而不是唯一的解释。微观解释的有效并不意味着从宏观方面进行解释的方式无效。举例来说,对于人的大脑思维,科学家们可以从刺激大脑皮层的研究来解释人的行动,但从宏观心理学的角度同样可以解释人的行动,二者并没有一种非此即彼的关系。因为影响人类意识和行动的不单单是大脑,身体的行为习惯以及后天培养的条件反射同样会影响人的行为。故而某一领域的解释并不能取代其它领域的解释,它们不具有所谓的终极性。在人类的行动研究中其实有多种层次,微观和宏观就是其中的两种。根据不同的研究目的和情况,人们会从微观和宏观等不同的层面进行解释,但每一个层面的研究都不具有取消其它层面的唯一性。个体与整体的关系也是如此,任何社会学家都可以从个体的意向和行动——它们在本体论上是社会的终极构成——来解释整体,同样他们也可以从整体研究来反观个体——因为每一个作为实在的个体意向和行动又同时会受其它意向和社会结构的影响。

(二)阿隆对波普尔的批评

与哈耶克类似,波普尔(Popper)也对全体主义展开了批评,两人的出发点都是方法论个体主义,甚至很大程度上也是本体论个体主义。他们共同的敌人是马克思主义以及诸如斯宾格勒和汤因比那样提出历史哲学思想的学者。也就是说,他们针对的是一切试图提出某种整体视野的历史哲学家,以及声称找到了总体历史规律的历史哲学思想。但具体说来,与哈耶克偏重于经济学的个体主义不同,波普尔的切入点是历史主义。

　　波普尔定义的历史主义与德国人不同，[①]他在《历史主义的贫困》[②]中提到，历史主义把历史看作是由人类所屈服的不可抗拒的力量来指挥决定的。这是一种历史决定论的表述。所采用的形式就是历史规律，它主导着人类演进之整体运动的历史规律，确立了历史宏观层面的发展和演进的规律。这可以总结为两个特点：①历史主义相信有一些关于历史总体的规律，社会全体有一种特殊的现实性，它是从初始状态渐渐展开自身的过程，而在此过程中，遵循着某些发展规律；②历史主义认为历史可以分为一系列的时期或者说相对封闭的系统，而每个系统内部都有相对的独立性，对该系统的理解只能直觉地(intuitivement)去把握。因而，与一般理解的历史主义不同，波普尔把它常常与先知主义(prophétisme)和乌托邦主义(utopisme)联系在一起。他指责这种以"规律"领导历史的表述，尤其是马克思和黑格尔这样的先知主义者。在他看来，历史主义不仅意图预告某些业已被决定的未来，同时许诺了一个适合所有人的普遍历史。这两方面合起来，就会导致打破一切现状的暴力革命。

　　如果说哈耶克是为了捍卫自由主义经济而反对历史决定论的话，那么波普尔的目的则在于维护社会现实，他并不否认当下社会存在的诸种问题，但对于这些问题的解决，他选择使用一种"改革的态度"(une attitude réformiste)来取代"革命的态度"(une attitude révolunnaire)。阿隆同意改革而反对革命，但

---

　　① 在梅尼克和特罗什看来，历史主义指人类的发展演化是由其时代和社会的多样性所决定的，也就是由每个社会或每个时代所特有的多元化所决定。因而，这种多样性和多元化表现出一种相对主义的特征，而这种看法与启蒙精神相悖。在启蒙时代，流行着普遍价值的学说，它同理性的胜利是彼此关联的。可参见《历史主义的兴起》和《历史主义及其问题》等作品。

　　② [英]波普尔：《历史主义的贫困》，何林、赵平译，社会科学文献出版社，1987年。这个版本为中国社会科学院世界历史研究所编，参照以下英文本译出：Karl R. Popper, *The Poverty of Historicism*, Routledge & Kegan Paul, London, 1961。

理由与波普尔不同,他将这两种选择放在偏好和概率的基础上,换句话说他并不认为在这两种选择间必须要作取舍,但波普尔却意图通过理论和逻辑论证来说明改革的合理性,并试图证明马克思主义式的革命全体主义哲学在理论上是错误矛盾的。

阿隆从两个问题出发,分析并评论了波普尔的思想:①所谓的总体(tout)或全体性(totalité)①是什么意义。②在逻辑上是否能够建立一套有关历史发展的宏观规律。

关于第一个问题,总体或全体性的理解,一般可以分为两种:第一种理解就是全部枚举,即将总体或全体性理解为关于某整体(ensemble)所有方面的全部命题或总和。因而,全体性的意思就是把所有的特征穷尽出来;另一种则是把全体性理解为整体的某一个方面,它在全体中具有特殊的地位,能够决定整体的内部结构。在波普尔看来,第一种无穷枚举显然是不可能的,它在逻辑上也无法把握,任何事物在属性上都有无限可以描述的东西,就更不要说在一段历史时期内所有具体事物的描述了。第二种全体性在他看来显然是可能的,因为对于一个有机体或组织,当充分把握了其关键环节和内部结构时,就可以领会和解释整体。对某部分的理解,当从宏观上对整体有所把握后,才能做得真确。譬如对法国大学的理解,只有将它放在法国社会整体之中,才能得到令人满意的回答。

与无穷枚举的全体性相比,组织系统的全体或许更令人满意。没有人能够做到前种意义上的领会,而第二个意义上对全体的要求是比较合适的。但

---

① 全体或全体性(totalité)来源于名词 total,并且与前面提到的极权主义(totalitarisme)有词源学上的关联。从上下文来看,阿隆很少使用 total,而常用 tout,此处他又将 tout 与 totalité 放到一起使用,考虑到 total 与 totalité(文中译为"全体性")有词源关系,故为区分 total 与 tout,暂将前者译为"全体",后者译为"总体"。

是在阿隆看来,还存在着第三种可能,并且社会科学中所有问题的展开都围绕着这第三种可能。那就是在无穷枚举全体性与系统组织的全体性之间,还会有另一些整体, 这些整体中的元素能够在整体中起到十分重要的作用,以至忽视它们的影响会导致对某些结构分析的不足。并且最主要的是,这些元素并非存在于一切整体的结构中。在不同情况下,具有这样重要影响的元素会有不同,有些甚至很少,有些却不止两三。比如在民主选举中,每个人的权重都是一样的,那么分析民主制的结构就能基本把握民主社会整体;然而在君主制政体中,君王和国戚的影响力远远大于一般的臣民,因而决定这个君主国重要的元素就会出现。也就是说,对于某个社会现实而言,并不存在逻辑上就可以给出的关于全体性的解释,而必须要结合具体的形势(circonstance)。

关于革命态度与改革态度的区分也是如此,当在某个历史处境中,若存在某个重要的决定性因素,那么改革这个因素就有可能完善整体。就如同如果一个哲人能够教育好一个僭主的话,那么不需要革命的手段,最坏国家就可以变成最好的君主国。[1]而如若不存在这样的因素, 很可能就需要修改全体,至少是全体的大部分,从而导向革命。阿隆反对简单的革命主义,因为这种态度没有逻辑上的责任和负担, 没有看到现实中应该保留的合理成分,更像是一种意识形态的做法。[2]虽然他与波普尔都认为改革要比革命更理性,应抛弃狂热和躁动,但他始终认为,人是不能无视具体现实而单纯凭借理性就去决定,到底应该去做个革命派还是改革者的。

第二个问题有关历史的规律性。一方面,波普尔认为,只要是关于整个人

---

[1]　参见柏拉图《理想国》中对政体的划分,以及色诺芬《希耶罗》中,西蒙尼德对僭主希耶罗的教育。

[2]　阿隆在法国被称为右派,他主张运用理性,关注现实,与宣扬革命的萨特等左派坚决对立。他有句很著名的话来作为自己的座右铭:"假如您是部长会怎么办?"在革命者那里并没有这种担当,他们常常会如此回答:"这是你的问题,我所要做的是当一个批判者。"《回忆录》,前揭,第 73 页。

类历史的,那么实际上就只发生过一次,历史从来没有重复过。而只有重复才称得上规律。历史之中当然可能有规律,诸如惯性定律等自然法则,但不会有历史底规律。①另一方面,波普尔认为自然科学与历史科学是相似的。虽然能够辨认出所谓的"发展方向",但这种预见是或然且短暂的,它们只能算是历史中的某些领域的预见,而不是历史或人类未来的预见。在他看来,人类的发展取决于科学的发展,我们并没有关于未来的真确的科学知识——倘若知晓便意味着已经掌握,②故我们也不能对未来进行预见。

从总体上看,波普尔对历史决定论的批判,来自他认为"自然科学与社会科学在根本上是相似的"③这一前提,而他的科学观也与一般的逻辑学家不同。他认为,自然科学不是从经验出发、通过观察和归纳而得来的知识,它也是某种理论的假设和建构,并且受制于经验,要由后者来检验。因而,波普尔提出了证伪原则:一条科学的命题,若不能被经验反驳,那么就不是科学命题。然而事实上这样的表述,阿隆的导师布伦什维格④早就提出过,并非波普尔的首创,只是今天大家一致把这样的想法归给他而已。但这也正说明,在逻辑学方面,基本的思想早就存在,它并不是依赖于时间的东西。阿隆认为波普尔过度低估了自然科学与社会科学的差异,虽然波普尔也承认两门科学的不同,并且认为社会科学中的变量远多于自然科学,然而在阿隆看来,事实上正是这些变量的不确定性才决定了社会科学的本质。历史学家对历史学的研究关注的并不是那些普遍结论,他们真正感兴趣的是"为何这一历史事

---

① 《il peut, bien entendu, y avoir des lois dans l'histoire, mais il ne saurait y avoir de lois de l'histoire》, *Leçons sur l'histore*, ibid., p.313. 本书用"底"字表示"历史"对"规律"的领属含义。

② 波普尔有一个著名的论题:科学的证伪性,即一切科学只是在其能够被证伪的前提下才被称为科学。

③ *Leçons sur l'histore*, ibid., p.317.

④ *Leçons sur l'histore*, ibid., p.319.

件在这一时期会如此发生？"他们要"寻找的是初始条件（conditions initiales）而不是规律"①。那种"人性是恶的"或"人生来好斗"的普遍论断并不能转移历史学家对一场战争具体问题的研究兴趣，他们朝向的是特殊事件，是每一个具体事件的特别前提。

社会科学与自然科学另一个大的差异在于，自然科学的规律只能被认识，而社会科学的规律一旦被认识，便具有了被改变的可能。换言之，当人们预测到某一不利的未来将要降临的时候，他们便会试图通过行动来改变最后结果。譬如经济学家预测五年后会发生通货膨胀，事实上结果却往往发生了通货紧缩。这并不是因为经济学家给出的结论是错的，而是当这个结论一出来时，处境就已经变了。通货膨胀的规律是在这一规律并未被人们引起注意时得出的，而一旦人们了解了这一情形，便会倾向于改变它（往往还会矫枉过正）。在自然规律上虽然也常有这样的意图（比如将水变成油，制造永动机等），但事实上他们并不能改变这些规律，科学家们目前也只能遵从或利用自然规律，而不能改变它。与之相反，经济机制与个体行为都可以通过我们所掌握的知识而发生改变。

阿隆提到的自然科学和社会科学的第三个不同在于：物理规律在我们未发现前就已经存在了，然而说关于社会体制，譬如说资本主义体制的科学理论在资本主义制度未建立前就存在，这未免有些不可理喻。倘若人类社会走向了另一种生活方式，或者人类在原始社会就灭亡了，那么还说资本主义的科学理论仍旧存在就很不合理了。在阿隆看来，社会科学与自然科学最大的不同在于社会科学总是在变换，即使在不变的自然规律的物质世界中，人的知识也会增加，新的知识也会出现，"正是这一点导致了社会科学与自然科学

---

① *Leçons sur l'histoire*, ibid., p.322.

之间的差异"①。

二、建构的准备

哈耶克和波普尔的共同敌人是历史决定论。哈耶克用经济学个体主义来拒斥全体主义，他意图将个人的意向和行动作为一切社会整体构建的基础，相信自由主义经济的"看不见的手"是最符合个体大多数的利益和观念，他在本体论和方法论上都是一个个体主义者，从而走到了个体主义的极端。哈耶克对个体主义的重视必然意味着他对社会科学与自然科学的区分，但这样的区分在波普尔那里却并不存在，波普尔正是在这一点上走出了与哈耶克相同目的却不同方向的道路，他对历史决定论所导致的革命主义尤其反感，并且意图通过逻辑来论证革命的矛盾与改革的合理性。然而在阿隆看来，这恰恰是他桎梏于自然科学与社会科学相似所导致的结果，革命与改革的选择不在于逻辑而在具体处境，社会科学不同于自然科学在于它的特殊性，并且与具体形势密不可分，逻辑确定的规律只能运用于自然科学，而不适用于社会科学。如果说社会科学同样存在规律的话，那么这些规律也不是像自然科学那样恒定不变的，一旦在社会科学领域得出了一条规律，也就意味着这条规律将会发生变化。

通过对哈耶克和波普尔的分析，阿隆整理出构建历史世界的四条重点：

（1）并没有无穷枚举意义上的全体性，而且也不能认识全体发展的规律。对历史整体的建立需要考察具体的历史事件，在资料充分的条件下，要考察是否有影响整体的重要元素。

---

① 《历史讲演录》，前揭，第 257 页。

（2）个人的意向和个人行动是社会整体的基本构成，它们具有本体论层面的现实性。但这并不意味着在方法论上也只能从个体主义出发。个人意向性的微观构建方式并不能排除宏观层面的系统结构构建，个体意向性常常会受集体层面的影响，从而得出与个体意向不同的结果。

（3）在社会科学和历史学中，意向微观事件与宏观系统并不是非此即彼的选择，社会科学的解释应当兼容二者：既包含行动者的意向，同时又有对系统机制的呈现——这一机制构建了行动者不同于自己意向的世界。前一种方式有助于我们理解那些不同于我们的他者，正是对他者的好奇心催动了历史的认识；后一种方式是对个人之间的关系、社会角色间的联系进行的理解和领会，通过解释社会元素间的关联来解释社会整体的变化。

（4）对于系统体制的好奇与对于意识意向性的好奇并不是分立的，在社会学家或者历史学家那里，两者可以兼容。社会学家既对体制结构感兴趣，同时也对结构中个人的存在方式感兴趣，同样历史学家也不仅仅意图再现人的意向性，同时也会考察历史叙述或历史叙事学方面的对象。

第二节　建构历史：以国际关系为例①

历史世界的建立是从宏观和微观两方面展开的。事实上，历史的建构远不只这两种，阿隆想要做的并不是列举出建立历史世界的具体方式，而是告

---

① 之所以以国际关系作为阿隆历史建构的例子来分析，是因为：首先国际关系是历史，尤其是人类历史的重要组成部分，在今天，国家关系扮演了越来越重要的角色；其次，阿隆专门写就了一本关于国际关系的历史作品（《和平与战争：国际关系理论》），主要分析了美国的外交政治的历史；最后，在古希腊，作为战争史学家的修昔底德，其重要贡献也在于对城邦间问题的研究，而这一视野是以城邦为限的政治哲学与超出城邦却不思考国际问题的政治家和哲学家所欠缺的。

诉我们,从英美的路向去研究,势必会将历史和社会学化简为与自然科学一样的学科,成为固定逻辑的附庸,人的自由就不再可能。德国传统中"理解"概念的发现为历史学开辟了新路,但阿隆看到了这一学说同样可能走向的偏见,即相对主义。历史的建构不能全然依托在人的意向微观层面,即便它具有本体论和现实性上的优先性,但意识本身就还有其所受之影响的其他因素。社会和历史类似一个有机体,它的建构和理解可以有多种途径,微观可以解释某些历史意识和处境方面的问题,同样宏观的社会学工作也为历史研究开辟了新路,这两条道路彼此并不矛盾,或者说它们共同体现着历史乃至人文科学的多样性。

阿隆之所以选择国际关系的历史作为他的具体事例,是因为以下三个原因:①他不但是一个历史理论家,而且自己写过一本关于美国 1945—1972 年的对外政治史,这本书的名字为"帝制共和国"①。选择一个自己完成过的史学作品作为研究对象无疑是近水楼台。②科学研究方面的理由。即在政治史中,修昔底德那样在《伯罗奔尼撒战争史》所采用的叙述的风格才能充分展开。③最重要的原因,在国际关系史中,国家与国家之间的关系是复杂的,一方面,每个国家的决策都与整个国际环境有关,各个国家要在整体的大环境中选择一种最适合本国利益的行动方式;另一方面,每个国家的具体决定却是由本国的首脑作出的。而这恰恰关涉着阿隆所想要讨论的问题,即意向微观事件与宏观层面的最终结果——这些结果往往与每个微观意向相悖——之间的关系是怎样的。

国际关系所处的世界是一个多层的等级世界,不但在国家与国家层面有类似博弈的关系,在国家内部同样如此,元首——除了在少数非常极权的国

---

① *République impériale, les Etats-Unis dans le monde, 1945—1972*, Calmann-Lévy, 1972.

家——与部下之间不但有一种命令和服从的关系,同时还会相互制衡,并且部下与更下一级的属下也有这两类关系。因而,国家关系史的建立就必须考察多重的结构层级,虽然从现实性来说,这一切都出自决策者的意向行动,来自他们的审时度势(délibération)。在《伯罗奔尼撒战争史》中,修昔底德最好地呈现了这种审时度势。书中布满了政治家们在公民大会上的演讲。这些演讲充分呈现了伯里克利等政治家们对当时处境的分析,并借以说服普通民众。描写展现政治家们的深思熟虑在民主制中尤其明显,但在现代政治中,这种情况已不那么容易被看到了,因为首脑们总是与自己的智囊关起门来讨论问题,除非待到一些材料的解密,否则一般人只能通过最后给出的决定,来推测首脑们的意向。在雅典,这种审时度势的分析和讨论是放在公民大会上进行的,演说者充分表达自己的观点并为之辩护,最终再由公民议会来作出决定,所以演讲者必须把所有的理由和道理说出来;但在美国总统杜鲁门使用原子弹攻击日本这一行动上,世人很难知道美国此举的真正目的,只有杜鲁门和他的智囊们清楚这其中的关节,一般人不可能知道。因而,历史学家的任务就要像修昔底德那样,把隐藏着的决策者们的思考呈现出来,正是因为一般人无法了解这一点,历史学家才需要从各种材料和文献中重建首脑们的这些意向行为。

在国际关系问题上,阿隆对历史事件重建的首要目标就是揭示微观事件与宏观整体是如何连接在一起的,这也是阿隆研究历史与历史中的个体之间关系的关键问题。其次,历史世界的重建还要实现以下三个目标:①历史学家如何叙述或重建国家关系,以及重建当时的处境;②探索在外交过程中所必需的客观性(objectivité)是什么,以及这一客观性是否能够得到满足;③社会科学以及国际关系的理论或科学是否对人们叙述外交历史的方式有影响,并且由此能否为传统的外交方式和思维开启一个新领域。

一、历史建构的基础概念

　　传统外交史首先涉及的是政治实体(les entités politiques)之间的关系，而这些政治实体是被组织起来的或被当作一个实体的(les entités politiques organisées et considérées comme telles)。①外交史就是国家与国家之间的关系史，涉及局势、国外事务以及政府。然而今天所提到的国际关系(les relations internationales)实际上是广义上的，它包括国家关系(les relations interétatiques)、狭义的国际关系，以及跨国关系(les relations transnationales)。

　　国家关系指作为实体的国家(Etat)与国家之间的关系，是由国家主导的涉及武器限制、商贸协定、战略联盟等行动，是传统国际关系的核心；狭义的国际关系指不隶属于国家的个体或组织在国际间所形成的关系，如一般的私人函件、学习交流等。这种关系也常常是国家关系的基础，如在中美建交事件中，首先是由乒乓交流这一非政府的关系而推动的。第三种关系是跨国关系，这种关系超越了国家的边界，由某个跨国集体所构成，该组织常常是非严格的政治实体。譬如传统的天主教教会，在历史上教皇的所在地曾是一个独立的国家，然而如今，各个国家教会与梵蒂冈的关系就与一般的国家关系不同，它们既不是政治实体的关系，也不是狭义的国际关系。另外，跨国关系的一个重要元素是跨国公司，这一点在全球商业化的今天尤其明显。在阿隆那个时代，跨国公司并不很多，但他已经敏锐地注意到了跨国公司将要发

---

① *Leçons sur l'histore*, ibid., p.337.

挥的重要作用。①此外还有一个跨国关系,那便是共产国际,随着第三国际的结束与托洛斯基(第四国际)的遇刺,这一关系已经基本不存在了,然而在过去,尤其是斯大林领导时期的第三国际,确乎是跨国关系的重要实体。

二、国家关系与国际关系

(一)对国际关系的分析

传统外交史的中心是国家关系。在过去的国际环境中,国家与国家之间在本质上呈现为冲突和争斗, 在国际关系上就需要每个独立的政治统一体作出本国的决策和行动,故国际关系主要就是由国家作为实体构成的博弈关系。因而,阿隆首先做的是建构国家关系,看看国家与国家之间的历史是如何构建起来的。建构国家关系需要两个步骤:一是建构国家与国家博弈中的政治实体(即国家),另一则是建构这些政治实体所处的环境整体,即外交环境。

1. 建构国家间博弈的行动实体

国家作为一个国际环境中独立行事的实体,其建构也要依托相关文献和材料。如前面提到的,国家这一实体并不是一个统一的现实存在体,将其作为

---

① 多说一句,在阿隆的时代,各经济实体之间的联系还不像今天这样紧密,经济关系只是初露头角,但阿隆敏锐地直觉到了经济关系的重要性,在跨国关系中,天主教会与共产国际早已风光不再,而跨国公司却随着经济的发展不断壮大,并且其影响力大大加强,如今已成为大国间政治外交中的首要考虑因素。阿隆在那个时候就已经看到,经济关系同时包容了国家关系、国际关系以及跨国关系。它的本质是超国家的,它既与国家间所签订的贸易协定有关,自身又是一个独立实体,如当时的IBM,如今上万家的跨国公司,它们同时对各国家中的子公司具有决定和管理的功能。在那个时代,外交关系对跨国现象并不重视,而阿隆敏锐地注意到了跨国关系的重要性,在《帝制共和国》那本研究美国政治的书中,他就把国家关系的研究与国家关系、跨国关系的研究结合了起来。

一个理性行动者的看法只是一个简单化的表述。"一个国家从来不是像一个个人那样存在"①,它其实是国家系统内大量个体共同参与决策的结果。对国家环境中某一事件的应对,并不类似于个体所作出的反应,即便是在君主国,君主也并不是对国家有百分百的决定权。君主其身边总还有那些出谋划策的智囊,他们是君主的顾问。另外,还有诸如教育组织、军事组织和总参谋部等国家必需的枢机部门,它们共同构成了一个"君主的决策"。在现代政治中尤其如此,还拿美军在日本投射的两枚原子弹的决定为例,实际上杜鲁门是其身后幕僚影响下的"囚徒"(prisonnier)。因为当时根据军队的分析,如果美军在日本强行登陆,有可能为本国带来几十万人的伤亡,而国内的要求也是让日本"无条件投降"。虽然当时日本天皇本人并不想继续战斗下去——这是根据美军截获的密电得知的, 他希望莫斯科的日本大使能够在美日两国间调停——但日本的军人们却坚决要反抗到底。因而,似乎两颗原子弹的投放能够同时满足这两个要求。

事实上,原子弹投射后,虽然日本军人们更坚定了拼死抵抗的决心,但投下原子弹的震撼力足以使日本天皇有能力劝服那些意图拼死抵抗的士兵。而美国国内则诉求避免自己军队的伤亡,以及要求日本"无条件投降"。关于这些国家决策的内部讨论并不会轻易见诸于世,只有解密了相关文献,历史学家才能重构起当初这些在"幕后"作出的决定。所以杜鲁门虽是国家命令的发出者,但这些命令并不代表是其自己的想法,他只是听取顾问们的诸多意见,从中作出选择而已。用亨利·基辛格(Henry Kissinger)的话来说,"给出选项"常常是强迫君主作出决定的一种方式,②特别是在原子弹这个案例中。

---

① 《Un Etat n'a jamais été une personne》, *Leçons sur l'histoire*, ibid., p.344.

② *Leçons sur l'histoire*, ibid., p.346.

　　因而,假如想要理解事情是如何发生的,就必须先确定由哪一层面去理解,是针对微观还是宏观的层面发问。如果抽象地问美国打日本的原因是什么,就会得到各种各样的答案,但是如果从国家决策者们的内部去看,那么就能从国家政治的运作中找到尚且合理(plausibilité)的解释。

　　2. 行动者与系统

　　第二步是系统的建构。系统指通过某些政治实体之间形成的关系而在现实中(dans la réalité)形成的具体整体,或者指一种人们用以确定这些真实整体(ces ensembles réels)的智力建构。系统是现实的存在还是建构的真实暂且不提,在历史学家力图理解行动者的行动时,它就不仅要分析前面提到的行动者的内在结构,同时也要分析这个行动者所处的"地理-政治"整体。[①]在这一整体环境中,重要的几个因素必须考虑:主要行动者或主要的强国;这些行动者的军事和经济手段,力量关系;国家之间的联盟关系;国家的制度和意识形态;国家间的受本国习俗和军事影响的和平关系与战斗关系的模态。

　　在这些整体的外交特征中,阿隆认为武力分布的图式(le schème de la répartition des forces)与外交整体的同质或异质性(la caratère homogène ou hétérogène)具有根本性。物理分布的图式指武力的集中与分散的情况,当世界格局中有两个主要国家时,就是两极(bipolaire)制;而有多个武力旗鼓相当的国家时,就是多极(multi-ou pluripolaire)整体。比如,当时就是美苏争霸的两极世界格局,1945 年之前的欧洲则是群雄争霸的多极格局。

　　同质性或异质性的区分是指各个国家立国之本是相似还是对立的。比如在 18 世纪,欧洲主要国家都是君主制的政体,所以国与国之间的关系是亲缘性的,各个国王君主彼此互称"兄弟"(mon frère),所以 1820—1823 年的西

---

① *Leçons sur l'histoire*, ibid., p.348.

班牙革命,法国对西班牙的的干涉是正当的,两国之间是神圣同盟(la Saint-Alliance)的关系。而异质性是指国家与国家间的统治者将对方视为自己的敌人,因而一个国家中的革命者常常是另一个国家的潜在盟友,这样的现象在冷战时期尤其明显。美苏之间大国关系就都以支持对方的反政府革命来作为敌对手段。

另外,还有两种并不重要的特征可以提一下:一种是联盟的灵活度或僵硬度,即在外交与内政方面的灵活性转变。阿隆举例苏俄在对待德国的立场上就很有灵活性;另一种是关于整体总的和次级层级的划分,也就是在一个系统之内还有某些子系统,正如地区冲突与全球大战那样。一战首先来自塞尔维亚和奥匈帝国的子系统冲突,之后各大国陆续卷入,才演变成了一个世界范围内的大战。而巴以问题则是另一种表现,本来地区的争端是两国之间的博弈,但由于美国的参与使争端复杂化,从前以色列只是单方面对阿拉伯国家作战,现在却要考虑美国的影响,从而就失去了一些对外政治的独立性。

当然,对政治实体内部的分析与对外交环境的整体分析都不排除意向微观事件所作的叙述,就如前面所提到过的,这两种方式之间并不是非此即彼的对立。所有的意向行为终究是某些人作出的,那些决定同样需要建构,从一种类似小说般的叙述而不是宏大的分析,就可以呈现那些行动者自身在整个事件中所扮演的角色。通过这样的意向建构,就可以看出天皇所要作出投降决定的解释,以及杜鲁门作出投弹行为的目的,他们都有自身立场的合理性,从这些意向性出发来看,那些行动和结果就不那么“令人震惊”。阿隆以一战中的俄国、法国、德国以及奥匈帝国为例来说明,①每个国家的意愿

---

① Leçons sur l'histoire, ibid., p.356。中译本可参见《历史讲演录》第 284 页开始对一战诸国意图的分析。

看上去都是正常的,他们所作出的决定似乎并不比其它国家更好或者更坏,那些决定和行动都是因他们所身处的角色而应当作出的。但是谁也不会想到这些合理的行动会导致最后世界大战这样的严重后果。意向行为与最后结果的不对等性实在是让人难以理解。阿隆指出,要对这种不对等性作出令人满意的分析,就必须超越个体微观叙事的方式,寻找某种更抽象的类似科学的解释。这样做的方式有两种:一种是历史学家所做的,仍旧是从事情为何会发展成这样严重的后果出发,来考察行动者如何接受自己的后果,以及是否可以提前预见到这些后果。另一种是阿隆要做的,也就是用一种关于国际关系的科学理论的类型学(une typologie des théories scientifiques des relations internationales)或与此类似的理论或方式,来重构国际关系。

这些分析方式仍旧要在国家关系与国际关系之间作出一个区分,如前面所提到的,国家关系是传统国际关系中的重要元素,我们已经分析了在国家关系中各个行动者是如何在内部和外部得到重建的,这里只将阿隆提到的集中重建所使用的类型作一下简单介绍,这些很多都是社会学领域的方法:

(1)经验的社会学研究(les études de sociologie empirique)。经验的社会学研究是一种关于行动者之间相互交流的研究,就像一般社会学的实践常做的那样,它类似一种刺激和回应的关系研究。行动者甲对行动者乙采取某个行动,从而乙对甲作出反应,甲又对乙的反应作出反应……这样彼此之间就构成了某种信息交换,而对这些交换信息进行分析,就是经验的社会学研究。国家与国家之间的关系也可以表征为这样的一个互动系统。不仅国家与国家之间具有这样的互动关系,在国家之间与国家内部的个体之间、组织之间以及国家的行政部门之间都存在着这样彼此交互、没有止境的沟通关系。

(2)模型建构(La construction de modèles)。在比上一种研究行动者之间关系更为抽象的层面,集体行动者之间的互动关系可以用一些模型来代表。使用模型建构可以在精神上获得很大乐趣,促进智力的推理能力,然而由于这种模型的抽象性,虽然它可以从大面上推理出一些结论,但不能在具体处境中得到解答,而且具体处境从来不会与抽象模型完全吻合。因而,阿隆也认为,这种抽象建构虽一度很时髦,但已经没有多少人再使用它了。

(3)博弈论(*La théorie des jeux*)。博弈论如今已广为人知,它处理的是更为抽象的问题。博弈论提出的意义不在于它是否符合某一具体情形,而在于它能够很好地揭示行动者之间的张力关系,并且很好地展现了行动者意向与最后结果的不对等性。博弈论最有名的例子就是囚徒困境。①这个案例说明了一个理性的行动有可能导致非理性的结果,每个人都不想坐牢,但是每个人最好的方式是自己认罪对方不认罪,所以他们的选择不单以自己的最终目的为指导,同时还要结合对方的情况。这是系统论呈现出来的行动者之间关系的最好例子。然而作为一种抽象的理论,它是必不可少的智力练习,但也只是在做抽象层面的思维体操。因为在现实中,最终的结果取决于两个嫌疑犯个人,以及他们之间有什么样的具体关系。现实中的每个人并不都是理论假设中的"理性人":追求荣誉的人与追求自保的人在行动和意向上的合理性完全不同。

(4)军事装备竞赛的量化(*Quantification de la course aux armements*)。阿隆举例的代表是理查森在《武器与危险》②中为 1914 年的战争军备竞赛而建立的方程。他意图从中得出当时国际形势的结论。阿隆认为虽然这一方程是

---

① 这个经典例子几乎人尽皆知了:在一个监狱里有两个共因,他们分开关押。检察官知道他们有罪但没有证据,因而就需要他们分别认罪。规定:一方如果承认两人的罪过,且另一方没有承认的话,那么承认的人可以释放,而不承认的需要被关押 10 年;若两个人都承认的话,则每个人都会判 8 年;而若两个人都沉默的话,他们就会一起被关押 1 年。

② Lewis Fry Richardson, *Arms and Insecurity*, Quadrangle Books, 1960.

从数学模式出发,但实际上很难得出确切的结果,因为它并没有考虑军备预算在整个国家预算中的比例如何,以及与国民生产总值的关系。从这些军备数据并不能完全判断一场战争是否必然爆发。

(5)系统分析(*L'analyse des systèmes*)。系统论是一种可以运用于生物、人工机器、自然现象以及人类现象的一般理论。这一理论考虑的是变量之间的相互影响的行为所构成的整体。系统这个概念并没有本体论层面的意义,它既可以指智力上的建构(la construction intellectuelle),同时也可以指现实的存在。所以在阿隆看来,谈论系统并不意味着要将它放在主导的重要位置上。问题的关键在于,在什么样的抽象层面构建这样的国家关系的系统是有效的。同时在国际关系中,也应区分国内关系与国家外部之间的国与国的关系。在国内,存在着一个中央控制的体系,国家是作为一个主权政治体而存在的,但在国与国之间并不存在这样一个体系,没有一种支配性的统一理想来为所有的国家行动者产生强制影响。所以在具体的体系关系建构中,必须区分不同的具体情况。系统论的某些规则在特定的历史时期的确适用,但并不意味着在考察历史现实的时候,这种抽象的系统论是恒久有效的解释手段。人们虽然建构了这样的经济学模型以及类似的行动者之间相互关系的体系模型,但一切取决于这类模型在具体现实中的应用是什么,它们的限度在哪里。

(6)共变的具体研究(*Les études concrètes de covariations*)。即对于诸如地理、环境、政治体制等类似的因变量对国家政策影响的研究。

上述这些模型一旦建立,那么就可以回到经验研究上来了。在具体的国家关系中,各个国家之间彼此有关,但是这些关系又不同于国内关系,因为作为一个独立的主权国家,国内拥有一套统一的体系,具有某个最高的决定机关和能力;然而在国际之间,并不存在这种更高一级的体系整体,因而国家与国家之间的关系就不可避免地诉诸武力和军事力量，这是在国际上有话语权的最为原始的要素。

传统国际关系以国家关系为主，因而也就以武力作为主要的外交保证。这样的国际关系遵循着类似霍布斯的丛林原则，国家之间没有什么一致的评价标准，一切以实力说话。在核战略的时代更是如此，拥有热核武器就意味着能够在国际世界中得到其他国家的重视，并且具有参加核大国间博弈的资格。军备实力就是国际体系中的决定力量。国家的和平乃是用强大的军事力量换取的。

有一种理论将国家关系当作是由国与国交流所构成的，战争和冲突是外交的失败，不是一种交流的常态。人们不再研究战争，而是研究和平。阿隆指出，这种观点非常错误，它只是梦想和平者的虚构，问题仍旧是过去的那些问题，只是现在意识形态上的解释和思考不一样了，现在的和平仍旧是以战争实力所换取的。他在评讲克劳塞维茨（Clausewitz）[1]的战争思想时说："和平是战争的延续的其他方式，或者换句话说，物理性暴力不再是区分战争的属性，而和平也不再是暴力的消失。"[2]和平就是战争的延续，它无非是一种变化了形式的战争。所谓的"和平研究"和"冲突解决"无非是一些听上去美好的词眼，根本是对现实缺乏常识。[3]阿隆自嘲说自己有点"悲观主义"，但现实与理想的距离就是这样。马基雅维利、霍布斯以及之后的政治家和军事将领，他们的眼睛始终没有离开过现实，他们看到的就是这个冷酷严峻的现实世界。

---

① 阿隆在后期专门研究了克劳塞维茨的思想，并且整理成书。《思考战争，克劳塞维茨》（*Penser la guerre, Clausewitz*）以及《论克劳塞维茨》（*Sur Clausewitz*）。

② *Leçons sur l'histoire*, ibid., p.571.

③ 早在阿隆去德国访学的时候，他就彻底改变了过去的和平主义幻想，德国的经历让他深深感受到了现实的冷酷和压力，自此他的身上便始终带有那种严酷的冷峻与紧迫感。

（二）对国际关系（涵盖了跨国关系）的分析

可以说，传统的国际关系就是建立在国家之间这种赤裸裸的利益冲突之上的，因而传统也把霍布斯作为近代政治科学的始祖。然而国际关系，尤其是国与国之间非政府的经济交流以及跨国公司的出现，正在逐渐改变国家关系在国际关系中的核心地位，而以国家冲突为核心的国家关系理论本身也因此出现了转变的苗头。那种国家与国家之上虚无一片的系统，渐渐在经济合作中产生了某种统一性。这些新的形式超越了传统的国家之间的壁垒。因而，在国际关系的讨论中，就需要构建一个不同于传统国家关系的体系，这一体系把国际关系作为建构的对象。

与国家关系不同，国际关系涉及的是非传统的国家之间的关系，因而是世界范围内的社会间的关系（les relations entre les sociétés）。跨国关系也属于一般意义上的国际关系，并且在现代，经济形式的跨国关系在国际关系中越来越扮演着重要的角色，跨国公司虽坐落在某一国家，但它同时对其他国家的子公司起领导和决定作用，它的范围不再局限于国家的疆土范围，而是扩展到了整个地球。传统的非经济的跨国关系有梵蒂冈这样的宗教教会、共产主义第二和第三国际等这样的组织形态。梵蒂冈在理论上当然也可以称为一个国家组织，尤其是在过去，但是这个"国家"与一般理解的主权国家有所不同，与意大利这类的国家形式相去甚远。它是一个宗教组织，梵蒂冈是教皇的领地，它同时包含着全世界天主教会在各个国家中的子系统，其意识形态跨越了一般意义国家的界限；第二和第三国际也与此类似，尤其是第三国际，它的领导权可以直接触及世界上其他国家的诸多分支机构。

国际关系虽然与传统的国家关系不同，但又非是与国家关系割裂开来的另一种关系，而是与它联系在一起，并对之产生影响。很多国家关系正是依托在社会与社会之间联系的基础上才产生的。譬如那些作出最后决定的首脑，他们最终的决策是在诸种内在于社会中的个体或集团的力量上形成的，或者毋宁说，国家关系乃是社会关系的体现，国家关系的构建不能忽略对社会关系的研究。阿隆举了列宁的理论为例：在列宁看来，国家与国家之间的矛盾并不是根本的，在国家利益的冲突之中掩盖了社会与经济之间的真正冲突。国家的对外政策是经济精英、生产力的所有者或经营者所真正操控的，国家的对外政策乃是追求国家的经济处境。阿隆虽然并不认同列宁的经济决定论，但他有保留地认可了这种从社会关系来分析国家关系的思路。

那么问题就转变为，什么样的社会学研究才是关于社会关系的研究呢？阿隆举了几个具有代表性的社会学家的理论[1]：第一种以卡尔·多伊奇（Karl Deutsch）为代表，其方法主要是建立起不同社会之间相互交流的量化指数，譬如货物交换、信息交换和媒体交流等；第二种方法是美国社会学家哈斯（Haas）在对欧洲六国整合研究时使用的方法，大体上是从共同体的一系列决策中找到哪些是从国家层面作出的，哪些是从共同体层面作出的；第三种研究是索罗金（Sorokin）对国家层面的军备量化的研究分析。他试图通过战争、谋杀、叛乱、内战等方面的数据来分析国内暴力与国家间暴力的规律性；第四种研究是伽尔通（Galtung）的，这种研究类似于列宁对帝国主义本质的分析，他以社会学的视角来分析国家之间的冲突，并从世界层面上对社会进行各层的划分，从而得到不涉及国家范围内的结构暴力分析，也即是认为暴力乃是社会层面上强势的少数人对大多数被剥削者的暴力，它并没有一个国家的范畴。或者说，国家的冲突实则是世界范围内社会冲突的一种体现。

比较有趣的是，社会关系或者说国际关系的研究方式与国家关系的研究类似，但得到的结论却有很大的不同。在国家关系的最后部分会发现，很多

---

[1] *Leçons sur l'histoire*, ibid., p.413. 中译本参见《历史讲演录》，前揭，第327页。

研究倾向于和平而不是暴力的解释，认为暴力乃是国家之间交流关系的失败，他们主张以沟通来代替武力；而在国际关系的分析中，同样运用的是社会学的方式，从伽尔通的理论得到的是社会之间永恒的暴力结构的结论：国家的暴力冲突是精英对被剥削者的暴力的一个体现，本质上是社会的基本结构。世界的结构乃是一个强权体系，一个充满社会冲突的世界。国家关系只是这种结构表面上的某种表达方式。①

　　这两种分析适用的是同一种社会学的方式，但得到的却是两个既相似又对立的结论。在国家关系中，结论倾向于减少暴力以及暴力的合法性，将沟通与和平作为正常的交流概念；而在国际关系的分析中，人们不再把国际关系看作是平等的交流，而认为是一种本质上结构的不平等，暴力是结构性的东西，体系本身就是暴力的，它表现为精英对众人的专制，国家与国家的冲突。然而阿隆认为这两种看似矛盾的结论并不意味着非此即彼的或真或假，它们有可能同时是错误的，②也有可能各有道理。无论是前者或者后者，对于世界的呈现(représentation)，或者说研究对象的范式(paradigme)，几乎不可避免地带有意识形态的因素，它决定了人们或者把以国家为主体构成的世界呈现为一个交流和沟通的世界，或者把它呈现为一个暴力合法化的世界。无论是上面的哪种解释，实际上都暗含地提出了对国家关系本质的诠释。因而，结论似乎有点陈词滥调，但不无道理：国家关系有时取决于国际之间所发生的事，有时又受制于国家层面以下所发生的事。③

① *Leçons sur l'histoire*, ibid., p.418.

② *Leçons sur l'histoire*, ibid., p.419.

③ *Leçons sur l'histoire*, ibid., p.421.

第三节　社会历史学式的建构

上一节分析了阿隆在国际关系方面建构的例子,下面我们回到整体,对阿隆重构历史哲学的方式,即对国际关系所进行的分析作一下总结,它涉及知识论(或认识论)的问题,可以分为以下三个方面:一是社会学与历史学的关系,二是国际关系与历史主义哲学的关系,三是微观事件与宏观体系的关系。

一、社会学与历史学

一般而言,相对于历史叙述,社会学研究致力于一种更为严格的概念化。正如经济学家会建构"经济人"作为理论基础,社会学家对国际关系的研究也会建构一个虚拟的外交人格(l'homme diplomatique)作为政治实体的代表。国家关系可以建构一个"外交人"作为同其他国家进行对话与磋商的政治实体,这个政治实体的目的是为自身的"国家利益"(intérêt national)。或许通常看来,社会学所定义的"国家利益"有些抽象,不能给出一个具体的目标和严格的定义;但在具体的形势研究中,人们可以对经济学主体的目标给出一个明确的定义,并且这一目标可以量化。历史学的方式相对于社会学来说更加具体和细致,在阿隆看来,历史学与社会学没有本质区分,都是概念建构。

因为即便在更为具体的事件上,同样可以运用社会学的建构,而历史学本身也是一种依托于理论的建构。历史学家在研究某一时期的历史时,他们的叙述也要依托材料和命题。这些具体存在要么是个体的，要么是集合的，这些叙述的基本元素也是概念化的结果，虽然与一般社会学家相比，他们的概念要更细致和具体，并且在运用上也更方便叙述某一段的历史或者某一处境中的事件。事实上，社会学与历史学的概念化在本质和属性上并没有很大差异。社会学家在研究具体政治家的个人意向和行为时，使用的概念未必比历史学家们更抽象。

历史学家们认为社会学的概念过于抽象而反对使用，是因为与社会学家相比，历史学家只是将这些概念孤立地对待，故不能领会到概念本身的含义。对于这些概念，必须在整体的更大范围内去理解才能展现其含义。社会学家的目标是运用这些概念建立起一门科学，当它建立完成并经过发展后，可能会对历史学家非常有用，只是"到目前为止，历史学家使用得很少"[1]。

此外，社会学家所建构的那些抽象分析模型，尤其是在国际关系中的那些战略分析模型，对历史学的研究十分有益。历史学家可以使用，并且也应该加以借鉴。一方面，阿隆的《帝制共和国》正是这样的一种历史学重建，他建构了当时核战略关系的模型，而实际上1945—1972年间所发生的事，正如模型中所涉及的那样在现实中实现了，那么他对历史的解释也理所应当地运用了这一解释工具；另一方面，社会学家的模型一旦建立，就会对当下的行动者产生影响。政治家们肯定也会了解到这些模型，而根据他们对模型的了解和分析，他们就会考虑如何避免模型所分析到的不良后果。我们当然不能确定模型对政治家们的影响有多大，但是如果一个模型可以说服政治家，或者至少令其认同，那么政治家的决策就必然会因之而发生某些改变。事实上，理论家们的很多模型都影响着政治家的决策。总统们常常会在专门的咨询

---

[1]　《历史讲演录》，前揭，第335页。译文略有改动。

公司与大学的研究中心里出没,他们正是要通过专家们的建议来决定自己之后的行为,而这些专家和研究者们的理论实际上都是建立在对现实政治的模拟分析之上的。

历史学与人文科学最有趣的地方就在于,它们所建构的模型不单是对时局的理解和思考,同时也是转变成思考其自身对象的方式。也即是说,模型本身成了某种影响世界、改造世界的因素。最终,世界会因为这些社会学家们的模型,而变得与没有这些模型出现前不同。这在自然世界里是无法想象的,在自然界中,一个规律提出来,基本上就不再意味着人要去改变它,而是要去遵守或利用;但在社会科学中,模型和理论的提出恰恰意味着人们要从中得益,即通过分析其中的决定因素,试图避免模型预测到的可能的不良后果。人文科学中的这些模型不仅是历史学家所应当运用的解释工具,它本身也是人的思考方式的构成元素,从这一意义上说:"模型永远在改变现实。"①

经验微观层面的社会学与叙述的历史学并没有本质不同。它们都是对现实运用某些基本概念和模式的建构。如果非要找出社会学与历史学的差异的话,也只能说社会学家关注的是比较高层次的抽象问题,而历史学家在概念使用上会更加具体,他们关注于描述更具体的事件。

(一)历史学是一种重构

历史学也是某种化简形式,它同社会学和某些理论一样,是对过去的一种重建。尽管有些历史学者会用诗意的语言说:"历史,是对过去的完整复活"②,但这种观点在认识论上是完全错误的。人们不可能复活过去,更不能把过去的事情重新经历一遍。阿隆指出,人们甚至不可能复活过去的任何一

---

① *Leçons sur l'histoire*, ibid., p.427.

② 阿隆指的是米什莱(Michelet),后者把历史定义为"整体生活的复活"(résurrection de la vie intégrale)。

小段。因为对人们所生活过的经历的回忆,并不是复活。过去在当前的出现只是当下的回忆(revivre),而不是当时的经历(expérience)。人们只是通过重建而认识自己的过去,绝非复原。对先人的过去重现更是如此,对先人的经历的重现只是重构。

如果说历史学是一种重构的话,那么这种重构就意味着要从某一基点出发。因为我们不可能将过去所有的事件都事无巨细地叙述下来,必须要围绕某个核心来进行重构。换言之,历史是一种由一些概念、观点或某些兴趣所指引的重构。根据不同的兴趣点和概念体系,就会有许多不同的叙述结构和内容,而这也就意味着,相对于过去的历史来说,这些叙述都是部分的(par-tiels)。一段历史的叙述在本质上就是对一段历史过去的重建。甚至作为对这过去一段时间中的历史,重建也是言之不尽的。对于1805年开始的"俄法之战"这个历史事件,《战争与和平》的叙述方式就与《拿破仑战争史》不同。相似地,从各个方面来对这段历史事件的重建也都因其研究方向和问题意识的不同而各具特色。

这样来看,不同的叙述之间也并不是非此即彼的矛盾关系。这些叙述都是部分的(partiel),但这些部分又都是对同一段历史的客观描述(自然,那些有意篡改历史的虚构故事不在此列),它们同样都是严格和客观的,彼此的不同只是在选定出发点上的差异。所以阿隆提醒我们必须区分部分叙述的多元性(la pluralité des récits partiels)与相对主义(relativisme)。

(二)对列维-施特劳斯的两点批评

1. 相对主义意味着只有相对于某个人而言真理才存在

在《野性的思维》①中,列维-施特劳斯就有这样的相对主义倾向,他从

---

① *la Pensée Sauvage*,Plon,1962,p.341.中译本参见第283页。

"我们永远只能从某个视角来体验历史事件",走到了"历史学家只能以某一种视角来叙述历史事件"的观点。也即是说,历史学家对历史事件的理解,只能是将自身当作历史中的某一个人物,从某一个人物自身的感受去理解历史,这种方式类似于移情①,实际上历史学家是把自己放到了历史中某个行动者的意识里,从行动者的意向去体验行动者的经历。然而阿隆指出,这种历史学家对亲历者的体验的观点,乃是混淆了历史重建与历史复活。这些自以为体验到了历史人物感受的历史学家,实是移情作祟,历史学家在这种"复活"中忘掉了自我,如灵魂附体一般,将自己等同于历史人物。而这种复活的历史的可怕之处在于,它继续延长了历史中的那些冲突:历史学家将自己委身于历史人物,并且继续延长了历史人物间的矛盾和冲突,使之更加难以分解,这种无我的"唯"历史主义乃是意图"过去冲突永恒化"(la perpétuation des conflices du passé)②的无意识,说到底是历史学家的走火入魔。

正如前面所说的,对历史复活是不可能的,历史学家做的是一种经验上的复归,他们以移情的方式去体验历史人物的感受,历史在本体上是由具体行动的人构成的,历史学家便坚信必须从一个人物的观点去复活历史。然而且不说这种体验是否是历史学家自己的一厢情愿,前面提到了,复活在本质上也是不可能的,所能做到的只是重构,历史学家的体验若要成为公共语言,就必须以概念和语言的形式表达出来。而这样的表达就是一种重构。

回到列维-施特劳斯的主张,他与阿隆一样认为历史就是重建,没有重建行为和历史学家们的思考,就没有历史的过去。③他们都认同只有部分的历

---

① 参见本书第三章第三节阿隆关于"移情"与"诠释"的区别。
② 这是保罗·瓦莱里(Paul Valéry)在《谈历史》(le Discours de l'histoire)中的一句话,收录于 Variétés,Gallimard,1938,第四卷。
③ 《野性的思维》,前揭,第九章。

史,它乃是过去的片段,然而列维-施特劳斯在这一点上走得太远,他认为历史学家只能从一种观点来理解历史,阿隆认为这就过于极端了,历史固然是对所发生的事件的重建,但并不意味着重建者必须(nécessairement)要采用某个行动者的观点。当人们面对一场宗教战争时,并不是一定要站在其中一方的立场上才能理解战争。在历史的重构中,人们既可以选择犹太人的观点,同时也可以选择阿拉伯人的观点,甚至两者都不选也可以。历史学家必须从一个角度进行理解的方式是一种心理上的自我限制,它无力超脱历史。对历史的描述不是为了同情其中的一方而拒斥另一方,历史的任务恰恰是为了做到不偏不倚,这并不是说不去理解一方的立场,而是不以一方的立场去排斥另一方。从不同的角度来构建历史事件的多样立场,才是历史学家研究历史的真正目标。①历史学家不是为了加深冲突者之间的矛盾,而是最全面地呈现它们。当既能以犹太人的视野,同时又能以阿拉伯人的视野来看待那场宗教战争的时候,历史的重构才不会成为偏见。所以阿隆强调,历史乃是部分的过去,它是过去的片段,但部分(partiel)绝不等于偏见(partialité)。

2. 不同级别的历史之间的排他性

阿隆对列维-施特劳斯的另一个批评来自《野性的思维》中的一段话:

历史是由历史底诸领域组成的非连续体整体,其中每一领域都是由一个其固有的频率,以及由一个在前与在后的不同编码来确定。在包含了这些频率和编码的一些与另一些(历史领域的)日子中,通联(这些日

---

① 可以看到阿隆受黑格尔的影响:"哲学不是依 '悟性'(understanding)的范畴,而是依理性(Reason)的范畴来从事研究的,然而同时,哲学也认识那种'悟性'以及它的价值和地位。"——《历史哲学》,王造时译,上海世纪出版集团,2006 年,第 60 页。梅叙尔因此仍旧认为阿隆最终是一个普遍价值的期待者。S. Mesure, *Raymond Aron et raison historique*, J. Vrin, 1984.p.118.

子）并不比联通自然数与无理数更有可能。或者更确切地说：每一类属于自身的年代对于其他类的年代来说都是无理数样的。①

　　阿隆解释了这一段的大意。列维-施特劳斯的意思是任何历史的重建都是对历史中某一个片段的重建。比如，选择被称为二战中"最长的一日"的诺曼底登陆作为重建对象。这一天是历史级别中较低的一级，与千年的人类历史相比，对这一天的历史记述，信息量要远大于后者，而可解释性的或可理解性的成分则降到了最低。因而，关于这一天的历史，正因为其信息量巨大，解释的价值就很弱。列维-施特劳斯补充道，次级历史内切于高级历史，而正是高级历史赋予了次级历史以可理解性。②与诺曼底这样的一日历史相比，更高级的历史在信息上会较少，可解释的东西则会更多。越是给出详细信息，可解释的就越少；可解释的越多，详细的信息就会越少。

　　从这方面看，似乎高级与次级历史之间就有了某些矛盾（contradictoires）。而列维-施特劳斯在另一页又写道："每个历史域都外切于一个仅次于它的低级别的历史，而又内切于一种级别更高的历史。"（Chaque domaine d'histoire est circonscrit par rapport à celui de rang immédiatement inférieur, inscrit par rapport à celui de rang plus élevé）也就是说，"第二次世界大战的历史"外切于"诺曼底登陆之战的历史"，而内切于"20世纪史"。

---

　　① *la Pensée Sauvage*, ibid., p.344.中译文参见《野性的思维》，前揭，第285页。译文有改动。

　　② «c'est l'histoire de niveau supérieur, l'histoire dans laquelle l'histoire de rang inférieur est inscrit, qui fournira l'intelligibilité de l'histoire de rang inférieur», *Leçons sur l'histoire*, ibid., p.437.

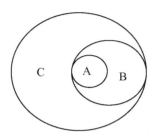

图2 三段历史切分示意

注：A指诺曼底登陆之战的历史，B指第二次世界大战的历史，C指20世纪史

从上图①可以看出，二战的历史（B）外切于诺曼底登陆的历史（A），而它又内切于 20 世纪史。列维－施特劳斯继续写道："那么可以确证，每段内切域的低级历史都以外切域的高级历史为补充，并与同一域（因为是同一个内切域）中的低级历史反对。[On vérifie alors que chaque histoire faible d'un domaine inscrit est complémentaire de l'histoire forte du domaine circonscrit, et contradictoire à l'histoire faible de ce même domaine(en tant qu'il est lui-même un domaine inscrit).]因此，每段历史都有数目不等的反历史，而它们每个都以其它的为补充：对应于一阶的历史，就有一个二阶的反历史，等等。而认识的进步、新科学的创新便是通过反历史的产生而得到的。"从图中可以看出，A 的"反历史"是 B，而 B 的"反历史"是 C。相对于 B 而言，A 内切于 B，A 以 B 为补

① 按照"内切"与"外切"的定义，外切是指两个圆有唯一的交点，并且除了这个公共点以外，每个圆上的点都在另一个圆的外部；内切指其中一个圆在另一个圆的内部，且两圆有且只有一个交点。那么 A 与 B 的关系应该如上图所示。但若依照此图，则难以圆满解释列维－施特劳斯与阿隆所讨论的次级历史与高级历史之间的关系，尤其当涉及不同层级与"反历史"的关系时。如此，只能按照正文中的图式方可读通。似乎丙人都没有在概念上区分外切与内切，只是从不同的视角出发来说明，也即按照正文图式：B 相对于 A 是内切，A 相对于 B 则是外切。此处暂存疑，并特别在本节关键部分附上法文译本，以待来者考证。

充;而 B 外切于 C,B 是 A 的对立。所以每一历史域都以自己的高一级的历史为补充,同时在高级看来,它与次一级的历史相反对。从 C 高于 B 的等级, B 高于 A 的等级来看,B 是 A 的反历史,C 是 B 的反历史。认识的进步与新科学的创新就是不断地由更高级的反历史所得到的。

阿隆认同反历史的存在,但是他认为列维–施特劳斯把反历史对历史的更替绝对化了。在阿隆看来,在同一个时间维度中(譬如同在 B 的领域内), 从低级别的历史过渡到高级别的历史,就是把低级别的概念体系替换为另一个概念体系。然而若处理了这个时间视野,在某一时间维度的历史转变为另一时间维度的历史时,一个体系或概念替换为另一个体系或概念就不是必然的了。譬如,用征服者与被征服者的矛盾来解释的法国历史,就不能与法国的经济社会史作比较。两种隶属于不同的问题系统,所运用的概念与研究方式也都不同,并且连时间跨度都有差异,这样就不可能套入到列维–施特劳斯的这种"反历史"的理论中了。

当然,列维–施特劳斯或许会解释,为了达到一种更广阔范围的"反历史",就应当有一个"千年史"或"数千年史"。在囊括诺曼底之战或者第二次世界大战这样的历史中或许可以,但是从"政治史"跨越到"人类史"或"文化史"就不能作这种囊括,因为文化和人类在时间维度上或许确实可以统一"政治"的时间长度,但是这两种历史的差异不单单在于时间,而且还在于研究对象的不同。它们的参照点各不相同,同时使用到的概念也不同,那么在它们之间就不能简单地用高级历史与低级历史来区分。

从整体上说,任何对于人类过去的重建都是部分的重建,而这里部分包含两层含义:一层是时间层面的部分,另一层是指人们所面对的现实中的部分。重建本身也是以某种时间的编码体系(un système de codage temporel)与诸概念体系(un système de concepts)而设定的。

　　列维–施特劳斯不认为作为各个部分的历史可以衔接起来,他也拒绝把我们当前的历史合并到上千年前石器时代的人类历史之中。阿隆并没有对此作出肯定或否定的答复,在他看来,或许每个时代的人类历史都充满了鸡毛蒜皮的小事,与宏大的历史相比它们微乎其微,不值得记录。但是同样,阿隆相信在这个并不算漫长的现代历史中,必然也会有某些重要的事件值得写进历史,即便这一历史也可以是上万年的历史,因为这些事件本身极为重要,它有穿越广阔时间的意义。譬如电脑的发明,从某种意义上说,它属于划时代的事件,是人类史上十分重要的事件。

　　或许综合不同层级的历史是困难的, 但与列维–施特劳斯的观点不同,阿隆并不认为高级历史就必然是次级历史的"反历史",两者未必矛盾,甚至恰恰相反,高级历史倒是常常能为低级历史提供很多可理解性的原则。[1]

二、历史认识与历史主义

　　前面提到,历史主义在波普尔那里与德国历史学者那里有不同的含义。[2]在波普尔看来,历史主义乃是自称区分了历史的总体运动的意义,并提前预告了这一总体运动的结果的哲学。波普尔理解的历史主义类似于历史决定论,它的代表首先是黑格尔、马克思等人的历史观。

　　波普尔的看法与德国学者所使用的"历史主义"完全不同,在后者看来,历史主义仅仅意味着对人类历史中各个时代多样性的肯定。从这一多样性出发,人们便无法建立起一种普遍有效的社会科学,换句话说,由于各个时代的习俗、社会组织各具特色,以致在该时代里为真的命题在其它时代并不适用,

---

[1]　*Leçons sur l'histoire*, ibid., p.440.

[2]　本部分第一节。

历史主义乃是对这种相对真命题的肯定,因而历史主义也具有历史相对主义的特征。在阿隆看来,马克思的历史观也属于这类历史主义,因为马克思认为,对资本主义所作的经济学和社会学的研究,只适合于资本主义时代——而那些经济学家们都想错了,他们以为马克思提出的是所有社会都适用的普遍规律——他并没有将这些规律作为所有人类时代的普遍规律,马克思本人并没有就即将来临的社会主义和共产主义制度的规律作出描述。①

波普尔理解的历史主义的最终结果只有两个:要么是普遍和平,要么是世界末日。这一哲学在 19 世纪曾十分流行,但很快就消退了下去。讨论这种历史主义与历史认识的关系并不重要:在决定论笼罩下的国家关系,其实也还会被决定论的历史观所统摄。而从第二种意义上来看,历史认识与历史主义之间的关系就可以通过国家关系问题来展开。问题可以概括为:历史或者说历史认识②如何能够通达历史主义(在这个词对历史各个时代多样性的肯定意义上)?

如前面一再提到的,历史的重构在于一些基本概念和体系。而在国家关系问题上,希腊诸城邦之间的关系无疑应该可以作为国家关系研究的例子。这样,在构建希腊城邦的时候,通常使用的"国家"(Etat)概念这里就不适用了,因为"国家"这个词是在 16 世纪主权概念出现以后才使用的,而古典时期的城邦严格说来并不具有现代主权国家的含义,③因而在建构这段国家关系

---

① 《历史讲演录》,前揭,第 33、350 页,以及本书第五章第一节。

② 阿隆在此并没有区分历史与历史认识,从历史是一种建构来看,历史与历史认识并没有什么区别。在第一段他谈到要讨论历史与历史主义的关系后,紧接着在第二段便举例从国家关系层面来看待历史认识与历史主义的关系。《历史讲演录》,前揭,第 349 页。同时,参见第 90 页:"历史是关于人类过去的认识。"

③ 参见 J. Bodin, *Les six livres de la république*, Fayard, 1986. 中译本参见节选本[法]博丹:《论主权》,李卫海、钱俊文译,北京大学出版社,2008 年。

的时候，阿隆就使用了一个更为宽泛的概念"政治实体"（entité politique），这一概念的主要特征有：掌握有组织的武装、具有合法性的领土、具有维护自己和抵抗敌人的能力。可以看出，它的范围很广，因而在国家关系的研究中，可以囊括进更多的符合"政治实体"这样的城邦、国家、帝国等，并且它们在时间广度与地域广度上具有丰富的特性，体现了这个概念的多样性。

不同时代的"政治实体"间，按照历史主义的看法，各具自己本时代的特色。但阿隆认为，这并不意味着不能作对比研究，比较历史学（histoire comparée）与比较社会学（sociologie comparée）正是在这方面展开的工作。通过这两种研究，可以比较希腊古典时期、中世纪、亚细亚帝国以及现代这些实体间的关系。而比较的可能，在于首先要有一套具有能够跨越这些不同时期和不同地域的基本概念，即超历史、超空间的概念。"政治实体"就是这样的概念，各不同时期的实体体现了这个概念的多样性。建构抽象的概念是必须的，为了能够研究不同时代里的政治体，这个概念在结构和属性上必然与城邦、帝国和国家等具体概念存在不同。

概念的建立只是历史重构的第一步，真正的问题还在于，我们能否在这些尽量细致的、描写性的概念中，体现具体的历史现实，也就是说在多大程度上，这些抽象概念可以很好地替换具体现实，而在什么层面不能体现。

命题依托于概念，并且同时还以诸种变量和体系为组成部分。普遍命题往往以在形势 A、B、C、D 等同时作为前提条件下，才能使命题为真。但如果这些前提条件过多，以至于难以显示该命题的前提的话，那么这样一条命题的真理性也就没有什么意义了。

关于普遍真理是否具有历史性的问题可以从两方面看。当一个命题不再能够与具体现实对应的时候，也就是不再普遍为真的时候，其原因有两种：一种是命题本身的错误，另一种则是因为命题使用的那些概念并不能精确对应到具体的现实世界,因而不具有"普遍"适用性。然而我们可以借波普尔的观点来看普遍命题,在他那里,命题的真假与事实之间并不构成必然的联系,正如同一个命题的真并不是由事实的枚举归纳所能得到的那样,一个命题的假也不能从事实的反例来证伪。这样,有些真命题虽然因为概念的过度抽象性而不能对应到具体现实,但并不由此得出该命题为假的结论,在更高级的历史层面,它仍然具有真命题的性质,可以解释一些历史现实。

因而阿隆指出,问题的关键在于命题概念的抽象度与应用性的对应程度,毕竟最小的历史叙述仍旧是重构,只是它可解释的程度非常之小,甚至这样的历史建构接近于历史现实。然而从根本上说,宏观历史的建构与微观历史的建构是相同的,区别在于概念的抽象度和命题的适用性。因而,历史主义所强调的具体历史的多样性与抽象历史的普遍有效性并不是冲突和矛盾的关系,它们共同代表着从微观和宏观研究历史的两种不同方式。

三、微观事件与整体

从以上两部分的分析可以看出,很多问题都最终可以归结到微观事件与整体的关系上,而它是建立历史世界的关键。具体来说,就是要从个体与日常生活的关系出发,从"方法论个体主义"开始。理论上看,社会生活乃是"个人"存在的展开,也就是同时具有身体(corps)与意识(conscience)的个体的展开。社会事实的存在,比如国家或者公司,与个人的存在毕竟有所不同,我们不可能脱离开个人来谈国家或者其它社会组织,虽然事实上它们并不依赖于具体的个人,但是如果没有个人,也就谈不上国家和公司。因而,从个人的日常生活出发,就是从一个最常见的(banale)命题出发,看一看作为个人的微观事件,是否能够达到具有整体的客观性,如果可以,又是如何达到的。

　　在平日生活中,每个个体通常都是按照自己的观点和考虑生活的。每个人都在不同的对象面前扮演着不同的角色,一个人在妻子面前是丈夫,在儿子面前是父亲,在父亲面前是孩子,没有人会总是以某一单一的角色来面对所有人和所有事。换言之,在社会生活的关系中,每个个体要能够为对方理解(comprendre),在此基础上交流与联系才得以建立。所以我们说一个人举止得当,是说他清楚在什么样的环境中,面对什么样的人,去做最合适的事。这样的人有很好的见识与知识,通过以前的经验和间接得到的知识,使他能够在陌生的处境中很快辨认出对方的角色,以及自己应当采取的适宜行为。这类人与人之间的关系其实就是社会学研究的一种对象,它描写人们的日常生活,描写在不同环境、不同时代以及不同职业的人们在与他人的关系中作如何的反应。因而,社会学是否可能,依托于日常生活中那些具体的关系是否具有客观性。也就是说,从每个个体的具体生活行动中——它包含了行动者的意向,正是这些人与人之间的关系,构成了社会学、历史学乃至人文科学得以可能的基础。

　　在阿隆看来,从个体行动进入整体关系就是一个客观化的过程。在这一过程中,客观的行为成了某些严格学科的研究对象(l'object de disciplines rigoureuses);而在另一些情况中,它们成为科学意义上的社会学的研究对象。以下是阿隆列举的三种客观化的现实的类型:

　　第一,语言(la langue)与言语(le langage)。语言和言语不同,前者是指在日常生活中,说话者所使用的中介和工具,它包括我们所说的语言和文字。因而,通俗来讲,语言是我们说出的话和写下的文字,它的作用是作为交流的工具;言语则指一种行为,是一种包含有意义系统的活动,日常中所有事物都有其言语活动。①语言是言语活动的一种,同时属于言语活动的还有我们的手势、动作、表情等。

标准和言语活动是交流的必要条件。没有它们,就没有人这个群类。为了形成种群,就必然在个体之间有某种共同的标准或共通行为来遵守,言语活动和语言就是其中之一,它们是人类意义活动相互理解的条件

第二,社会的区分或阶级的不同(la différenciation sociale ou la diversité des classes)。如同前面提到的,人们面对不同的对象,扮演的角色也就不同。而角色的不同来自对对象的区分,对象并不都是齐一的,他们有不同的职业、不同的性格、不同的文化背景,或者如马克思所说,不同的阶级。②社会团体或社会阶级的分化乃是日常生活客观化的另一客观现实。

区分是作为言语或语言的反面出现的。所有的社会和种群,既有沟通,又有冲突。语言和言语是沟通的工具,而群体则孕育着差异和冲突,因为每个个体本来并不相同,即便是一模一样的双胞胎,他们之间也有差异。因而,种群之中除了沟通,同时也还孕育着差异与冲突。每个个体以不同的方式生活,进而产生了社会上的区分或阶级的差异。

第三,组织(organisation)。大学系统、邮政系统、国家、民族等都是组织,它们是通过组织机构和规章制度将个体联系起来的行动整体,是超越个体社会现实的最典型的例子。在其中,它通过每个具体的个体来行动,然而却并

---

① "只要人们认为,在本质上,历史学或社会学的对象是具有意义的人类行动,那么物体便具有作为人类作品史才是社会现实的一部分,但无论如何,那些具有意义的行动是和物体相联系的,或者受物体条件所限制的。"《历史讲演录》,前揭,第365页。

② 事实上,阿隆认为,马克思的阶级区分其实是游移在第二种和第三种客观化之间的:一方面,他认为社会在本质上被划分为各种团体,各种团体中的个人属性、思考方式和行为方式都不同;另一方面,他又认为整个社会是一个组织,其中上层压迫下层,统治阶级剥削被统治阶级。《历史讲演录》,前揭,第362页。

不因为个体角色的变化(譬如有些个体离开,新人加入等)而发生变化。

组织可以说是前两者的综合。它以语言和言语活动为前提,同时又以社会分工为前提。在组织中,并不要求齐一的单位,组织意味着不同的人做不同的事。同时,组织也要求沟通,没有沟通,组织就还是个体。并且在组织中的个人,并不需要将自己的所有角色都投入到组织中,他只需要展现组织中需要的角色即可,过多则造成组织的分离,过少则不能起到交流与合作的目的。

以上三种客观化类型乃是最为主要的三种,下面对这三种客观化类型作更深入的分析:

1. 有关语言和言语的客观化

目前,语言的客观化最具有严格的科学性。阿隆追溯了从索绪尔以来,学界基本上都把语言当作一个系统来研究的传统。而科学研究就是从语音和语义系统的分析开始的。虽然语言只有在具体的交流,也即言说或书写时才能实现,但就其本身来说,语言乃是科学的对象。今天科学研究的是语言而不是言语。因为语言相对于言语活动更具有某些稳定性和实体性,所以相对于言语研究,对语言的研究要更为容易些。在语言研究中,语言学家研究的是语言系统和语言结构,也就是作为语言的核心。

我们再回到最日常的经验来考察一下语言的形成。阿隆指出,实际上每个人在学习语言的过程中,基本都是在无意识的情况下习得的:首先是在家里,其次是在学校,所以从某种程度上说,我们没有用意识而自发地掌握了这种能力。同时在学习语言的过程中,尤其是在学校,我们又是通过系统化的方式来学习的,家长或老师会纠正我们在说话中的措辞或病句,从而我们才开始渐渐注意到语法。最终,我们能够掌握一套具有普遍性的公共使用的语言,这尤其体现在书面用语中。

　　语言的习得是我们社会客观化的一个例子。它是在一套自然而然的过程中实现的,家长与老师们的纠正行为在某种程度上说还是第二种客观化,即社会区分的体现。他们用符合语法的语言来区别一般口语,用标准的语言来修改病句,这些都是社会教育的特点。语法规则或高雅用语成为某一社会规则,而某些被认为是病句或粗俗的用语被归为另一端。因而,声望上的统治就具有了权能,高雅文化成为上层人士的必备,平庸者则沦落至金字塔的下端。

　　不仅语言是客观化的一个表现,它还催生了一类社会学的研究。列维-施特劳斯就是实践这一客观化的社会学家。他表示,自己是以语言学为模型,并从语言模型出发,试图建立一套科学的社会学的,即一套符合语言学中客观化的社会现实的客观化模式(un mode d'objectivation de la réalité sociale)。[①]在对原始部落的禁忌研究中,他就指出,这些禁忌和命令构成了某种亲属系统,通过对某些行为的禁忌,譬如种族内通婚的禁忌而形成了族群。

　　实际上,人们不但把语言和言语活动加以客观化,而且还以同样的方式来研究文学作品和艺术作品。这些作品也隶属于社会现实,是社会化存在的意义系统。但具有自身意义的实体系统,同样可以成为研究对象。语言可以成为客观化的对象,而由它所衍生出的文学等精神作品也可以客观化,它们或许并不像语言那样成为了严格学科的对象,但是"它们客观化的模式是相同的。我们可以再找到同样的问题样式:一方面是概念或意义体系的结构问题,另一方面是概念体系与实际生活、讲话、行动或创造之间的关联问题"[②]。

---

　　① *Leçon sur l'histoire*, ibid., p.463.

　　② «Le mode d'objection cependant est le même: on retrouve le même genre de problématique, la problématique de la structure du système idéel ou signifiant d'une part, de la relation entre ce système idéel et le vécu, la parole, l'action ou la création d'autre part», *Leçon sur l'histoire*, ibid., p.464.

2. 社会化的相似与区分

前面讲到口语与符合语法的书面语的区分时，就已经涉及了社会化或阶级层面的区分，这种区分是社会多样性的一个展现。对不同的语言形式，一般口语与符合语法的书面语的区分形成了各自不同的集体（collectivité）。而社会的多样性则导致了生存方式与个体认可方式的差异。有关不同存在方式的分化可从三个概念去理解：生存（exis）、习性（habitus）和社会风气（ethos）。[1]

"生存"是萨特使用的概念。可以说是一种被动的存在方式，也就是说，个体内化地生活在习俗与社会的要求中，并按照这些习俗和要求来行动。譬如作为一个集体中的个体，它们共同分享着同一个处境，生活在相同的条件下。构成他们生存的是相似的处境和社会化，也正是由于存在在这样共同的社会，他们才是集体中的成员。"习性"是布迪厄（Bourdieu）使用的概念，指的是属于同一阶级或集体中的个体在某一出生或生活条件中逐渐形成的相似性，他们具有同样的生存方式或价值体系。"社会风气"是马克斯·韦伯使用的概念，与前两者类似，是指某一特定群体（un group donné）内个体自发的精神活动，类似于黑格尔的客观道德（la moralité objective）。虽然这三个人提出的三个概念不同，但阿隆认为他们都是在试图指称某一类相同的社会对象，即本质上自由和毋须遵守某些限制的个体，在同样的处境中以相近的方式来思考和行动。而这些相近性乃是某种社会化的结果，相似的个体因而组成了集体。

集体的客观化是经验社会学的基础，社会学几乎都是以某些集体为基本出发点，把它当作自变量来确定因变量。通过现象学的方式可以描述这样的集体，而集体通过这些客观调查便俨然变成了一种社会现实。如果循着这样

---

[1] 《历史讲演录》，前揭，第367页。

的思路,还可以继续在以下三个问题中继续深入研究[①]:①在何种程度上,个体能够通过反思自己在群体中的相似性而构成一个现实的集体;②在何种程度上,属于同一集体中的个体能对其存在具有意识,而他又是如何看待这种集体的价值体系的;③在何种程度上,个体对自己与其他实体不同的特性具有意识,并认同自己的特性。对自己特性的认同是社会区分的标志,同时相同特性的人则构成一个集体。

3. 组织

组织是集体的进一步形式。组织看上去与集体似乎是对立的,因为它不再像一般的社会群体那样,在群体中个体单纯相似的集体,它同时更要求个体行为之间的配合与适应,这也就意味着群体不再是简单相似的乌合之众,而是从这一刻开始有了一个指挥系统(un système de commandement)。

集体和组织可以从有无指导系统来区分。阿隆举了两个比较极端化的例子:工人阶级与军队。一般谈论工人阶级,是指在工程中共同进行体力劳动的工人整体,他们的最大客观现实是有一些共同的存在方式。但显然,在无产阶级的领袖没有进入前,他们并没有形成一个统一的行动体(une unité d'action)。而在军队中,这就是组织的极端形式了,因为军人的天职在于服从,他们的整合性要远强于工人集体。军队是所有官僚(bureaucratie)系统中最为官僚的,而所有的官僚机构都有一个发布指挥和命令的元素存在,即便直接的领导者不存在,至少也有一个隐性的指挥意志。同样,在市场中自由行动的经济主体与最高决策者的对立也反映了集体与组织的不同。在一种情况下,经济主体对环境作出自由的反应,而在另一种情况下,大多数经济主体受高层领导者的意志影响。社会学并不仅仅研究组织机构图(organi-

---

① 《历史讲演录》,前揭,第369页。

gramme）的客观化，即确定所有的职位或它们的职能，它更是要研究在现实中，该机构图式是如何转换运作的；个体如何遵守或违背它的组织机构；个体间所建立的关系是怎样的；与其它个体的关系等。①显而易见，在所有组织中存在着一个可以从外部来研究的权力或指挥系统，它是客观化的对象（材料）。②

　　在所有的领域中，上面提到的三种客观化类型常常一并出现，而在阿隆看来，后两种类型可以归并到一起，这样，三种类型就可以划分为两种：概念体系（systèmes idéels）与行动体系（systèmes d'action）。前者包括语言、言语活动、艺术作品以及科学等；而行动体系则属于两种极端的类型：一方面是个体行为自发的行动体系，另一方面则似乎是自愿的组织或指挥的结果的行动体系。阿隆指出，所有的行动体系都在某种程度上具有集体或组织那样的元素，其中既有个体行为相互之间的自发性，同时又有组织体系的存在。

小结　阿隆的历史哲学

　　在本节的开始部分，阿隆列举了哈耶克与波普尔的"方法论个体主义"同历史主义（波普尔意义上的历史决定论，特别是指马克思主义的）主张的总体历史的矛盾。在他们看来，就算历史中有规律存在，也是关于历史的规律。科学、社会学、经济学等规律都是作为历史中的学科存在的，它们不能从整体上解释宏观历史的规律。个体主义者强调历史规律与自然规律毫无相似之处，

---

　　①　在这些关系中，正式关系是由组织规则提前预计的，而非正式关系则隶属于正式关系或正式关系以外。在很大程度上，这些非正式关系决定了个人存在于组织的方式。参见 *Leçons sur l'his-toir*, ibid., p.470.

　　②　*Leçons sur l'histoire*, ibid., p.470.

故历史规律乃是与历史中的规律格格不入的。

而阿隆所要做的是打通两种偏见：一种认为历史是完全由个体的意向决定的个体主义；另一种则是像社会学这样的宏观科学的研究。在他看来，与社会学的概念相比，个人的意向行动显然具有本体论的优先性，但是微观层面的解释并不能应用到宏观层面，因为宏观上的结果常常是与个体的意向相悖的。因而，从个体行动的客观化进行分析，有助于解释微观事件与行动整体之间的关系，并且由此能够打通两种把握历史现实的方式。这两种方式不是非此即彼的矛盾对立，而是历史诠释的多样性的体现。

就概念体系和行动体系（包括了集体和组织两种类型）而言，它们都是客观化的两大类型。概念体系，或者说概念整体，是从个人意识的客观化中产生的，但它自身又呈现出结构化和体系化的特点，具有实体性，因而它并不依赖具体的个体意识而存在，对它的分析也只能从观念整体自身开始。因而，像语言这样的概念整体乃是科学的对象，是科学研究的现实。需要说明的是，它的存在与一般的个体形式不同，不可能设想在人类还没有出现以前，语言的结构就已经存在了。然而当人类灭绝了（假设有这么一天），我们却并不能说语言也不存在了。当然，在现实性层面确然如此，但它与没有人类存在前那样的不存在又有所不同，似乎在某些看不见的地方，还是有那些已经被创造出来的语言的，作为一门没有人再说的拉丁语就是这样的"死语言"。而人文科学很多都是以这样的存在实体为研究对象的，这些学科并不以个人作为基本的研究单位。这些研究对象与个体的存在虽然不同，但并不妨碍它作为一门学科的实体性。

在行动整体中，那些集体或组织同样具有客观性。与概念体系稍有不同的是，行动体系建立在个体的行动上，通过个体与个体之间的行动和影响，呈现出集体或组织的结构图形。一所大学是由学生与教授组成的，个体的行动使得这一组织能够存在下去。然而它的构成和其中的角色要求又不是完全由个体的微观行动所决定，甚至说反倒是大学组织影响了个体的行动，它使个体具有了学生或教授等不同的角色。大学自然不能离开个人，但每个人的存在又很难具体地影响大学，从整体上看，大学乃是依靠组织的维持或者职业的分工而构建起来的。

社会科学是以这样的整体为研究对象的。一般看来，历史学似乎更多关注的是历史中的特殊事件，关注于个体的意向行动；而社会学更多的是研究宏观层面的结果。但是阿隆指出，个体的意向行动与个体意向导致的事与愿违的结果之间是有关系的，而且这也是历史学与社会科学相通的地方。

在阿隆看来，方法论个体主义（更不用说本体论个体主义）与历史决定论之间的问题，社会科学的方式所做的要比历史主义或个体主义的意向研究、社会学更为抽象的理论上或逻辑上的分析哲学都要到位。前者桎梏在个体的行动和意向上，可以很好地解释微观层面的个体行动与结果，然而在宏观层面却不能分析诸多个体意向汇到一切所产生的不合意向的结果，因为这乃是某种不由个体决定的整体自身的行动。同样，逻辑学则过于抽象，它就像历史决定论一样，意图把人文科学当作自然科学来研究，用自然规律来比照社会科学中的规律，但他们却没有发现，两种规律的差别恰恰是：前者具有永恒性，且只能被发现；后者则是人类活动自身的产物，它既可以被发现，也可以被改变。当一个社会规律构建出来的时候，人们总会找到避免该规律结局的另一种方式，而这在自然领域是不可能的。所以若说分析哲学"过"的话，个体主义则"不及"。在研究人文科学以及历史学上，既要避免"过"又要避免"不及"，如此似乎唯有社会学的方式才更为适度。但需要注意的是，阿隆并没有因此否定个体意向研究的意义，社会学的整体结构依然凭靠概念对行动个体的规定，但人的本质恰恰不在于他是一个被规定物，而在于他的自由。当我们规定"人是理性动物"的时候,有些人就可以不按照理性行动;规定"人是两腿直立行走的动物"时,他们却在儿时四脚着地。或许有人可以反驳说,没有理性的人或儿童并不算真正意义上的人,那么看起来,这里的"真正的人"只是一个概念,毕竟一个人可以不是"真正的人",但他始终是他自己,而历史就是由这些"自己"所构成的。所以在阿隆看来,这些研究方式,包括社会学的方法,都是历史诠释的某种路向,它们有适合自己研究的问题和领域,并且这些不同的研究思路正体现了历史本身的多样性。

从本体论上看,个体微观事件与意向微观事件是最终的参照,说到底人类的整体活动和历史都是由个体的意向行为构成的,这是历史主义发现的人文科学与自然科学最大的不同。科学遵循客观规律,而历史的构成主体是活生生的人。历史是人的历史,而不是自然的历史,对历史的研究就只能以人为主体。虽然历史结果并不总能符合行为人自己的意向,但与自然规律得出的确定结果不同,人并不是不能改变这些结果的。参照社会学的历史学,可以从现实的失败结果中吸取经验,"经验总是带着残酷的温柔"①,人们通过犯错的方式来学习如何避免今后的危机再现,或至少减轻同样的情况下带来的不利后果。说到底,阿隆仍旧是一个乐观主义者,他的乐观在于他坚信人类的理性。在他看来,唯有理性能反省过去的失误,总结历史上失败的原因和教训,从而避免再犯相似的错误。

即便说历史事件具有自身的结构,真正的历史科学是通过历史事件的整体结构来解释整体的发展和运作——阿隆对此有所保留,他并不认为历史学就一定要以社会学的方式——但仍然有学者坚持以叙述的方式研究历史,可以看到很多历史作品都是以某一具体事件以及关键人物为主线来展开历史

---

① 《历史讲演录》,前揭,第 391 页。

故事的。历史学家的叙述是对人类共同生活的重建,作为诸多重建历史的方式,没有理由在两种方式之间作非此即彼的选择。这两种极端的形式只是历史研究的不同方面。在阿隆看来,"社会学以超时间的结构和整体研究出发,因而就应该解释变化的是什么而不是延续的是什么;而历史学从变化的叙述开始,那就需要解释变化中延续着的不变的那个东西是什么"[1]。正是在此意义上,历史学家与社会学家体现的是二元性(dualité)而非矛盾对立(contradiction),不同的好奇心(curiosités)决定了他们不同的研究方向和研究任务。然而在这一过程中,历史学家受到了社会学家的影响,社会学家也受到了历史学家的影响,"但这两种倾向的区分是抽象的, 它们并不必然造成实践中的区别"[2]。

---

[1]　*Leçons sur l'histoire*, ibid., p.393.

[2]　《历史讲演录》,前揭,第394页。译文有改动。

第五章
对话历史哲学

存在之为存在多样地显现出来。

——海德格尔《什么是哲学?》

第一节　历史主义与历史哲学

列奥·施特劳斯(Leo Strauss)把历史主义作为政治哲学在现代碰到的最严肃的对手。在他看来,历史主义是现代性思想成熟后的结果。当代社会所出现的诸种危机:事实与价值的分离、相对主义、历史主义等,都源自于现代性问题,而它们又都与古典政治哲学向现代政治科学的蜕变历程相关。这一蜕变开始于马基雅维利,经由霍布斯、卢梭、尼采等人一直延续至今。可以说,施特劳斯对历史主义的批评,根基建立在对从现代政治思想到整个现代学科和思想道德堕落的批评之上。因而,历史主义是现代性问题的一个集中体现,是现代政治哲学抛弃古典政治哲学的一个重要标志。

在《政治哲学与历史》中,施特劳斯开门见山地表明了政治哲学与历史的决绝:"政治哲学不是一门历史学科。"[①]在他看来,历史只关注个体:个别的人或团体、个别的功业和个别的文明、从开端到结果的个别"过程"。而政治哲学关心最好政体或正当秩序的哲学问题,它超越了历史和时间。因而,施特劳斯尤其反对黑格尔"哲学就是哲学史"的说法,"政治哲学根本不同于政治哲学本身的历史"[②]。但即便如此,他并不否认政治哲学与历史相关,认为没有对各个国家、各个时代的政治制度和信念多样性的了解,就绝不可能提出关于政治哲学本质以及最好或正当的政治秩序的问题,"唯有历史知识才能防止人们将某个时代和某个国家的政治生活的具体特征误认为政治事

---

① ［美］施特劳斯:《什么是政治哲学》,李世祥等译,华夏出版社,2011年,第47页。

② 《什么是政治哲学》,前揭,第47页。

务的本质"①。但在他看来,无论历史知识多么重要,充其量也只能算作政治哲学的辅助或预备,而非构成元素。所以在施特劳斯看来,历史问题首先是由古典政治哲学的危机引起的,历史哲学不过是近代政治哲学取代古典政治哲学的一个工具或面相。

在对近代科学的批评中,施特劳斯把马克斯·韦伯作为他的第一个对手。为此,在《自然权利与历史》②中他用整整一章来分析韦伯,这是作为哲学家的施特劳斯对以韦伯为代表的社会科学家所作的全面批评。

韦伯的思想承接德国的历史学研究,他以历史学派的门徒自居,但对历史主义的态度若即若离。他不认同历史学派的原因,是由于其历史主义的不彻底:历史学派既标榜了特殊性与历史性,同时又提出了一些超历史的观点。也即是说,韦伯反对不彻底的历史主义中所隐藏的客观性以及历史进程的意义。在他看来,个别永远是个别,决不能上升为诸如民族精神之类的普遍。除了主观的或历史行动者的意图外,不存在整体历史的主体或"意义"。

科学观念的影响是韦伯反对历史学派的另一个原因。在他看来,科学独立于人的世界观,具有本体论的确定性,科学规律无论古今中外都普遍有效。对科学的信心使韦伯无法回避社会科学的困难:社会科学虽也客观和普遍,但它们只是社会科学的一个表现,是科学研究的结果或是对问题的解答。而同这些结果和解答相对应的问题却取决于研究者的兴趣和视角,即问题的提出取决于个人的价值观,而价值观隶属于历史,这也就意味着它们是相对的。

对此,施特劳斯指出,韦伯从未彻底解释过"价值",他关注的主要是价值与事实的关系。在韦伯看来,从事实中抽离不出任何价值:理解某种事实上

---

① 《什么是政治哲学》,前揭,第47页。
② [美]列奥·施特劳斯:《自然权利与历史》,彭刚译,生活·读书·新知三联书店,2003年,第37~81页。

的或可能的评价，与赞同那种评价完全是两码事。正是事实与价值的区分才令社会科学必须在道德上保持中立。社会科学并不能评判"价值关涉"所构成的对象，至多只能去追溯它们的来源。"是"与"应该"的区分乃是在现实与价值之间划定分割。韦伯秉持科学真诚的态度，坚持社会科学的道德中立原则。他之所以如此，"并不是不相信'是'与'应该'之间的根本的对立，而是他坚信，对于'应该'不可能有什么真正知识"①。在施特劳斯看来，韦伯就像尼采一样，他那些命题必然会导致虚无主义："每一种取舍，无论其如何邪恶、卑下或无辜，都会在理性的祭坛上被判决为与任何别的取舍一样合理。"②但在韦伯看来，价值却是游离于理性权能之外的。

针对施特劳斯对韦伯历史主义的分析，雷蒙·阿隆作出了回应和反驳，同时也进一步将韦伯的观点与问题一起揭示出来，并提出了一种介乎相对主义与独断论（dogmatisme）之间的历史哲学。

一、对施特劳斯的回应

阿隆是把德国社会学和韦伯思想介绍到法国的先驱。那时的法国还笼罩在传统形而上学和实证主义的思想氛围中，是他把新康德主义和现象学带到了法国。因而，在很多方面阿隆与韦伯有亲缘性。故面对施特劳斯开辟专章来批评韦伯的社会科学的思想，阿隆必须作出回应。在法文版《学术与政治》③出版之时，他专门写了前言为韦伯辩护。但需要注意的是，阿隆的辩护并不是"主义"式的，他始终不断地在尝试克服韦伯历史主义的局限。虽然阿隆也

---

① 《自然权利与历史》，前揭，第 43 页。

② 《自然权利与历史》，前揭，第 44 页。

③ *Le Savant et Le Politique*, ibid., pp.9–69.

看到了韦伯思想中的相对主义倾向,但他认为施特劳斯对韦伯的批评并不尽如人意。他评价了施特劳斯对韦伯所提出的几点批评,并意图重新使历史研究——或者说历史哲学——成为可能。

在阿隆看来,施特劳斯的观点总体上可概括为"韦伯的思想是虚无主义"。阿隆认为这一断言太过仓促。[①]施特劳斯要说的是:在价值方面若没有科学或理性的判断,那么就不再有"正当"与"不正当"的区分。但问题是,施特劳斯本人也未阐明其一再提到的"最佳政体"是怎样的、有什么特征,以及如何实现这样一个最"正当的"政体。如果韦伯可以被简单地归结为虚无主义的话,那么施特劳斯同样也可以被归为一种超历史(supra-historique)的独断论——两种论断如出一辙。因而,关键问题并不在于二人的结论如何,而应从阿隆所揭示的施特劳斯对韦伯的逐条批评来具体分析。

(一)"禁止价值判断没有意义。因为历史学家或社会学家不可能不带着他自己学科的特点来履行这一禁令。"[②]

施特劳斯在《自然权利与历史》中曾这样描述:

> 倘若他(韦伯)不是几乎持续不断地以恰切的言辞(亦即褒义或贬义的言辞)来谈到实际上所有理智和道德方面的德行和邪恶的话,他的著作就不仅是枯燥的而且也毫无意义可言了。
>
> ……
>
> 韦伯与曾以恰当的方式探讨过社会事务的每一个人一样,都少不了要谈到贪婪、寡廉鲜耻、虚荣、执着、均衡感等等,亦即要下价值判断。[③]

---

① *Le Savant et Le Politique*, ibid., p.40.

② *Le Savant et Le Politique*, ibid., p.41.

③ 《自然权利与历史》,前揭,第53—54页。

阿隆在这一点上认同施特劳斯,但他提醒读者应首先考虑:为什么作为一个如此严谨明晰的学者,韦伯竟会违背自己的操守,"无知地"实践这些道德价值呢?

阿隆指出,当叙述或阐释事件和作品时,历史学家在一定程度上不可能不带有自己的价值判断,①这是行动与思想之间的度。历史学家应当在这个度的范围内行事,尽量客观地分析对象或作品,不用"平庸""卓越"等价值标准作判断。韦伯谨遵理论的界限,他把自己保持在诸价值间形式上的关系中,借以避免价值判断。艺术品判断是韦伯运用社会科学的客观性作价值判断的一个例子。韦伯认为,在希腊艺术与印度艺术之间,②不能以某一艺术,比如希腊的审美为标准来评判另一艺术品的美丑。这种不作价值判断的看法并不意味着不区分这两种不同的艺术,希腊的建筑和雕塑当然与印度的建筑和雕塑不同。

历史学家也必然要区分达·芬奇与他的模仿者,但这种区分,在阿隆看来,与在孟买石像与希腊雕塑、波斯彩饰或意大利绘画之间的区分不同,前一情况可以有一种真品与赝品的价值区分,而后一种情况则难以建立一种等级差别。在宗教与政治方面亦如第二种情况:宗教与政治只有差别,并无同一的价值标准。因此,虽然学者们"必然"会带着某些自身的价值去叙述和评价历史,但这是历史叙述的必然,只要这些"不可避免的价值评价"掌握在某一限度内即可:在一个自身就有评价准则的领域内(如真品与赝品之间),历史学家可以不完全地保证现实的原貌;而在多样性的标准之间(如多样的艺术之间),就不能轻易去下这类价值判断。

那么这里的"多样性"是什么意思? 这就必须过渡到第二个反驳。

---

① *Le Savant et Le Politique*, ibid., p.41.

② *Le Savant et Le Politique*, ibid., p.42.

（二）"对不同时代多样性的肯定,乃是否定历史社会学自身的功用。"①

社会学家必然要用某些概念来作为解释历史或事件的手段。但如果他使用了这一概念，其所解释的事件就会与真实不同，甚至有可能发生歪曲——除非像施特劳斯批评的那样:今人对某一事件的理解胜于该事件当事人理解自身。就概念系统而言,对历史事件的理解与主体相关,理解关联着历史也关联着他所处的时代,这与哲学意图追求超越历史和当下的绝对普遍性不同。当社会学家试图建立某一社会结构时,他既构建了事件整体,使其超越了时间,同时也意味着他建构了具有历史特殊性的当下事件。

阿隆也承认,历史科学或社会科学具有普遍性,但这是一种有前提和预设的普遍性(universalité hypothétique)。这种普遍性基于一些最初的假设(hypothèses)、价值间的选择和价值间的关系等,它们并不是所有人的共识,在不同时代也有不同。可能有人会认为,数学或物理学是超历史的,只与绝对的真理有关。但阿隆指出,必须注意到自然科学与人文科学之间的一个决然区分,韦伯是这样来诠释它们的:数学或物理学的真理建立在累积之上,在不断更新的科学理论中,过去的命题在今天的科学结构里也可以找到自己的位置;但人文科学并非如此,各种问题会随着时间的改变而改变。②一个生活在 21 世纪的人,即便想要获得"普遍客观的真理",也不能始终死盯着(n'est pas tenu de s'intéresser)20 世纪提出的那些问题。这就意味着,韦伯其实发现了历史主义对进步累积论的信仰,并严格地将其排除出去。

价值关系问题并不只决定了研究对象和研究范围,它还与构建的概念模式相关。假设有一个概念整体且该整体诠释出了历史的真实,那么使这一诠释为真(vérité)的基础是什么呢? 当然,诠释应该与事实(faits)和材料相符,但

---

① *Le Savant et Le Politique*, ibid., p.43.

② *Le Savant et Le Politique*, ibid., p.44.

是根据韦伯自己的观点,很多诠释只是同手头现有的材料相符,并非真的事实。

韦伯坚持主观的感受,即历史行动者的实际经验。历史学家和社会学家的研究对象是实际的意义而非真实的意义。但实际经验是复杂的,某些历史诠释若不属于同一个内部秩序,诸种诠释结果就会散乱(incohérent)。但这并不意味着领域内的诠释没有一个共同的起点:如果人类不存在的话就谈不上人类历史——即便关于人类历史有多种不同的诠释。同样,以普遍性著称的哲学也是如此,如果该哲学或哲学家不存在的话,也就不会有哲学的历史。

阿隆提醒我们好好理解诠释的功用。为得到一个统一(unité)的结论,并不必然要肯定在本体上存在一个唯一的理念:只要诸种不同概念以某种方式组合并彼此相关,那么这些概念所组成的哲学体系也可以构成一种"历史的统一"(l'unité d'une histoire),而并非要求历史在本体上是个"一"。所以施特劳斯提到的历史多样性,其实与社会科学的相对普遍性并没有非此即彼的矛盾。

(三)"正如穿越时间的时代或制度的根本差异会贬低历史社会学,同样,根底上非理性的决定也贬低了对科学与政治之间、价值关系与价值判断之间严格区分的关注。"①

阿隆反问:如果诚实行动只是众多选择中的一个,与犬儒和伪善没有区别,那么同样,为什么就不能把政治的东西当作科学的呢? 为什么韦伯反而非要区分政治与学术呢?

有时为了理想和目的,韦伯似乎会把听从内心当作一种责任,无论此心是上帝抑或魔鬼,这样就可能导致最可怕的后果。如此看来,韦伯俨然是个尼采主义者,因为他拒绝把道德加诸在历史的相对性上。毋庸置疑,韦伯思

---

① *Le Savant et Le Politique*, ibid., p.49.

想中有虚无主义的因素,但阿隆指出:虚无主义只是他众多思想中的一个,他并非只有这一种倾向。之所以韦伯倾向尼采式的虚无主义,或许是因为与"半非意愿的结果"(la conséquence à demi involontaire)相比,虚无主义更缺少确定性的选择对象,[1]即它不可能科学地证明一种价值判断或道德命令。这样的思想受了现代自然科学普遍性的影响,韦伯也想在人文科学领域里划定类似的界限,在这个领域内来寻找与物理学类似的真理,从而把之外的非真理性学科都排除掉。所以价值问题就被排除了。

(四)责任道德(la morale de la responsabilité)与信念道德(la morale de la conviction)的区分。[2]

是否可以在本质上区分两种道德,即责任道德和信念道德呢？施特劳斯认为,只根据信念道德行动的人其实都是没有道德的。谁都没有权利不对自己行动的结果承担责任;另一方面,只关注行为的结果,而不去选择行动的动机和方式同样荒谬。实际上,人们既要通过信念来行动,同时又是为了获得结果。[3]

阿隆指出,施特劳斯的论述太过简单,以致没什么说服力。韦伯并非想说责任道德者没有信念、信念道德者没有责任。他指的是,在极端的情况下[4],这

---

① *Le Savant et Le Politique*, ibid., p.51.

② 在《学术与政治》的法文版中,责任伦理(Verantwortungsethisch)与信念伦理(Gesinnungsethisch)分别译为 éthique de la responsabilité 与 éthique de la conviction。但阿隆在文中特意用道德(morale)而非伦理(éthique)来翻译。为保留阿隆的本义,本书使用了阿隆的译法。

③ *Le Savant et Le Politique*, ibid., p.53.

④ 在阿隆看来,施特劳斯恰恰没能重视这种极端的现实性。"列奥·施特劳斯……曾经说过,马基雅维利的独创性之一就是从极端处境出发来定义政治……不幸,在 20 世纪,要想找到没有极端处境的时刻,那是相当困难的。而谈论马基雅维利又不时时关心具体的历史环境,在我看来,那就是试图走捷径,却远离了也许在马基雅维利(以及确乎在我们)看来是本质性的东西。""自我观察国际政治的 30 余年来,我不大清楚还有哪个时期,不是这儿那儿存在极端处境的。"——《论马基雅维利主义——与马利坦的对话》[收录于《法兰西思想评论》(第二卷),同济大学出版社,2007 年,第 486、491 页。]

两种取向可能彼此矛盾。为了成功，一个人既可以在信念上决不让步，同样也可以在必要时牺牲信念以赢得成功。这两种情况都符合道德，也都有可能受到另一面的批评。阿隆举罗曼·罗兰为例，罗兰是一个和平主义者和国际主义者，因其信念而一直在批评一战。从责任道德看，他有过错，因为他宣扬的"公正"打击了法国同胞的信心；而从信念道德来看，他又无罪，因为他坚守着和平与博爱的精神。

阿隆认为施特劳斯肯定也不会否认上面的两难。问题的关键在于，如何在政治哲学内为行动上的两难找一个适当的位置。近代政治受马基雅维利的观点影响很深，认为政治的本质诞生于极端状况。政治家当然应该既有信义又勇于承担责任，但当在欺骗敌人与背叛国家二者择一的极端状态出现时，哪个选择才是符合道德的呢？信念道德家会要求说真话，责任道德家会要求撒谎以保护国家利益。阿隆指出，只要选择并非出于私己之利，那么就都是道德的。

特别在政治方面，很多矛盾不可避免。因而，韦伯的结论并非全无道理。在国家间、党派间、个体间的那些政治行动大都彼此冲突。在个人灵魂与国家利益之间，也常常会有无法解决的矛盾。明智的哲学家不会介入战争，但如果有一天他从政了，那么或许他会从中学到审慎，但他绝不可能如从前那般诚实了。"拯救灵魂还是拯救城邦？"政治是战争，而普遍道德（无论是基督教的还是康德的）是和平。在韦伯的无意识里始终还保留这种普遍道德的位置，这也是为何他要区分两种道德的原因。若韦伯真是施特劳斯所咒骂的"全无心肝之徒"的话，他就不会在两种道德之间挣扎了。这就是阿隆为韦伯作的辩护。

二、对韦伯的修正

许多哲学家在考察上述两种道德间的矛盾时,都将其视作"人为设置"。但韦伯自己并不这样想,在他看来,这些矛盾构成了人之真正的(authentiquement)存在。在三个层面上他提到了这些矛盾:政治经济层面、公正与平等的基础层面以及人之存在的终极目的层面。

(一)政治经济层面的矛盾

韦伯并没有断言一切领域都不能用科学真理来评判。在他看来,科学和理性同样可以处理某些问题。比如,在政治经济领域,好的标准并不能被当作在增多某些人的满足时可以不减少其他人的"全好"。一个机构的获利不可能不以其他机构的失利为代价;全球生产的进步也不可能不威胁到小生产商的生存;增长部分人收入而不减少(或维持)其他人收入的标准,同样会导致不公,因为这种不公来自整体进步所凸现的成员间的不平等。此外,对一个人有利的标准对他人也未必同样有利。

国家政治层面也存在类似的矛盾:产品的增长与分配不平等的减缓都可以是国家发展的目标。这两种目标并不意味着要贯彻相同的政策,太坚持平等,就可能冒连累发展的风险;纠结于发展则会忽视公平,同时也可能导致只顾眼前而不顾将来的短见。

在现代大工业社会,这类冲突必然存在。但阿隆指出,这不意味着此类冲突就一定是你死我活的对立,它不排斥理性讨论与谈判解决的可能。在对一切人都有效的普遍性同每个人独自的选择之间, 有一块为理性决断留下的空间。通过理性去作决断——尽管决断仍会带来冲突——是缓解冲突的最好方式。争议与理性的解决同时存在于现代文明内部,也建立在政治体制之内。对工业文明的敌视，或无条件拒绝生产工具私有化，反对当代政治的这些行为甚至爆发革命，都不是真正的理性思考。历史本身就是由人类、党派和众神之间不断的斗争构成的。

（二）公正与平等层面的矛盾

阿隆认可政治经济层面的冲突，但是在他看来，政治层面的很多冲突根本上是不同正义秩序间的冲突。价值平等问题同样与正义秩序相关，在韦伯式的平等与有效性之间的矛盾，需要进行更深的思考。

在政治上，不同的政治家各有偏好，这种偏好的差异与科学的多样性不同，对政治决断与科学论证的混淆，来源于以下被认为"理所当然"的基础：第一，人自然上的不平等。这种天生的不平等同时也是不公正的来源。政治理论家也就因此认为必须消除掉这一自然的不平等，并通过政治实践来实现。也就是说，恰恰由于存在着自然的不平等，政治实践才需要弥补这种不平等以获得公正。第二，在精神或道德秩序方面，社会需要更多有才能的人。但事实上，为了坚守公正，受平等激情所推动的人有权抛弃某些实用的考虑，而只以平等为鹄的。古希腊雅典对卓越者的贝壳流放法即是一种体现。第三，当多样的考虑同时必要时，不承认这些考虑中的一个，未必就比承认全部更没有价值，换句话说，"极端主义者同样是适度的"（au niveau du modéré）[1]，一元论者与多元论者的主张都是平等的。

可见，这些"理所当然"的基础的来源都是感性而非理性的结果。在科学领域之外，只有选择，没有理性的判断。既然选择本质上是非科学的，那么一个彻底追随自己信仰的人就不能受到指责，即便他是被自己的信仰所驱动而引致狂热。

---

[1] *Le Savant et Le Politique*, ibid., p.61.

为了找到出路,就需要接受价值多元的观点,而不是假设它们中有不可还原的矛盾。阿隆指出,关注于所有人平等的尊严、减少经济的不平等、接受天生的不平等、对有才能者充分成长的必要支持、认同社会的等级与践行公平选举的意愿,以及通过限制权贵特权来接受统治……这些当然都要予以肯定,但若无视上面提到的这些情况,那么就不是犯了科学错误(erreur)或道德过错(faute),而根本就是无理性的(déraisonable)。

或许有人会顺着韦伯思路说:的确如此,但是为什么理智要比激情更好?或许公正与平等的准则是复合的而不是对立的;或许在具体、历史而非最抽象的原则层面上,这些命题是互相补充而非彼此对立的。在每一个人、每一个文化、每一个时代的要求里,它们都不能随便拿去相互比较。每一个存在都有自己的神,并且这些神处在争斗之中。

为了说明上述问题,就需要考察第三个对立:价值对立。它最深刻、最根本和最具决定性。

(三)价值冲突:人之存在的终极矛盾

阿隆批评韦伯不证自明地使用价值冲突概念。他没有具体证明价值冲突的根本,举的例子也没什么说服力。韦伯说过:一个东西或许恰恰因为它是不好的,所以它才漂亮,就像波德莱尔的《恶之花》那样。①但阿隆反诘道:确实,波德莱尔的作品——甚或在其创作意图上——可能没有道德导向,但事实上,《恶之花》并不是因为主题的不道德或者创作者的不道德才成为美的。在艺术作品的特别含义与以道德为倾向的最终目的之间,即在美和应当(devoir)之间,并不存在非此即彼的矛盾,它们是不同层面的东西,合在一起

---

① 《韦伯作品集》(第一卷),钱永祥等译,广西师范大学出版社,2004 年,第 179 页。《恶之花》(*Fleurs du mal*)是波德莱尔的一部诗集。

体现的也不是矛盾，而是多样。

韦伯还说，德国文化与法国文化中各自的价值差异不可解决。阿隆承认两种价值的不同，但他同时质疑，这个问题是否重要？人们确实在某些制品之间衡量高低优劣，但他们却不会想要在历史文化层面间——每个民族的人都丰富了本民族的历史，每个民族都有其他民族所没有的特点——排出一个等级。没有人会在不同的文化间去建立普遍的标准，这样的比较并无意义。

再来看韦伯最具代表性的一句话："一件事物，非但其不为美、不神圣、不善，皆无碍于其为真，并且正是因为其为不美、不神圣、不善，所以才为真；这实在是一项日常的智能。"①阿隆奇怪，为什么韦伯从这句"日常的"话里得到的不是精神世界各有自身的规律，反倒是希腊多神教唤起的一种诸神之争？

人并不能既根据神圣的要求又根据世俗的道德要求来生活。哲学家可以把人的不同成就设想为人类的丰富性。但一个社会却不能同时在行动、神圣、艺术、沉思等所有类别上全都出众。在这一意义上，历史现实一定是选择的结果，并且它否定掉的东西必然比肯定的更多。很明显，个体从来不可能实现所有的可能性。同样，每个历史文化的特殊性并不就意味着它们之间彼此冲突。菲迪阿斯致力于说清希腊雕像并不是用来反对外族的雕塑艺术，一个人选择学术志业也不意味着是反对武士伦理。

如果把对一位神的崇敬等同于反对其它神，那么诸神之间以及对诸神的信仰之间，就必然会出现战争。同样，在城邦里，公民也会出于自己的党派与目标来反对其他党派，所有的党派都标榜自己代表了最高价值；在基督教与

---

① 《学术与政治》，前揭，第179页。

罗马诸神战斗的时代,历史的参与者们相信各自这些不同立场的神,并愿意为其战斗到死;在法国大革命期间,革命者们推翻法王王座的情形同样如此;而在共产主义废除议会并国有化生产工具时也一样……无论哲学家的判断如何,历史事实总是由许多无谓的愚蠢战争写就的。在这些战争中,任何目的都不是单一的,没有不担风险的决定;不存在任何可以预测最终结果的行动。哲学家或许能在理论上看到诸神的博爱,而历史学家却会在事实中看到诸神间的厮杀。

为什么韦伯这么确定希腊众神式的冲突不可缓解?为什么他只能看到智慧者与愚蠢者、思索者与战斗者之间不可缓和的冲突?阿隆回答,因为这些冲突是韦伯自己构造的,同时也因为这些冲突是社会科学研究的对象。马克斯·韦伯有拯救哲学的热情:作为无信仰者,他有对信仰的怀乡情节(虽然真正的信仰者认为"诸神之争"是对实然的扭曲,它既没有现实根基,也不能在纯粹思想中找到它,因为它是矛盾的①),认为并且坚守了某种精神;作为新康德主义者,他热衷于政治行动,看到了在道德形式的规则与行动要求间不可还原的争斗;作为社会学家,根据价值和阐释系统,他观察到文明、人民、政党的所想与所为的分离和对立。在他的笔下,无信仰的痛苦、道德和政治的矛盾、众文化的差异都成了"众神之争"的证明。这些现象的描述,在出发点上本来为真,在结果上却得到了匪夷所思的哲学矛盾。

阿隆同意施特劳斯的看法,认为韦伯的方法论不应与哲学分离。但他不同意施特劳斯所说的:韦伯的方法论被其哲学扭曲了。的确,新康德主义的语言——区分事实与价值、价值关系与价值评判——确实妨害了理解理论的建立,这使得韦伯不能将判断与理解结合起来。但是从根底来看,这并不是

---

① *Le Savant et Le Politique*, ibid., p.66.

丢失哲学的方法论,而是一种借鉴了错误哲学的方法论。科学的界限、思想和行动间的矛盾都来自对人类状况的真实描述。分裂的哲学用一种成问题的言说方式,赋予了现实一种扭曲的形象。它预设了在政治党派或国家间争斗的非理性行为,也预设了价值与理性的分离。

三、介乎相对与普遍之间的历史哲学

施特劳斯把现代社会的价值问题归结为相对主义和历史主义,认为根底上是政治哲学这一古老问题在现代社会中的体现,在他看来,政治哲学才是一以贯之的根本问题。但阿隆从历史哲学的角度重新审视了现代历史和价值问题的危机,在他看来,历史哲学才是分析当代社会的根本出发点:

第一,韦伯以及德国的历史学派的思想是有效的,但这并不意味着历史主义就一定要抛弃追求普遍性的哲学以及价值相对化。事实上,韦伯保留着怀乡情结,因而他最终还是对其为之献身却又无法为之辩护的科学下了判断。在他看来,决断对所有人来说都是自由的,但他没有追问这样的决定是否合理,并且这种合理性是否一定不可避免地要推转到普遍原则上去。价值、信仰和文化的历史的确不同:历史学家和社会学家必须要了解这一基本事实,但他们不能将这一事实作为结论,得出多样性科学不可能的结果。

第二,施特劳斯敏锐地看到了历史主义自身的矛盾,并意图用"自然正当"来重塑哲学的普遍性。但这种重塑势必会返回到曾经决定论的路向。特别是自然法很大程度上包蕴着宗法和神学的成分,这一问题需要更多的思考。实际上,历史中的每个人,生来就被判定了"自由"。因为科学有限、未来不可预测、价值间也存在冲突,所以选择就是必然的。但阿隆强调,历史选择的必然性并不就意味着思想能够不去遵循理性而胡乱地瞎掷骰子;当然它更不意味着若拒绝选择的自由就可以获得"真理"（Vérité）。事实上，正是由于历史多样性所赋予人的自由，理性对人来说才至关重要：它是突破韦伯虚无主义和相对主义的钥匙。而这一钥匙取自于对现实的真实描述而非完美想象，它从来没有意图能够打开施特劳斯所谓的"自然正当"的大门。①

第三，历史哲学是使历史学成为可能，同时又避免普遍历史与虚无主义的最好方式。阿隆的思想受韦伯影响很深，因而在面对施特劳斯对韦伯（甚至近代历史社会学）的批评时，他会站出来为其辩护。但这些辩护并不代表阿隆是一个韦伯主义者，他与韦伯的差异，某种程度上也是与施特劳斯的相同之处，即他们发现了韦伯思想所带来的相对主义与虚无主义，并各自作出回应。只是，如阿隆所说的那样："从这些确然的发现中，他（施特劳斯）所得到的结论与我或许正好相反。"②可以说，施特劳斯借对韦伯的批评而展开了他现代科学的反思与古典哲学的转向，并最终将历史主义总结为现代性的一种体现。施特劳斯意图通过自然正当来解决相对主义和虚无主义，但同时他也取消了现代历史学的合理性；阿隆立足于理解与历史多样性的关系，以历史哲学的方式，试图找到一条在历史相对主义与历史决定论之间的理性解决之道。

历史哲学的出现为当代社会的价值多样化问题提出了解决思路。可以说，已经为人们所接受的多元文化思想，其根基也来源于历史多样性理论。历史的多样性理论丝毫没有否定历史研究与哲学研究，倒是更好地避免了两者在"主义化"过程中的走火入魔。

---

① 这一点正是施特劳斯所批评的：现代理性已经远远地衰落了，如今已没有人相信理性能够为人类最终的幸福生活提供指导，代表智慧的理性已堕落到了工具理性的层面。而在阿隆与康德十分接近（他称自己的历史哲学为"批判的历史哲学"）认为对理性自身先读的认识才是真正的理性态度。

② *Le Savant et Le Politique*, ibid., p.67.

第二节　历史唯物主义与历史多样性

　　长久以来,阿隆在左派一统天下的法国是个边缘人物。直到五月风暴之后,萨特等诸多知识分子的共产主义幻想逐一破灭,法国学界才重新发现了这个一直被视为"右派"的学者,他毕生冷峻理性,坚守着古典自由主义者流传下来的信念,将自由和人权的理念贯穿始终。从一开始,他就将民主制作为它们在现实中最好的保障,因而面对以斯大林为代表的苏维埃集权国家,他顽强抵抗,并认为在一个专制统治的国家里,这两项原则决不可能得以维护。

　　阿隆对苏联集权的反对并非流于意识形态的敌视,他对马克思主义的批评源于他的历史观。阿隆并不认同经典马克思主义者的历史决定论,他看到了这种客观化的决定论对人意识自由的枷制,因而将自己终生的事业放在了历史行动者与其所生活的历史间的关系问题上:在人类的历史中,主观的决定究竟在多大程度上可以影响历史? 抑或,这种表面主观的影响只不过是历史理性实现自身的狡计? 马克思无疑更倾向于后者,历史决定论的传统来源于德国历史学派的乐观主义,他们承认具体历史中的特殊性,却又同时坚定地信奉历史发展的乐观方向, 这一思想在黑格尔的历史哲学那里达到了顶峰。马克思翻转了黑格尔,但没有抛弃对历史进步与美好未来的乐观态度。这也就意味着他将历史中的主体压降到了次等层面,主客辩证法并不能撼动物质对意识的决定作用。可以说,正是为了重新唤起人的自由与尊严,法国一些受现象学与存在哲学影响的学者们才开始寻求一条由主体解释历史发展的道路。阿隆敏锐地发现,在这些哲学家中,他们虽个个标榜为马克思主义者,但都是从马克思的体系中执其一端延伸开来,马克思的经典早已在每个诠释者那里附上了各自的特色。对法国新马克思主义者的研究和批判,并不代表着阿隆要回到所谓的马克思的真正思想。他更深的意图在于,从诸多标榜马克思主义的继承者的背离中,恰恰可以看到马克思主义决定论的反面,即历史认识(la connaissance historique)只是一种理解和建构,人们对过去的命题或者对过去诠释所赋予的意义,同历史认识的诠释方式紧密相关。①诸多不同的诠释并不就代表着历史的相对性,每一种诠释虽然片面(partiel),但并不意味着偏见(partialité)。片面是整体的部分,背后仍然有真的元素,或者说,所谓的历史意义正如诸多诠释一样,本身就具有多样性。

一、马克思主义的经典解释

在第二国际和正统马克思主义者那里,马克思的思想被视为一种关于宏观历史发展演进的理论,它是对人类发展演进规律的肯定。马克思本人也认可了这样的说法,他时常将自己著作中的主要结论看作历史发展的规律,用以解释社会组织或者社会经济制度的发展。②关于马克思主义的历史发展观,经典解释者的思想常源于下面一些文本:

第一,在《资本论》第二版的后记中,有一篇圣彼得堡大学教授考夫曼(I.I.Kaufman)写的文章。他总结了马克思想要做的事情:

在马克思看来,只有一件事情是重要的,那就是发现他所研究的那些现象的规律。而且他认为重要的,不仅是在这些现象具有完成形式和

---

① *Leçons sur l'histoire*, ibid., p.45.
② 《历史讲演录》,前揭,第32页。

处于一定时期内可见到的联系中的时候支配着它们的那个规律。在他看来,除此而外,最重要的是这些现象变化的规律,这些现象发展的规律,即它们由一种形式过渡到另一种形式,由一种联系秩序过渡到另一种联系秩序的规律。他一发现了这个规律,就详细地来考察这个规律在社会生活中表现出来的各种后果……所以马克思竭力去做的只是一件事:通过准确的科学研究来证明社会关系的一定秩序的必然性,同时尽可能完善地指出那些作为他的出发点和根据的事实。为了这个目的,只要证明现有秩序的必然性,同时证明这种秩序不可避免地要过渡到另一种秩序的必然性就完全够了,而不管人们相信或不相信,意识到或没有意识到这种过渡。马克思把社会运动看作受一定规律支配的自然史过程,这些规律不仅不以人的意志、意识和意图为转移,反而决定人的意志、意识和意图……①

简言之,马克思想要做的就是寻找现象背后的规律,即资本主义运作的必然性,以及从资本主义转化到共产主义的历史规律。考夫曼随后补充道:

和生物学的其他领域的发展史颇相类似……旧经济学家不懂得经济规律的性质,他们把经济规律同物理学定律和化学定律相比拟……对现象所作的更深刻的分析证明,各种社会有机体像动植物有机体一样,彼此根本不同……由于这些有机体的整个结构不同,它们的各个器官有差别,以及器官借以发生作用的条件不一样等等,同一个现象就受完全

---

① 《马克思恩格斯全集》(第44卷),人民出版社,2001年,第20页。(以下简称《全集》,如无特别说明,皆出自2001年版。)

不同的规律支配。①

　　如此看来,因为社会有机体的差别甚大,那些规律似乎就只能适用于一个(un)体制而非所有(non pour tous)体制。这样的视角,颇有德国历史主义的味道。②

　　总体来说,阿隆把考夫曼的描述总结为一种宏观历史发展的理论,认为诸种社会体制都会遵循着某些规律运作。这一方式将历史现实作为客体,用一种独立于人的意识的社会关系来替换掉人类实际的历史现实。虽然人的意识与主体性并没有被排除,但却被当作浮在规律本质上的现象,真正起决定作用的是历史规律,它按照自身的规律进展,人受历史规律的摆布,虽能行动但无力改变它的本质。

　　第二,在《资本论》的第一版序言中,马克思还作了如下表述:

　　　　物理学家是在自然过程表现得最确实、最少受干扰的地方观察自然过程的,或者,如有可能,是在保证过程以其纯粹形态进行的条件下从事实验的。我要在本书研究的,是资本主义生产方式以及和它相适应的生产关系和交换关系。到现在为止,这种生产方式的典型地点是英国。因此,我在理论阐述上主要用英国作为例证。但是,如果德国读者看到英国工农业工人所处的境况而伪善地耸耸肩膀,或者以德国的情况远不是那

---

　　①　《全集》(第44卷),前揭,第21页。
　　②　因此,阿隆断言,"科学社会主义本质上是关于资本主义的科学"(le socialism scientifique est essentiellement la science du capitalisme),社会主义制度代表的是未来。马克思本人从来没有标榜过自己描述了社会主义制度的具体模样,他研究更多的是资本主义制度。通过分析其内部矛盾而得出该体系必将瘫痪,导致革命或暴动,从而认为资本主义制度必将过渡到一种以生产工具公有化、计划经济为基础的新制度。

样坏而乐观地自我安慰，那我就要大声地对他说：这正是说的阁下的事情！①

在这里，马克思集中分析了英国工农业生产者的现状，在他看来，英国是资本主义生产模式的典型。用典型案例来对生产模式进行分析就可以通达整个资本主义制度的本质运作。因而，他可以大声对那些德国读者高喊："De te fabula narratur"（这正是说的阁下的事情）。但阿隆指出，这样的高喊并不能去除一种疑虑，即如何证明英国的状况就是对所有国家都有效的典型，以及还会有哪些可设想到的变化？

第三，在《政治经济学批判》序言中，马克思将他的研究归纳如下：

> 我所得到的、并且一经得到就用于指导我的研究工作的总的结果，可以简要地表述如下：人们在自己生活的社会生产中发生一定的、必然的、不以他们的意志为转移的关系，即同他们的物质生产力的一定发展阶段相适合的生产关系。这些生产关系的总和构成社会的经济结构，即有法律的和政治的上层建筑竖立其上并有一定的社会意识形式与之相适应的现实基础。物质生活的生产方式制约着整个社会生活、政治生活和精神生活的过程。不是人们的意识决定人们的存在，相反，是人们的社会存在决定人们的意识。②

这是马克思主义客观化的另一个例子：社会体制应当适应生产力的发展，即生产关系要对应一定的生产力水平。社会存在决定了社会意识，即便有

---

① 《全集》（第 44 卷），前揭，第 8 页。
② 《全集》（第 31 卷），人民出版社，1998 年，第 412 页。

建立在基础之上的上层建筑，但还是要涉及物质基础的研究，正如马克思自己所说的，其研究的方式与自然科学相同。①

第四，另一个经典文本是《共产党宣言》，在文章开头马克思就提出："至今的全部历史都是阶级斗争的历史。"②

阿隆将上面提到的这些马克思的经典文本分成两方面：一方面，马克思主义是一种关于历史发展的规律，并且是一种科学，人能够通过将历史现实——即便这种现实是当下的经验——客体化，从而发现历史背后的发展规律；另一方面，经济和社会的体制根本上都是由生产力与生产关系所决定的。即便人能意识到自身发展的演进，以及自己生活的社会的发展演进，他也不能改变规律，而只能认识它。从这种意义上说，人的意识是由社会存在决定的。

这样问题就出现了，它集中表现为两种解释间的理论冲突：生产力和生产关系矛盾的历史客体化解释，与从阶级斗争——其中被剥削阶级起决定性作用（au rôle décisif）——来诠释历史发展的解释。历史发展一方面由生产力和生产关系的规律决定，另一方面又必须要肯定无产阶级发动的阶级斗争的贡献，马克思的后学们千方百计要调和这种二元性（dualité）。于是，他们提出了一种决定论的解释，即历史发展的规律堪比自然演化的规律。这是一种科学主义的客体化诠释。但历史规律是否可以等同于自然科学的规律，这本身还是一个有待说明的问题，因为自然可以遵循某些规律，但历史是由人组成的，历史中的人与自然事物最大的不同在于人有自由，并且正是人的自由活动才构成了人类的历史；后学们还有另一种稍微弱化的解释，这种解释没有把广泛的历史规律等同于自然科学规律，而只是提出资本主义向社会主义的

① 《历史讲演录》，前揭，第 35 页。
② 《全集》（第 25 卷），人民出版社，2001 年，第 465 页。

过渡代表了某种历史主线。这种解释具有一定道理,因为马克思本人也不曾像分析资本主义制度那样分析作为未来的社会主义和共产主义,他的着力点是指出资本主义制度消亡的必然性与可能发展的方向。上面两种解释虽有不同,但都可归为一类,即都意图强调历史规律的客观性,基本不提阶级斗争的作用。还有一种解释似乎更令人满意,这种观点意图将生产力和生产关系的矛盾与阶级斗争调和起来:在生产力发展的某时刻,以生产工具私有化和以私有制规定收入分配的资本主义生产方式,同生产力的发展出现了矛盾,从而导致生产力被阻碍乃至瘫痪。二者的矛盾呈现为越来越尖锐的资本占有者与被剥削阶级,即无产阶级的斗争,于是无产阶级起来反抗,发动了所谓的摆脱资本主义制度的阶级斗争。

法国的存在主义者们,以萨特和梅洛-庞蒂为代表,并不满足经典马克思主义者们对历史决定论的解释,他们虽与共产党建立联系,但不想牺牲人的自由意识,他们肯定历史处境与主体意识的关系,但不能接受社会存在对人类意识的"决定"作用。存在主义者们看到了生产关系与生产力的关系同阶级斗争两种解释间的冲突,并发现这一冲突背后实质乃是历史主体与历史整体之间的辩证问题。他们虽以马克思主义者自居,却意图用自己的方式来重新处理这一问题,存在主义者们的回答始于对客体化的历史与人类意识(意志)之间的关系的重新思考,他们受到现象学和存在哲学的影响,从处境而非整体的历史宏观规律,重新阐释了马克思主义的历史观。

二、存在主义化的马克思主义

萨特和梅洛-庞蒂受胡塞尔现象学的影响,两人都从现象学的"意识"(conscience)出发,从现象学的角度对马克思的基本命题作了重新概述。正因为受了意识哲学与现象学的影响,他们更侧重于从个体意识出发,而拒绝以客体化(或者说对象化)的社会存在为起点。他们并不认为历史规律与自然规律类似——这样的客观规律必然与意识的优先性存在矛盾,反对将意识压低为规律决定下的衍生物。

从总体上说,他们的工作可以概括为以下三点:

第一,两人都提出主体认识论的优先(la primauté gnoséologique de la subjectivité),①认为应当把主体放在认识的第一位。在这方面,萨特比梅洛–庞蒂更进一步,萨特把主体性,即意识或实践(praxis)的主体、行动的人,放在了本体论的优先(primauté ontologique)位置。②两人都强调主体的优先性,他们不能接受"社会存在决定意识"的说法。因为这样的决定(déterminer)代表着意识不再自由。他们认同社会存在与个体意识的互动关系。每个人都是在当下的处境中思考世界的,而这个处境也以各种方式激起(inciter)或促使(solliciter)意识去思想。但实际上为了保证意识的自由,他们甚至也拒绝"激起"或"促使"这样的词汇。

第二,认识论上的优先性也扩展到了一种存在论的优先性(la primauté ontologique)。③这也就意味着,历史本身是由人的思想或行动来构成的。所谓

---

① 阿隆在这里特意用 gnoséologique,而不使用 épistémologique 来表示存在主义者们的 "认识论"。gnoséologique 来源于 gonse,意指"玄妙""真知"。诺斯替教派(gnosticisme)就是由此而来;épistémologique 一词来源于希腊文 epistêmê,指"对理论的认识""知识",亚里士多德在《尼各马可伦理学》(1139b15)中,将其作为灵魂肯定永恒对象是否为真的三种品质之一。在后文中,阿隆用 épistémologie 指称巴什拉的认识论。为了区分,本书用"知识论"来翻译后者。

② *Leçons sur l'histoire*, ibid., p.57.

③ 需要注意,"本体论"与"存在论"两个词都是 ontologie。传统哲学中该词指本体论,但这个词在海德格尔那里,为了克服主客二分的近代思想,被赋予了一种融合二者的"存在论"含义。梅洛–庞蒂与萨特两人都受现象学与存在哲学的影响,因而他们两人更多的是在存在论意义上使用这个词。萨特在强调主体的自由方面更胜于梅洛–庞蒂,他的存在论更接近本体论的含义,故前文将 primauté ontologique 译为"本体论的优先性",以示同梅洛–庞蒂的区别。

的历史现实其实有两层含义,一层指客观存在的物体。它们并非是与主体无关的绝对客体,所有的事物都是人本化的事物(des chose hunmanisée),即使那些长期呈现在人类生活中的固定的东西,在它们的身上也带有将其创造出来的意识。这些事物都与人保持着某种关系,当它们作为人类的使用工具或手段时,才呈现出意义。它们与人共同构成历史,而历史意义只能来源于人的意向行为(les intentions humains)。

另一层指具有思想和意识的人。他们同事物一起出现在主体的视域中,并且在这样的关系中成为了主体的"物化对象",萨特正是在这一点上声称"他人就是地狱"。在他看来,意识完全是自由的,但由于每个人的意识都同样自由,它们在构造自己世界的时候也同样会被他人的意识所限制,因而意识就被物化(réifiée)或者说被异化(aliénée)了。只有在处境中被迫承担起同样作为意识对自己的束缚时,意识才重归自由;若以这种方式消融在外部与他者价值的意识中,那么它就不再自由,并丧失了自我、异化为物。

第三,梅洛-庞蒂与萨特都接受处境与主体之间的辩证关系,认为人应从当下处境的知觉(perception)①出发;同时,处境也不是一个客观的世界,它本身也因主体的存在而具有意义,处境与外物都是相对于"我"的知觉或筹划的存在,从"我"这里,事物自身的意义才得以展开。

上面所列举的几点,都带有黑格尔的特色:意识首先外化为客观现实,进而在一连串类似奥德修斯之旅的历史进程中,最终重新获得那些异化物,吸收了客观事物的全体(ensemble)。在阿隆看来,梅洛-庞蒂与萨特就是以黑格尔化的存在主义来诠释马克思主义的。他们重新发现了解释学的传统(la tradition herméneutique)。这一传统可以追溯到维柯:人在历史中发现了自

---

① 这是梅洛－庞蒂的用语,萨特常用"筹划"(projet)或"实践"(praxis)。

己,他是人类历史的创造者,他使历史世界得以诞生。同时,这个世界也在观察者的意识中,经由知觉和筹划(或实践)而重新出现并被其吸收。对解释学的重新发现就是对人类从处境来思考人所经历的历史的发现。这一发现将人的主体地位凸显出来,从而也与经典的马克思主义解释形成了张力。

(一)意识与处境的关系

若所有对历史的知觉和理解都以诠释者为基础,并取决于诠释者当下的处境的话,那么如何找到这种知觉或诠释的真实性(la vérité)呢?这样不就意味着把历史的真实分化到诸知觉的多样中去了吗?每一个知觉都与观察者的处境相关,也就意味着每种知觉都同样有效。多样的知觉与对历史全体所作的一种真实的诠释(la vérité d'une interprétation de l'ensemble histrique)便出现了矛盾。此外,如果每个人都赋予历史一种意义(un sens),那么这个历史的意义(le sens de l'histoire)又是什么呢?市民阶级赋予历史的意义与共产主义者所赋予的意义不同,说后者才代表了历史的真实意义的理由又何在呢?显然,这些问题出自意识在认识论和存在论上的优先性,并且存在多样的意识主体的缘故。当存在主义者们把历史的真实与诸多个体意识放在一起,就会产生作为历史统一体的整体与诸多不同个体意识的矛盾。

这些显然是现象学和存在主义要处理的基本问题。针对这些问题,梅洛-庞蒂仍然坚持从意识的优先性出发,他用意识主体同意识主体之间的认可,即"本真的主体间性"(une intersubjecticité authentique),来解决统一整体与主体意识的一致性。在梅洛-庞蒂看来,主体间性的最后实现才是历史真正的意义。他在《人本主义与恐怖》一书中认可了历史知觉或历史经验的相对性,并补充到,唯有历史知觉或历史经验趋向于"一种本真的主体间性"的实现,方才代表着一种意义。也即是说,唯有当每一种知觉变得互相认可时,这些历史知觉才具有真正的意义。阿隆指出,梅洛-庞蒂的观点可以表述成:

要么马克思主义将要实现——它实现了诸种知觉的彼此认可,是本真的主体间性;要么历史毫无意义——各个知觉互相冲突,难以融合。在这种情况下,梅洛-庞蒂必然要赋予历史一种(un)意义,而无产阶级运动就是践行"本真的主体间性"的运动,它超越了各种历史主体赋予他们经验过的那些(les)意义,使它们成为一个意义统一体(unité)。梅洛-庞蒂在《〈黑格尔法哲学批判〉导言》中找到了一种合理的解释:无产阶级精确说来被剥夺了一切特性,因而他们就具有了普遍性。[1]这种内在的普遍性保证了无产阶级相对于其他一切阶级(他们都带有自己的阶级特性)的特权,这使得无产阶级代表了最普遍的本真的主体间性,而他们把特权赋予了共产党——无产阶级的先锋队,从而无产阶级和共产党就代表了历史发展的本真方向。

　　萨特与梅洛-庞蒂相似,也以人对人之间的相互认可来解决主体间的相对性。他指出,每个作为主体的人都把他人当作与自己一样的主体来对待,由此他人的谋划就与自己的筹划具有同样的有效性,因而主体就会同样认可他人的筹划。他人的目光使我成为客体,就像我使他人成为客体一样。意识不能拥有他者,而只能拥有业已被客体化了的他者。通过行动中的合作(la coopération dans l'action),每个人也就承认了他者。

　　梅洛-庞蒂与萨特两人都从阶级斗争来解释马克思主义,没有分析过生产力与生产关系的问题,对马克思主义的解释是种黑格尔式的马克思主义。他们从自由意识的个体出发,从而就不会重现马克思主义的决定论或可预见性。在梅洛-庞蒂看来,马克思主义的本质在于一种处境与决定之间无尽的辩证法:一边是准客体(quasi-objet)的处境,另一边是主体的决定。但这样的决定并不是在客体化历史与孤立主体间非此即彼的选择——那是萨特哲学

---

① 《全集》(第3卷),人民出版社,2002年,第213页。

的特点。在《知觉现象学》中,梅洛-庞蒂这样写道:

> 只要不通过中介,将自在(le Pour soi)与自为(l'En soi)彼此对立起来,只要在我们和世界之间没有发现这种主体性的自然原型,建基于自身之上的前个人时间,就必须以行为来承载时间的喷涌,一切都是同样名目下的选择,呼吸反射和道德决定一样,保存和创造也一样。对我们来说,只有当意识对作为其底层结构和使之产生的事件保持沉默时,它才能具有了这种普遍的构成能力。对一种意识来说,世界"自顾前行",并且它发现世界"已然构成"并直达了意识自身,那么这样的意识,它的存在和它的存在方式都不是绝对选择(的结果)。①

当意识发现了"自顾前行"的世界,它才开始意识到自己原是处在一个世界境遇之中。它的存在并不是自己绝对自由的结果,甚至连它的存在方式也不是绝对的。在梅洛-庞蒂看来,从来没有决定论,也从来没有绝对自由的选择。主体从来不是一个物品,而意识也从来不是孤立的。这正是梅洛-庞蒂在知觉现象学方面的模棱两可性(ambiguïté)。这种主客体之间的模糊性只能在行动中被超越(surmontée),历史中有曲折,但终点则是一个对客观精神与意识两方面都满意的解释,也即人们彼此认可的"本真的主体间性"。

(二)小结

虽然梅洛-庞蒂与萨特都从个体认识入手,但两者略有不同。梅洛-庞蒂坚持主客观的模棱两可性,萨特却将人的自由提高到更为重要的本体论位置。在阿隆看来,两人所提出的基本问题是一样的:所有对历史的知觉都因观

---

① [法]莫里斯·梅洛-庞蒂:《知觉现象学》,姜志辉译,商务印书馆,2003年,第567页。译文略有改动。

察者的处境而表现出了特殊性，这种特殊性如何能够成为一种普遍性是萨特与梅洛–庞蒂共同要解决的问题。在梅洛–庞蒂那里，他通过赋予"本真的主体间性"来使诸多不同的知觉达到认同，同时也由于无产阶级的普遍性，而赋予了他们历史优先性；在萨特那里，诸个体意识同样要走向一条互相认同的道路。他认为，只要人类为了一个相同的目标共同行动，那么就可以逃脱被彼此目光客体化的可能，摆脱"他人就是地狱"的我与他者间的永恒辩证。无论梅洛–庞蒂还是萨特，他们都想与无产阶级亲近，却又不想牺牲意识。他们赋予了历史在终极意义上的可能，借以超越各种不同主体意识之间的矛盾和冲突。并且他们的前提都是：对某种处境的理解，与通过历史认识来重建该处境，这二者之间具有本质的一致性（homogénéité）。

三、阿尔都塞的马克思主义

阿尔都塞对马克思主义的解释与梅洛–庞蒂和萨特完全相反，用一句话概括他的思想就是："马克思主义是科学，而不是一种人本主义。"虽然阿尔都塞与存在式的马克思主义不同，但他没有回到马克思主义的经典解释，而是将马克思主义当作一种科学来研究，他秉持了马克思主义的科学性，却不承认马克思提出的历史发展规律。他用结构主义的方式重新诠释了马克思主义。

阿尔都塞的思想始于对黑格尔化的马克思主义的批判。因而，我们也可以理解，为何他会反对存在主义者们主张的"意识外化、异化，并在历史的终结之处找到自身"的黑格尔式图景。在阿尔都塞看来，马克思确实具有黑格尔的元素，但那是 1845 年以前的马克思。他认为从 1845 年之后，马克思就与其早期思想决裂了。1845 年是分水岭：一边是青年时期的黑格尔式或存在主义式的马克思主义，另一边则是他所声称的"真正的马克思主义"。1845 年以前的马克思思想具有三个特点，即"进化论""历史主义"和"人本主义"；而1845 年之后的马克思的思想则可以被概括为 "历史科学"（science de l'his-toire）。

（一）反对黑格尔化的马克思主义

阿尔都塞拒绝了进化论、历史主义和人本主义这三个方面。首先，在他看来，进化论如同自然科学的规律一样，意味着在历史发展中存在着某些规律，这些规律关涉社会经济和体制等方面。但这一规律其实是生物进化论在人类政治和经济社会的移植，它将人类的政治社会生活等同于自然发展，使之服从某种决定论。阿尔都塞认为，每个社会的经济和制度虽然可以作为研究对象，但它们每个自身就是一个整体（totalité），每个制度内部就有再生产的能力，自成一体的各个制度间并没有一种次第相序的生物进化规律。

在马克思那里，历史的进步是以生产力与生产关系的矛盾来解释的。这种矛盾是一个制度向另一个制度转化的根本原因。生产资料的积累、生产力的发展实际上构成了历史的前进方向，故而生产关系必须要配合生产力的向前发展，但当生产关系由于自身的结构而不能推动生产力，甚至阻碍生产力的发展时，生产关系与生产力的矛盾就会出现。革命就成为了改变生产关系的一个手段，之后重建一种不同的制度，使新的生产关系适应生产力。阿尔都塞取消了这种生产力与生产关系的规律。他认为生产力与生产关系之间存有"对应或不对应"（correspondance ou non-correspondance）两种情况。在某一制度中，生产力与生产关系对应，在另一制度中或许不会对应。两个制度的更迭不由生产力与生产关系的普遍规律所决定，这样的看法可以很好地解释，为什么革命能够发生在一些资本主义并不发达的国家。实际上，阿尔都塞使得马克思主义成了资本主义制度自我再生产的诠释理论，他消除了历史的进步性,将历时性(diachronie)的制度更迭理论转化成了一种共时性(synchronie)制度分析。

其次,在历史主义方面,阿尔都塞肯定了各个社会经济制度本身所具有的概念和规律,这可以从他"每个经济制度自身是一个整体"的思想中衍生出来。每个制度都有一套自身的运行机制和内部规律,制度间并无必然关联。历史主义肯定了不同社会间的概念与规律的根本不同(la diversite radicale),但阿尔都塞却认为在各个不同的社会制度中,仍存在着某些共同的基本概念和框架,这些基本框架是制度之为制度的必要元素;历史主义的另一个问题在于,根据历史主义的观点,各个不同的经济和社会制度的差异,意味着各时期的思想与概念也由我们生活的历史环境完全决定(la détermination intégrale),理论与思想的客观性首当归属于历史环境,即理论实质上是相对的,只适用于当下的历史处境。故从历史主义的思想中就不能得到超越历史的总体规律,历史主义若彻底下去,就不能对历史总体作出判断,历史主义理论自身就包含着不能超越去提出历史总体理论的矛盾。①

事实上,马克思从来不认为科学是历史性的,他坚信科学同意识形态的区分,意识形态属某一社会,马克思之所以批判古典经济学家是搞意识形态的人,只是因为他们的理论是错的,自己是对的,而不在于他们诞生于资本主义。马克思从来不相信在一个资本主义内生长的经济理论,不能成为一个适合于整个历史的经济科学。他本人就是一个科学得多的哲学家,他并不把历史视野当作是处境中的或是有偏见的,他相信达尔文主义,也相信经济科学,马克思早已超越了历史主义的局限性,他深信自己提出的理论是一种科

---

① 阿尔都塞对历史主义的批评与施特劳斯相似,后者在《自然权利与历史》中指出:"只有依据某一普遍的原则——它强加给个人以义务,来接受或屈服于塑造了他的传统或情势所蕴含的标准——特殊的或者是历史性的标准才能具有权威性。"

学真理。阿尔都塞对历史主义的反驳,一定程度上也发现了马克思的科学性,但他承认科学的超越性,却不承认马克思对历史规律的描述,认为这种描述仍旧是一种黑格尔式的历史哲学的变体,真正科学的马克思主义是共时性的经济体制分析。

最后,阿尔都塞所拒绝的人本主义,其实就是梅洛-庞蒂和萨特的人本主义。从两方面看,马克思主义是人本主义的:一方面,他似乎把历史现实定义为由人活生生的经验、思想以及行动所构成,另一方面,历史未来的意义在于实现人的本质,即"本真的主体间性"或人对人的认可,换句话说,历史在本质上构成了未来时间中的对人本主义降临(l'avènement de l'humanisme)的期待。而在阿尔都塞看来,历史的构成显然并不以人为基础,这一思想体现在他的关于经济体制的几个基本概念中。

(二)阿尔都塞的历史科学

对进化论、历史主义和人本主义的拒绝并没有将阿尔都塞引向第二国际的经典解释,他转到了科学研究的方向。他的科学思想吸收了马克思主义的政治经济学和系统论,以及巴什拉(G. Bachelard)的知识论(épistémologie)。

前面提到过,在梅洛-庞蒂与萨特那里,他们认为历史处境中的主体的经验知觉与历史认识之间具有同质性,阿尔都塞根本否认这种同质性。在他看来,历史是一个科学对象,对历史建构的方式同物理学家建构物理学、生物学家建构生物学对象一样——但他并未将生物学的进化论纳入到历史科学的范畴。他认为历史学家应当把知觉的现实转化为历史科学的对象,这种科学的对象在本性上与对现实的经验知觉不同。①科学在于将平常的知觉和经

---

① 这一思想来源于巴什拉,他在《科学精神的形成》(La Formation de l'esprit scientifique)一文中提到,科学的出发点不是无知(l'ignorance),而是错误(l'erreur)。科学的构建并不是从经验方式的认知出发,物理世界与感知到的物质世界根本不同。

验转化为与其本质不同的实体(des entités)，这些实体才是科学研究的真正
对象。作为科学的历史学也必须以抽象的知识概念为对象，而不是常识或经
验。阿尔都塞想要做的工作就是构建出这样一种历史科学(une sicence de l'
histoire)。他在《政治经济学批判》导言中同马克思找到了共识：

> 　　从实在和具体开始，从现实的前提开始，因而，例如在经济学上从作
> 为全部社会生产行为的基础和主体的人口开始，似乎是正确的。但是，
> 更仔细地考察起来，这是错误的。如果我，例如，抛开构成人口的阶级，
> 人口就是一个抽象。如果我不知道这些阶级所依据的因素，如雇佣劳动、
> 资本等等，阶级又是一句空话。而这些因素是以交换、分工、价格等等为
> 前提的。比如资本，如果没有雇佣劳动、价值、货币、价格等等，它就什么
> 也不是。因此，如果我从人口着手，那么，这就是关于整体的一个混沌的
> 表象，并且通过更切近的规定我就会在分析中达到越来越简单的概念；
> 从表象中的具体达到越来越稀薄的抽象，直到我达到一些最简单的规
> 定。于是行程又得从那里回过头来，直到我最后又回到人口，但是这回人
> 口已不是关于整体的一个混沌的表象，而是一个具有许多规定和关系的
> 丰富的总体了。[1]

　　在他看来，为了建构一种经济的或历史的科学，就不能从具体的现实出
发。为了思考现实，就必须从抽象(abstrait)开始。科学地理解具体的历史和经
济社会制度，必须从价值、工作、价格、剩余价值等最抽象的概念开始，只有这
样，才能够重新建构起一套经济学体系，进而重建出具体现实。

---

[1]　《马克思恩格斯文集》(第八卷)，人民出版社，2009 年，第 24 页。

　　阿尔都塞的共时性理论也与抽象概念相关。前面提到,他用共时性取代历时性,共时性理论使他将经济体制和社会形态作为历史对象来研究,构成历史的是一个个完整的对象,而不再是彼此互相关联的发展规律。这样在阿尔都塞那里,马克思主义实际上就成为了一种对资本主义制度的分析,它只揭示了资本主义的再生产理论,而不再是一种对资本主义灭亡到社会主义出现的历史规律的揭示。在共时性的科学理论中,每个社会经济体制都构成一个系统,系统内的每个元素都与其它元素相关,缺一不可。①每个元素之间虽没有一种严格的决定关系,但它们彼此关联,其中任一个变化都会对其它元素造成影响。因此,阿尔都塞实际上重述了历史唯物主义的基本概念,他认为在系统论的结构解释中,生产关系起决定的作用。他将经济作为优先考虑的元素,因而所使用的基本概念可以归结为以下三类,共五个基本概念:①劳动者;②生产资料,具体说可以分为劳动对象和劳动工具;③非劳动者,有两种不同的关系:所有权关系和实际占有。②

　　这五个概念构成了历史科学的基本元素,它们作为这些制度的基本框架,可以重建每种社会形态或经济体制,并且决定了生产模式的结构,以及社会组成的一般构造。历史科学就是对可以观察到的不同的社会经济体制变化的理论考察。

　　阿尔都塞区分了社会形态(formation sociale)和经济体制(régime économique),其实这两个概念在马克思那里并没有不同。阿尔都塞认为,经济或生产关系是一个体制的决定性诉求。他举例说,在封建社会,封建主为了获得劳动者的剩余价值(这是他们的本质的诉求),就必须用一种政治方式来

---

　　①　*Leçon sur l'histoire*,ibid.,p.92.

　　②　所有权关系(relations de propriété)是指司法意义上的;实际占有(appropriation réelle)是指从当下劳动者或直接劳动者那里以某种方式获得的剩余价值的实际能力。

实现。因为在封建制度中,物质生产过程与资本价值实现是分离的,封建主只是以地租的形式来收取租金。土地的归属源于封建的社会政治,封建主其实是通过政治保证,使地租成为一种合理方式,从而获取剩余价值。因而在封建社会,政治手段表面上是种政治诉求,即贵族通过政治军事的统治来推行某种政治,从而获得剩余价值,本质上却仍是对剩余价值的索取,即经济诉求。资本主义社会的开创性在于它将物质生产过程与资本的价值实现结合在了一起,资本主义生产模式使得劳动的生产与商品价值的实现一起归并在资本家那里,工人不再像农民那样把自己的劳动产品在实现价值之后再交给贵族或封建主。在资本主义制度中,物质转化过程与资本的价值实现在物理时间上融合在了一起,资本家无须政治保证就可以获得工人的剩余价值。因而在资本主义社会,就无须依靠政治诉求来获取剩余价值。所以无论在封建社会还是资本主义社会,经济诉求才是决定性的。在每个具体的社会制度中,或许会表现出某种其它的诉求,如在封建体制内,政治看起来是决定性的,但事实上它为经济构成所决定。

在马克思那里只有"生产模式"(mode de production)这一概念,阿尔都塞的创建在于提出了"社会形态"(formation sociale)。提出这个概念是为了调和历史唯物主义的一般公式化和更为具体的现实,它补充了生产模式是在物质生产与资本价值实现两方面来决定经济过程的。社会形态的解释能够丰富马克思主义对社会制度的分析,但它还面临着一个问题,即对马克思主义的革命理论作出解释。马克思立足于生产关系与生产力的矛盾来解释历史发展,革命使旧生产关系灭亡,新生产关系诞生。阿尔都塞用共时性理论拆解了历史的统一性,在他看来,每一个制度自身就是一个全体,结构分析就是对每个体制和运行机制的分析,那么历史上的制度之间的更迭又该如何解释?在一个机构系统内的革命又如何解释?传统马克思主义认为,革命是由于生产关系不适应生产力的发展所致,阿尔都塞回避了这种解释,他从心理分析那里得到了启发,提出革命的"复因决定论"(surdétermination)。革命的复因决定论意味着革命不再由单一的矛盾决定,它不是由生产力的发展,或者说由生产力与生产关系的矛盾所致。革命出现在某一时刻,这个时刻并不确定,它可能来自社会形态的普遍危机,既可能是政府国家的危机,也可能是政治体制或战争灾难。革命的复因决定论可以运用在任何一个社会体制的变革中,它意味着我们不能从某种单一的诉求来预见革命的爆发,它更多来源于一种不可测的偶然事件,在一种复杂的局势中,各种因素共同起作用,从而催生出一个新的形势。

(三)小结

在阿隆看来,阿尔都塞的贡献在于他超越了历史主义的相对性。他反对存在式马克思主义的根本在于认为历史认识与历史经验本质不同。历史认识不能作为一般常识和意见的对象成为科学理论的基础,否则就会附上相对主义的阴影。他重新发现了马克思主义的科学信念,并以抽象的概念重建了科学理论。然而阿尔都塞的问题在于,这样的概念是否只能归于经济体制的五个概念,这些概念是否足以定义生产模式或社会形态?

其次,阿尔都塞指出的马克思 1845 年前后的两个分期其实并不存在,他在《政治经济学批判》导言中发现了科学基础,即抽象概念,却没有看到这个 1857 年的作品同样具有黑格尔的特点。比如在对商品拜物教的批判中,马克思依然使用异化的概念来说明人,并指出只有通过消除了物品的中介,才能重新恢复人与人之间的本真关系。在马克思的思想中,并没有一边是青年黑格尔式的马克思主义,另一边是阿尔都塞所声称的"真正的马克思主义"的断裂。直到最后,马克思的思想与文本都始终伴有这两种倾向。

最后,阿尔都塞用结构主义的方式解释社会经济体制,与其说这是一种历史研究,不如说是社会学分析。他所得到的结论并不是一种关于历史发展的规律,而只是对生产模式和社会形态的分析。这种方式可以解释社会体制,但却完全没有意义,它涉及的是揭示每种不同的生产组织和社会体制的运行模式,而不是得出历史发展的规律。阿尔都塞的历史科学并不包含一般历史学家所提到的历史认识,这种历史科学与其说是一种科学理论,不如说是一种可能的关于历史的理论科学。历史学家的认识在于重建过去所发生的事,他们旨在重建并理解过去的经验和事件。说这样的历史认识不是科学是有道理的,在阿尔都塞那里,认识只有在知识层面才能成为科学,也就是说必须将历史经验和对历史的认识改换为抽象的概念,成为科学的对象,一门科学的历史学才可以成立。然而阿隆认为,历史学并不是像物理学和化学那样的自然科学。科学本身具有超历史、超时间的性质,它所描述的是普遍的规律。但历史事件必须要放在其所发生的时间与空间中的背景才有意义,历史学为了揭示历史事件的意义,必须要考察那些与历史事件相关的整体处境。事实上,阿尔都塞的历史科学与历史学家们的历史学并没有太大的关系,他的研究不是历史学,而更像是一种社会学。

四、阿隆的意图

从总体上看,与阿尔都塞的历史科学相比,阿隆会更认同存在主义者们对马克思的诠释。他自己也说过,比起正统的马克思主义,他更接近存在主义化的马克思主义,[①]但萨特的存在主义太过强调主体的自由,他不同意萨特"自由,要么是一切,要么是无"的非此即彼的绝对主义,他借梅洛-庞蒂的口

---

① *Leçon sur l'histoire*, ibid., p.74.

来批评萨特:

> 这种两难是客观思想和它的同谋——自反分析——的两难。实际上假如我们处于存在中,那么我们的行动必然来自外部,假如我们回到有构成能力的意识,那么它们一定来自内部……处境这个概念,从我们介入的一开始,便把绝对自由排除了。[①]

认同历史诠释者与处境的融合,这种方式是现象学的,我们的每一部分同时既是处境也是我们自身,萨特却把主观和客观分离到了如此地步:"要不全部,要不全无。"阿隆与梅洛-庞蒂一样,认为意识的自由具有相对性,只有处境中的自由。然而他批评梅洛-庞蒂将这种处境与知觉者的永恒辩证作为历史的唯一解释,在他看来,当梅洛-庞蒂把此类哲学辩证法当作唯一时,他就错了。历史的诠释固然因为诠释者的不同处境而呈现出诸种不同,但这并不意味着历史本身就变成了一种相对主义。梅洛-庞蒂借由"本真的主体间性"也不能解决相对主义的问题,从人对人的相互认可出发,我们无法确定到底什么样的政权才能真正实现人类普遍性的理性,除非赋予其某种运动,如无产阶级和作为其代表的共产党的某种特殊性。此外,梅洛-庞蒂相信,主体间性是由"人的普遍性"而达到的,历史的意义就存在于这种普遍认同中,当"本真的主体间性"得到了实现的时候,历史的意义也就达到了。然而历史意义这种提法本身就是一种形而上学的假设,他预设了各种意识只有在最后的自由关系中才会停止异化,只有在历史意义的终点才能找到真正的自身。这样一种(un)历史意义的说法只有在黑格尔的大全哲学中才能成立。假如历

[①] 《知觉现象学》,前揭,第 568 页。译文有改动。

史现实是由各种经验的历史构成，假如历史理解是对于各种经验的认识，假如历史与经验是同质的，那么决定论和历史规律，以及对未来的预见就都失去了合理性。历史认识并不是为了探求唯一的意义，它是为了构建出行动者和观察者对所经验的历史赋予的那些(les)意义。当然，提起某一历史现实(réalité)时，必须要承认其客观性。但历史学是对过去现实的重构，是对历史事件的还原，这种还原作为一种叙述或诠释，不能不对历史事件赋予意义(没有意义的描述本身就不是语言，只是一堆杂乱无序的字符)，因而在诠释某一历史现实或事件时就会因解释者视角的不同而产生差异。①

实际上，历史的经验者或行动者也同历史学家一样，他感知的历史也都是局部和片面的，作为事件的一个参与者，本就意味着不可能经历事件的所有方面，而历史学家也有可能在将来，由于掌握了更为丰富的文献资料，比历史的经历者掌握的信息更为详尽。再说一次，真正的历史学家所要做的，是为了呈现历史的意义，呈现从不同的知觉方式中经验到的那些事件的意义，而非从中选择出哪一种知觉才是唯一的解释。实际上，事件的真相可能正是由这些彼此矛盾的多样性组成的，我们不应因历史的行动者或者历史学家的视野是部分的(partiel)，就认为这些视角具有偏见(partialité)，从这种感知的视角主义(perspectivisme)来看，多样性的历史认识正就代表着历史本身的多样性。②

就像阿隆并未全盘否定阿尔都塞一样，他对梅洛-庞蒂和萨特的批评也都有所保留。在他看来，片面的历史解释并不代表着偏见，解释的不同恰恰代表着历史本身的多样。阿隆认为，历史认识的诠释方式一定与人们对过去的

① 《历史讲演录》，前揭，第45页。

② Leçon sur l'histoire, ibid., p.81.

命题所赋予的意义,或者说对过去的诠释所赋的意义有关。①所以马克思主义的基本命题,即有关生产力与生产关系对历史的解释,同用阶级斗争来解释历史的进程,皆可以因后学的不同诠释而产生不同的意义。阿隆并没有在第二国际、存在主义和结构主义之间作出评判,指出哪一个才是马克思主义的正统,或者直接对马克思的思想进行批评。也许在他看来,这些人都是马克思的后学,他们所争论的思想在马克思的思想中都有其来源,阶级斗争和生产力与生产关系的矛盾并不是非此即彼的, 它们共同体现了马克思的丰富性与多样性。阿隆正是通过马克思后学对马克思主义的不同诠释,呈现出了他自己对历史的理解。他没有必要再去驳斥马克思的唯物历史主义和进步决定论, 这是他其他作品的任务, 他对存在主义和结构主义有保留的认可,就是对历史唯物主义的最好反驳。

第三节 阿隆对马克思劳动价值论的诠释

在学者眼中,马克思是哲学家、经济学家、社会学家、革命者⋯⋯这些定位无不反映了其思想的博大。虽然马克思在哲学社会科学诸领域涉猎广泛,但这些学科彼此并非毫无关联:他的哲学来源于德国古典传统,关注人的异化与解放;经济学关注资本主义运行本质及其矛盾;社会学和革命理论则以上述研究为基础,揭示经济矛盾在人类社会和历史发展中的普遍性规律,最终提出共产主义设想。表面上看,从哲学思考到社会革命是一条从个人上升到社会的进路,但即便在构想理想社会时,马克思也始终没有丢弃"每个人

---

① *Leçon sur l'histoire*, ibid., p.45.

自由而全面的发展"。只不过从青年时期黑格尔式的哲学批判下降到最现实的经济层面,之后逐渐提升为社会学乃至历史哲学的研究是一条螺旋上升的路,它的起点与终点始终保持着一致。

经济学是马克思从哲学下降到现实的落脚点,如他在《政治经济学批判》序言中所说:"物质生活的生产方式制约着整个社会生活、政治生活和精神生活的过程。不是人们的意识决定了人们的存在,相反,是人们的社会存在决定人们的意识。"①因此,阿隆将劳动价值、工资和剩余价值三个理论视为马克思经济学的主体框架。②

一、价值与劳动

在《资本论》第一卷中,劳动问题跟随在价值问题之后,而价值问题则借由商品来体现。资本主义以商品经济为基础,"资本主义生产方式占统治地位的社会的财富,表现为'庞大的商品堆积',单个的商品表现为这种财富的元素形式"。因此,马克思的"研究就从分析商品开始"。③

商品首先是物品,人对物的需要使之拥有了使用价值,这里的关键是"使用",而非"价值";商品的另一属性是交换。交换意味着对等,物品虽有使用价值,但不具备交换功能;商品是用来交换的特殊物品,即具有交换价值。如此,问题就在于在交换中不同的物应遵循怎样的对等关系。不同的商品在质上存在差别,但具有交换价值的商品,只能有量的差别(异质不能建立对等交换关

---

① 《马克思恩格斯文集》(第二卷),人民出版社,2009 年,第 591 页。

② [法]雷蒙·阿隆:《想象的马克思主义》,姜志辉译,上海世纪出版集团,2007 年,第 156 页。

③ 《资本论》(第一卷),人民出版社,2008 年,第 47 页。

系),否则交换就不能发生。①因此,马克思认为交换中使用价值(质)不发挥作用,特别是没有凝结人类劳动的自然物的使用价值。②由此,体现商品交换本质的是价值,它反映的是不同商品间的对等关系,即劳动量的关系。

然而我们知道,商品往往未必是按照价值进行交换的,商品的价格会随供求情况而上下波动。在这里,雷蒙·阿隆解释道:"马克思不仅没有忽视价格围绕价值上下波动,而且还明确地肯定了这种变动。"因为波动的不稳定并非经济学规律的关注点,规律总结的是一般情况,况且价格也是围绕商品的价值上下波动,而非绝对超越于它,"如果我们像马克思那样假定人们对这一商品有一种正常的需要,那么体现在商品价格中的价值与凝结在这一商品之中的社会平均劳动量之间就会有某种比例性"③。

由此,商品便有了一个普遍的衡量尺度——"无差别的人类劳动",它体现为商品的价值。交换价值的基础在于商品有价值,而这个价值必须是由"不管以哪种形式进行的人类劳动力耗费的单纯凝结"④来标识。因而,商品在对人有用性上体现为使用价值,在能够交换上体现为价值(因为有价值才能交换),这就是商品的二因素。与使用价值和价值相对应的是劳动的二重性——具体劳动和抽象劳动。二者关系为:就有用的具体劳动这个属性来说,它生产使用价值;就相同的人类劳动即抽象劳动这个属性来说,它形成商品的价值。⑤

---

① 《资本论》(第一卷),前揭,第 50 页。

② 这也就意味着,非劳动产品(如水、空气等自然物)由于质的差异而不能作为商品进行交换。商品真正能够被交换是因为它们建立在共同的标准之上,商品间的差异只在量的多少。

③ [法]雷蒙·阿隆:《社会学主要思潮》,葛智强、胡秉诚、王沪宁译,上海译文出版社,2006 年,第 120 页。

④ 《资本论》(第一卷),前揭,第 51 页。

⑤ 《资本论》(第一卷),前揭,第 60 页。

劳动价值理论的研究为揭示剩余价值铺平了道路,进而开启了对资本主义的批判。这种批判通过以下两个方面展开:

(一)剩余价值理论

劳动价值理论为剩余价值理论铺垫了第一步,第二步则是工资理论。[1]

既然商品因价值而能交换和出售,价值又由劳动创造,那么"像任何商品的价值一样,劳动价值也是可以衡量的"[2]。资本家就按照出售给他的劳动力付给工人工资,这部分工资相当于"为生产工人自身及其家属不可缺少的商品所付出的社会必要劳动量"[3]。但马克思发现了工资理论的本质,即资本家购买的是劳动力的价值,而非劳动价值。他在《1863—1865年经济学手稿》中指出,对于按生活资料要求来领取工资的劳动者来说,他们实际上只是一种对象化劳动的人格化,"这种对象化劳动把自己本身的一部分以生活资料的形式转给工人,以便把活劳动能力并入自己的其他部分,并通过这种合并来整个地保存自己并使自己增长到原有数量以上。不是工人购买生活资料和生产资料,而是生活资料购买工人"[4],工人因此变成了与生产资料一样的工具。

马克思的政治经济学来源于李嘉图,"只要翻开李嘉图的《政治经济学及赋税原理》,阅读其中的第一章,就能找到与《资本论》相似的某些内容"[5],但"李嘉图的困难在于援引了劳动而非劳动力的价值。劳动的价值会随生产物品的必要劳动时间变换……即不管生产第一必需品的必要劳动时间如何变化,工资的交换价值的变化是十分有限的"[1]。马克思用劳动力代替劳动,不单解决了李嘉图的困难,更揭示了资本主义的秘密,将资产阶级的经济学转变

---

① 《社会学主要思潮》,前揭,第120页。

②③ 《社会学主要思潮》,前揭,第121页。

④ 《马克思恩格斯文集》(第八卷),前揭,第483页。

⑤ 《想象的马克思主义》,前揭,第148页。

为资产阶级经济学的批判。照马克思所说,既然工人不再是出卖自己的劳动产品,而是直接出卖自己的劳动,那么他就应该按照自身所付出的劳动量来取得报酬,而不是根据自己和家人的基本消费来衡量:工资是他获取报酬的目,而非所付出劳动的价值。因而,在这种情况下,工人工资并不是在支付劳动者所实际付出的劳动,而是在做一种"脱离社会交换的生物交换"②。

"马克思把劳动当作价值的标准单位,把维持工人及其家庭的生活所必须的商品当作工资的标准(或劳动力的价值)"③,劳动力与劳动的差异导致了工人工资与他实际付出劳动量的偏差,这个偏差的份额就被称为"剩余价值"④。它是"工人在必要劳动时间,即生产与他以工资形式得到的价值相等的价值所需的必要劳动时间以外生产的价值量"⑤。如果资本家能够获得剩余价值的话,那么总的劳动时间必须超过生产包含在工资内的价值所需的必要劳动时间。在马克思的时代,每天十个甚至十二个小时的劳动让他相信工人的实际劳动明显要高于社会必要劳动时间,否则资本家就必然因倒贴工资而破产。并且一些资本家的辩词也为马克思的理论提供了一个论据:利润是在最后几个小时的劳动中获得的。

资本家另一种隐藏的剥削方式是提高劳动生产率。虽然看起来劳动时间没有变化,但由于生产效率的提高,资本家能够在相对较短的时间内生产与工资的价值相等的价值,从而相对延长了生产剩余价值的劳动时间。但问题在于,这种提高生产率的方式虽然增加了剩余价值,但客观上却缩短了总

---

① 《想象的马克思主义》,前揭,第 149 页。
②⑤ 《社会学主要思潮》,前揭,第 121 页。
③ [法]雷蒙·阿隆:《论自由》,姜志辉译,上海世纪出版集团,2007 年,第 22 页。
④ 这里的原理在《资本论》中当然更为复杂,马克思是用可变资本和不变资本的区分来使剩余价值问题得到彰显。

的社会必要劳动时间,这也就是为何随着生产效率的提高,资本家能够获得的剩余价值会越来越少。因为利润率并非如剥削率般是同可变资本相比来计算的,而是包含了不变资本与可变资本的全部资本的比值。[①]资本家为提高生产率而投资生产工具属于不变资本部分,因而实际生产剩余价值的可变资本在全部资本中所占比重在减少。利润与剩余价值的增长背道相驰,利润率会随着资本投入的增多反而呈下降趋势。

整体上说,马克思的论证程序是:价值理论、工资理论,最后是剩余价值理论。三者的内在关系为:劳动价值−工资(劳动力价值)=剩余价值。资本主义通过混淆劳动与劳动力的差异,掩盖并占有了二者之差:剩余价值。在阿隆看来,剩余价值理论是一个杰作,[②]因为劳动价值理论并不单纯是一条经济学理论或规律,它"建立在属于另一个时代的本质主义(essentialiste)哲学之上:性质不同的商品只能根据它们具有的共性来衡量"[③],这是哲学的普遍性在经济学上的发挥。它思考的是每一差异个体背后共同的东西。这是最吸引哲学家的地方,[④]也因此具有了科学(普遍)性。[⑤]

剩余价值规律在总体上预示了资本主义的发展规律:首先,它解释了平等交换的资本主义经济利润来源的难题;其次,在解决这一难题时还为反对某种经济结构提供了合理严谨的依据;最后,他关于剥削的理论为资本主义经济运行的规律提供了一种社会学的依据。

另一方面,剩余价值规律也属于意识形态批判的理论,在道义上它揭示

---

① 《社会学主要思潮》,前揭,第 122 页。

② 《想象的马克思主义》,前揭,第 145 页。

③ 《想象的马克思主义》,前揭,第 162 页。

④ 《想象的马克思主义》,前揭,第 161 页。

⑤ 《社会学主要思潮》,前揭,第 123 页。

了资本家与工人之间的阶级划分和阶级矛盾。这种矛盾的出现并非由个体的主观意愿或自私所致,而是关涉整个社会结构的问题。马克思发现了劳动力与劳动的差异,由此点出资本主义生产方式的核心问题不在于资本家的残忍(尽管这种残忍也应批判),"资本家只是作为**人格化**的资本执行职能……而工人只是作为人格化的劳动执行职能"①,是这种关系把本质相同的人塑造为残忍者和被残忍对待者,使资本家和工人都背离了属己的人之本质,"异化"为对立冲突的两个阶级。

(二)异化

在阿隆看来,研究马克思首先要肯定的第一个命题即**劳动是人的本质**,甚至还应"肯定人与自然的关系,人同时据以学习支配自然力量和创造他自己的生存环境的关系,是最重要的关系"②。这一肯定看似平庸实则最为根本:劳动是生产的主要要素,是"财富的源泉",更是人的自由和本质的活动。③然而这种本质却在资本的世界中发生了"异化"(Entfremdung),异化理论是黑格尔化的马克思哲学的中心问题,④这个词在《资本论》等经济类文章中也出现过多次。它不单指经济领域的劳动的异化,还涉及更根本的人与社会的异化。

在《1844年经济学哲学手稿》中,马克思这样描述劳动中正常的异化(外化):

---

① 《马克思恩格斯文集》(第八卷),前揭,第469页。
② 《想象的马克思主义》,前揭,第14页。
③ 《马克思恩格斯文集》(第一卷),前揭,第72页。
④ 《想象的马克思主义》,前揭,第85页。

劳动所生产的对象,即劳动的产品,作为一种异己的存在物,作为不依赖于生产者的力量,同劳动相对立。劳动的产品是固定在某个对象中的、物化的劳动,这就是劳动的对象化。劳动的现实化就是劳动的对象化。在国民经济的实际状况中,劳动的这种现实化表现为工人的非现实化,对象化表现为对象的丧失和被对象奴役,占有表现为异化、外化。①

这段描述并非批判,因为任何生产实践活动都是这样的外化活动。劳动产品的产出是劳动者将自己的劳动附加在物品之上,通过劳动从劳动者那里分化出来的结果。正常的技艺与此类似,比如医生,其本职在于医治病人,这项劳动的完成是病症的消除,病人从伤病转变为健康,而劳动的结束就是健康的诞生。在劳动与劳动产品之间存在一种必然的此消彼长。

然而异化劳动不仅指劳动产品与劳动者正常分离,而且还将这种分离变成割裂甚至是排斥性的:"异化既表现为**我的**生活资料属于**别人,我**所希望的东西是我不能得到的、**别人的**占有物;也表现为每个事物本身都是不同于它本身的**另一个东西**,我的活动是**另一个东西**,而最后,——这也适用于资本家,——则表现为一种非人的力量的统治一切。"②

由此可见,在资本主义社会,异化不但使劳动变成与劳动者相割裂的东西,甚至还异化了劳动产品的占有者(资本家)。这种占有方式"表现为一种非人的"力量,即社会结构。"在当前社会中,人始终与自己疏远,人既不拥有他自己的能力,也不拥有他自己的、离他而去的产品。工人被异化了,因为他看到自己的劳动产品属于其他人,企业家也被异化了,因为他看到其产品被

---

① 《马克思恩格斯文集》(第一卷),人民出版社,2009年,第156~157页。
② 《马克思恩格斯文集》(第一卷),前揭,第233页。

运送到市场上之后,被一种不知名的运动,被一种没有人能控制的经济力量的运动带走了。"①所以异化不单发生在劳动者与自己的劳动产品、劳动者与自己的劳动活动上,它同时还出现在所有人同自己的类本质方面。②

在描述人的本质的时候,马克思主义常有两种说法:①人的本质活动是劳动;②人在本质上是一切社会关系的总和。

1. 关于"人的本质活动是劳动"

前面提到,劳动作为生产活动必然是一种外化活动。劳动者通过劳动将原料外化为劳动产品,外化的完成就是劳动的消失,劳动者与劳动产品分离。这是劳动的一个特点,它还有另一个特点,即在劳动过程中改变劳动者。劳动者通过劳动,不仅能生产出劳动产品,同时还开启了自己使用并制造劳动工具的能力。这就是"劳动创造了人本身"的含义。劳动使人不再是猿类,它启蒙了人的智识,使之学会使用工具。劳动是人最基本的实践活动,也是人最基本的存在方式。劳动不仅创造了人本身,而且在创造物质的过程中使人的本质力量得到了确证。

因而,除商品经济中的劳动二重性(具体劳动和抽象劳动)外,劳动还具有上述两个特质:它既生产外在于劳动者的劳动产品,也"生产"劳动者——劳动者因劳动而从动物变成了会劳动的人。但在异化社会中,不单劳动产品与劳动者彻底割裂,劳动者同自己的本质也分离了,他们将劳动视为一种异己的繁重压力,而不再是本质的存在方式。

2. 关于"人在本质上是一切社会关系的总和"

这句话需要重回到劳动价值理论来解释,它体现在劳动二重性的抽象劳

---

① 《想象的马克思主义》,前揭,第17页。

② 《马克思恩格斯文集》(第一卷),前揭,第164页。在这里,人同自己的类本质的异化可分为两个结果,即"一个人同他人相异化,以及他们中的每个人都同人的本质相异化"。

动方面。商品的二重性对应着劳动的二重性。二重性并不是两种劳动,而是与商品的二重性一样,指劳动的两个面相或属性。然而这里的两种属性与价值一样,也属于商品经济的范围:"劳动产品分裂为有用物和价值物,实际上只是发生在交换已经十分广泛和十分重要的时候","从那时起,生产的私人劳动真正取得了二重的社会性质"。①可以设想,在没有商品经济、没有商品交换的情况下,劳动天然的就只有具体劳动,即直接对劳动产品进行生产的具体劳动。而对于抽象劳动来说,因为不存在交换行为,也就不需要价值尺度,不需要将具体劳动抽象化为社会劳动,"使用物品成为商品,只是因为它们是彼此独立进行的私人劳动的产品","私人劳动在事实上证实为社会总劳动的一部分,只是由于交换使劳动产品之间、从而使生产之间发生了关系"。②如果商品单纯由个别劳动量决定,那么就会得出越懒惰笨拙的劳动者所创造的商品就越有价值的结果——因为他制造商品所需要花费的时间比一般人更多。但是衡量价值的劳动并不是个人的劳动,因为形成价值实体的劳动是相同的人类劳动,而"每一个这种单个劳动力,同别一个劳动力一样,都是同一的人类劳动力"③,所以商品的价值是由平均必要劳动时间,即生产商品的社会必要劳动时间决定的。④因而,劳动价值理论也就必然凭靠劳动的社会性(抽象劳动)来阐发。

　　劳动的二重性反映了商品经济中劳动的两个方面,具体劳动反映的是人与自然的关系,而抽象劳动反映的是人与人之间的社会关系。

---

　　①② 《资本论》(第一卷),前揭,第90页。
　　③④ 《资本论》(第一卷),前揭,第52页。

单个人本身的交换和他们本身的生产是作为独立于他们之外的物的关系与他们相对立。在世界市场上,单个人与一切人发生联系,但同时这种联系又不以单个人为转移,这种情况甚至发展到这样的高度,以致这种联系的形成同时已经包含着超越它自身的条件。①

这种超越就会引起社会层面的异化。劳动产品的外化社会层面将会进一步被加大:社会生产出的财富越来越多,然而这部分却作为异己的和统治的权力同劳动者相对立。社会异化的关键不在于劳动产品的**对象化**,而在于**异化**,这种异化使大量的劳动产品不归工人而归被人格化的生产条件即资本所有,"归巨大的对象[化]的权力所有,这种对象[化]的权力把社会劳动本身当做自身的一个要素而置于同自己相对立的地位"②。"从劳动的社会生产力中产生的、并由劳动本身创造的劳动的**社会条件**,不仅完全成为对工人来说异己的、属于**资本**的权力,而且完全成为敌视工人、统治工人、为了资本家的利益而反对每个工人的权力。"③

二、革命与解放

劳动价值理论、工资理论、剩余价值理论,这三个理论构成了马克思的政治经济学框架。劳动价值理论之所以重要,不单因为它是《资本论》的基础,更是因为通过劳动价值理论能够揭示资本主义运行中的根本问题,从而以劳

---

① 《马克思恩格斯文集》(第八卷),前揭,第55~56页。
② 《马克思恩格斯文集》(第八卷),前揭,第207页。
③ 《马克思恩格斯文集》(第八卷),前揭,第353页。

动价值取代劳动力价值的工资理论,将剩余价值的问题凸显出来,揭示资本主义的剥削本质。**在阿隆看来,最吸引哲学家们的东西无疑是劳动价值理论,"剩余价值概念仅仅是第三位的概念,在劳动价值理论和工资理论之后"**①。劳动问题原本并不属于经济学问题,而是哲学问题,但商品经济的运作把它纳入其中,并且在资本主义的社会结构中呈现为一种对立的异化关系。"在资产阶级经济以及与之相适应的生产时代中,人的内在本质的这种充分发挥,表现为完全的空虚化;这种普遍的对象化过程,表现为全面的异化,而一切既定的片面目的的废弃,则表现为为了某种纯粹外在的目的而牺牲自己的目的本身。"②

这一问题的解决需要依靠无产阶级的革命,③从而把"以社会的生产经营为基础的资本主义所有制转化为社会所有制",将异化的劳动产品与生产资料重新放回劳动和人的本质行为中,恢复劳动者与劳动的本质联系。"对异化的扬弃只有通过付诸实行的共产主义才能完成",它是否定的否定。

阿隆指出,在《资本论》第二版跋中,马克思认同了一位俄国作者的观点:

> 在马克思看来,只有一件事情是重要的,那就是发现他所研究的那些现象的规律。而且他认为重要的,不仅是在这些现象具有完成形式和处于一定时期内可见的联系中的时候支配着它们的那个规律。……所以马克思竭力去做的只有一件事:通过准确的科学研究来证明社会关系的一定秩序的必然性。④

---

① 《想象的马克思主义》,前揭,第 144 页。
② 《马克思恩格斯文集》(第八卷),前揭,第 137~138 页。
③ 马克思在《黑格尔法哲学批判》导言中提到,无产阶级具有革命的普遍性是因为他被剥夺了一切特性。
④ 《资本论》(第一卷),前揭,第 20 页。

这种超越经济学的具有必然性的社会规律就是历史唯物主义。

在马克思看来,不改变社会底层结构的政治革命不能使人解放,因为这类革命不解放真正的人,不解放具有特殊性的劳动者。"唯一实际可能的解放是以宣布人是人的最高本质这个理论为立足点的解放"①,"人是人的最高本质这样一个学说,从而也被归结为这样的绝对命令:必须推翻使人成为被侮辱、被奴役、被遗弃和被藐视的东西的一切关系"②。在《黑格尔法哲学批判》中,马克思也相信民主制度③是时代的真理,甚至是确定的真理。因为人是所有政治上层建筑的根源与创造者,"只有人意识到自己是长期以来他在其中被异化的所有制度的主人和拥有者的时候,他才能到达真理和意识到这种真理"④,"只有通过劳动者和公民之间的统一, 通过人民生活与政治天国的接近,民主制度才能实现"⑤。在民主社会中,劳动与劳动产品不再分离,公务员和总统领同样的工资,封建社会里不劳动的贵族也消失了,"当劳动者直接服务于集体,不再服务于生产资料的一个所有者的时候,他就成为如同公务员那样的公民,他在自己的劳动中分享普遍性"⑥。

当然,阿隆对这种直接服务于集体的"公共性"有所保留,因为他不确定这种"公共性"服务到底算是一种解放还是另一种的奴役。在他看来,马克思的思想是一种关于宏观历史发展演进的理论,这带有一种历史现实的客体化和必然性,"用大体上独立于人类意识的社会关系来取代人类所经历的现实。

---

① 《马克思恩格斯文集》(第一卷),前揭,第18页。

② 《马克思恩格斯文集》(第一卷),前揭,第11页。

③ 阿隆借托克维尔来指称,这里的"民主"表示的是一种社会状态(état de la société),而不是一种统治形式(forme de gouvernement)。

④ 《论自由》,前揭,第12页。

⑤ 《论自由》,前揭,第13页。

⑥ 《论自由》,前揭,第17页。

因此这是决定论的：意识与主体性并没有被排除，但它们被缩减为一种二等现象，因为历史规律的本质是自己根据一种严格的决定论而发展的，人类受这种规律带动、指挥、操纵，人类无力改变规律"①。马克思主义认为自由是对必然性的承认和服从，在自己支配自己命运的人类社会中，每一个人都致力于公共理性分配给他的工作。但倘若自由本是存在于必然性之外，是在保留给个人的选择和独立之外实现的，那么最终对必然性承认的"解放"也可能是另一种奴役。在对自由的理解上，阿隆与马克思不同。

三、阿隆的"马克思主义"

作为自由主义者，在某些方面阿隆必然不同于马克思主义。例如，他往往不区分苏联的具体实践与马克思的一般理论，所以对共产主义学说没有多大好感；在剩余价值理论上，他承认劳动价值理论的科学性，但对工资理论持疑，甚至用熊彼特的话把劳动力价值和劳动价值的区分描绘为一种修辞；②他对剩余价值及其利润率所推断的必然革命坚持己见，认为马克思关于资本主义的论断带着与李嘉图一样的悲观主义。③虽然阿隆也承认工人和资产阶级存在矛盾，但并"不认为我们已经发现了能够得出除了人民群众对自己的命运不满而起来反抗外，资本主义也会自行消亡的这一结论性的论证"④。他还

---

① 《历史讲演录》，前揭，第 33 页。

② 《想象的马克思主义》，前揭，第 147 页，以及《社会学主要思潮》，前揭，第 121 页。

③ 《想象的马克思主义》，前揭，第 154 页。这种悲观主义是阿隆在论述资本主义时的个人看法，他认为马克思给出的资本主义灭亡的论断是悲观的。但在马克思看来，特别是放到其历史哲学的高度来看，资本主义的灭亡并不是人类社会的终点，反而恰恰是终结阶级社会、回复人类本真历史的开始。

④ 《社会学主要思潮》，前揭，第 128 页。

以资本主义一些缓解矛盾的政策来说明,工人工资并没有如预测般下降,随着经济的发展,这种矛盾可以得到缓解。同时,人们也并不必然要在两个阶级间作非此即彼的选择,"人们有可能意识到属于一个区别于其他阶级的阶级,但是并不坚信阶级注定要投入一场殊死的斗争"①。

其实阿隆并不是不承认无产阶级和资产阶级的矛盾,他也认同价值来源于劳动,他质疑的是这种矛盾是否必然会激发革命,从而导致一种必然的历史层面的社会更迭。阿隆把马克思的历史哲学视为一种历史决定论的学说,这一学说旨在对社会结构和私有制进行理论批判,但会把劳动二重性从内在引向外在,让社会关系取代个人。他指出,1848 年之后,马克思不再强调一种彻底的革命意志,而是强调这种革命的必然性,②无产阶级的使命仅仅在于完成一种预先注定的命运。阿隆认为,克服异化问题是一种哲学思考,必须在人自己身上实现其所有的创造,不应诉求历史的必然性。可见,阿隆基本认同青年马克思的主张,这些主张偏重于哲学,在劳动价值理论以及"异化"问题上也无甚分歧。在他看来,从规律性角度对资本主义必然灭亡以及人类未来进行必然的预测,这种历史哲学令他觉得是把人类历史看作了如自然规律一般确定的宿命论。

不过尽管如此,阿隆与马克思的差异也远非通常看上去那么巨大。作为自由主义者,他关注的是个人的自由,除去自由与必然性的问题外,阿隆的主张与马克思批判"人的异化"如出一辙,甚至连共产主义社会的设想也无不是围绕自由人的全面发展而考量的。与他产生更大分歧的是以马克思后学自

① [法]雷蒙·阿隆:《阶级斗争》,周以光译,上海译文出版社,2003 年,第 53 页。
② 《论自由》,前揭,第 19 页。
③ "左派"这个名称在法兰西经历了一系列的事件和转变,区别于他国政治的独特性。在《知识分子的鸦片》第一章,阿隆梳理了左派从"反对派"一直到隐含"进步派"的历史。

居的法国的一些左派学者③及苏联模式,他通过对这些"马克思主义者"的批评,认为马克思的资源是丰富且不能割裂的,在这一意义上他要求重新回到马克思。

阿隆在两个方面与马克思保持了一致:一是人的自由本质与劳动的异化,二是思想与行动的统一。他曾不止一次把自己称为马克思主义者,马克思一旦确定了自己的原则,就把主要精力和时间用于撰写《资本论》,致力于研究资本主义制度的社会经济。"我从来没有把哲学和政治、思想和介入割裂开来,但是,我比他们(法国存在主义者)花费更多的时间来研究经济和社会机制。在这个意义上,我认为,我比他们更忠于马克思的启示。"①阿隆认为自己更像马克思主义者,他"承认只有哲学学说才能确定历史的意义。为了确定一种普遍有效的历史意义,革命不应该是诸事件中的一个事件,而应该是一种对哲学问题的解决"②。这很自然地让人联想到马克思在《关于费尔巴哈的提纲》中最后的话:"哲学家们只是用不同的方式解释世界,而问题在于改变世界。"

---

① 《想象的马克思主义》,前揭,第 2 页。
② 《想象的马克思主义》,前揭,第 19 页。

第六章
雷蒙·阿隆与历史哲学

人们自己创造自己的历史,但是他们并不是随心所欲地创造,并不是在他们自己选定的条件下创造,而是在直接碰到的、既定的、从过去承继下来的条件下创造。

——《路易·波拿巴的雾月十八日》

第一节　历史的多样与统一

历史确实奇妙。撇开诸种关于认识和建构方面的含义,单就历史事实来讲,它本身就包含了某种矛盾和统一的东西。

一方面,历史必然意味着变化。如果一件事物从头到尾从来没有任何改变,那么就意味着它是一个恒定不动的存在,时间的先后都无任何表征,也即只是一个非历史的,或者说超历史的存在物。故历史必然首先指的是时间层面的过去,它不同于现在,是以现在为视角的对过去的审视。而一个没有时间性的恒在,就没有所谓的过去、现在和未来,它的过去就是它的现在,同时也是它的未来。所以这样一个恒常存在不曾改变的存在体并不是一个具有历史性的存在。这种无历史、无时间的存在唯有"上帝"这样的超验实体,因为上帝是外在于时间和历史之外的。①

严格说来,某些被动的自然存在也不能说有历史。这里"被动"的意思是指,完全符合物理自然的机械运动,比如水从高处流到低处,从液态凝固为冰或蒸发变成气。除修辞或比喻的使用外,也不会说此类自然存在物有历史。一个历史存在物,必然要有时间的积淀与改变,而这些改变不同于某些恒定的自然规律。所以历史与自然确实存在着张力。在最原初的意义上,历史就是指人的历史,人才是历史的主体,也只有人才真正体现了他异于某些自然生物的存在方式。他甚至与一般动物也不同,因为人类拥有自由,这使得人的历史不再类似于自然实体或动物那样严格符合所谓的规律或本能。

---

① 关于上帝和时间的关系,可参见奥古斯丁的《忏悔录》卷十一。

人类的历史中当然包含这些规律,但(除了决定论或独断论)很难断言历史就由某一规律来决定。因为一旦当某些源自规律所得出的结论被历史的主体(人)所反思或认识到的时候,他就会有改变这个结果的意向和行动。而这种意向和行动是与自然机械运动不同的,它是自由的,在最低限度的意志方面更是如此。①

另一方面,历史又必然是"一"而不能是"多"。当我们指称某一或某些事件为历史事件的时候,它必然具有统一性。也就是说作为对象的基本存在首先是个统一体。比如,我们会把1937—1945年间一系列的战争综合起来,称为"全面抗日战争"。虽然细节方面的具体战争各不相同,甚至彼此并无直接关联,但当我们去研究抗日战争史时,这些事件则共同形成了一个整体性的统一体。统一也就意味着一个历史实体,且不论这个历史实体究竟是客观的还是人类意识的构造。因为即便是意识构造的统一,也绝非任意而为。没有人会随意把山峰与人类的过去"统一"为人类史,山峰与人类并不具有构成历史的共通性或相似点——除非我们写的是一部地球史或宇宙史。②

从历史的这两方面看,它既是某种"变",同时又是"一"。可谓形散神不

---

① 所以可以想见,为何阿隆始终要高举"自由"这面大旗,就像他认为人是历史的主体,而历史具有自由的特征一样,人的本质也不能缺少自由这个根本元素。

② 从这种意义上看,严格说来也不可能有一部统一的宗教史。任何两种或以上的宗教在教义上就不能混同,伊斯兰教与佛教决不可能放在同一部历史中,一部所谓的宗教史必然是非宗教信仰人士完成的作品,而它必然也只能是一部谱系史——即只是从诸宗教信仰维度来构写的——而非统一的宗教史。

散,貌离神不离,而这正就是统一历史的多样体现。①阿隆毕生想做的就是要揭示历史的这两方面特点,他既要抵抗自然科学对历史人文学科的压榨,意图从历史决定论中挖出某些"非决定"的自由因素——这正是历史主体之作为历史主体的本质,同时又要防止这种自由和多元的滥觞所可能导致的历史相对主义。

第二节　理解与建构的历史哲学

一、历史与哲学

当历史与哲学重新一起出现时,"历史哲学"的问题,或者说历史与哲学的问题就又一次引起了人们的思考。据说,最早使用"历史哲学"(la philoso-phie de l'histoire)这个称谓的人是伏尔泰,这本是他一篇文章的标题,后来收录到了《风俗论》的导论中。那时正值启蒙理性大兴其道的时期,几乎所有学科为建立坚实的基础,都必须以科学的态度,从理性的角度去进行审视和考察。那时哲学其实就是科学的代名词,所以隶属于诸种学科的历史与哲学

---

①　阿隆在《历史哲学导论》写作时期,常常混用历史的多元性(pluralité)和历史的多样性(diver-sité),但在后期,他使用"多样性"更多。其实,当他强调多元的时候,恰恰针对的是当时一元决定论的历史观。虽然这样看上去有点矫枉过正,"多元"似乎有些远离历史统一而偏向相对主义,即存在的是多元的(底)历史而非历史的(底)多元。但在笔者看来,阿隆意图克服历史相对主义就必然要肯定历史的统一性,而"多元的历史"其实更应写作"历史的多元"或者"历史的多样性"。如果排斥掉历史的"一"而用"多",那么历史的建构意义也就没有了,人们看到的仍旧是一盘散沙的事件,甚至连这些事件都会再分散为各种多元的个体行动。

的相遇就在所难免。伏尔泰正就是用一种哲学(科学)的方式来重新建构历史的。在他看来,唯有科学的历史才是真正的历史,他要求运用理性来批判和吸收历史中的合理元素,而非重复古书里的传说和故事,经过批判和挑选才能"整理出人类精神的历史"①。所以伏尔泰的本意应该是用哲学的方式来建立历史学。在这里,历史与哲学的关系已能窥见一斑,即历史学作为一门学科,应当运用哲学的理性和批判的方法。历史始终还是根本,哲学则是科学研究的方式。后来,英文 the philosophy of history 也是对法文构词方式的对译,若直译为中文的话,应该是"历史"的哲学,也就是说,哲学是隶属于历史的,而不是将历史做形容词解,指"历史的"(historical)哲学。所以历史哲学并不是像政治哲学那样,被视作哲学中的一个分支来看待,它其实是指用哲学的方式来研究历史。②而德文 die Philosophie der Geschichte 则更好地体现了哲学与历史的关系, 在这里,der Geschichete 表示为第二格 (属格), 意即 Philosophie 是归属于 Geschichte 的。

这样看来,历史是高于哲学的存在,它凸显了历史对哲学的统领作用。然而古典对历史与哲学的态度是完全不一样的,或者说,现代对历史学的看法乃是古典的返转。在亚里士多德那里,历史比诗学还要低——它甚至算不上一门学科,最高的学问是哲学。但在近代,任何人文学科都有自己的历史,且成为研究必不可少的前提,哲学同样也被收归进来,哲学史(the history of philosophy)就是关于哲学从古至今发展的历史。哲学史的构建(la constitution d'une historie de la philosophie)需要一种哲学来支持,而这种哲学同样需要根据历史(historiquement)构建起来。

---

① [法]伏尔泰:《风俗论》,梁守锵译,商务印书馆,2009 年,序言,第 2 页。
② 即历史为体,哲学为用。

历史的哲学(philosophie historique,即具有历史的哲学)从某种意义上讲也是历史哲学,只要它不把自己定义为人类整体的全部图景,而是作为一种对现在或过去的诠释,它与存在哲学的概念相关,或者说是一种与其所揭示的时代以及所预知的未来密不可分的哲学概念。换句话说,历史哲学是哲学的本质部分。①它既是引言,又是结论。作为引言,为了思考人类的命运它必须要理解一个时代或者整个时代的历史;作为结论,没有人的学说就没有对人发展的理解。如果推断下去,两者似乎矛盾,但是将生命与精神在自我意识里辩证地结合起来就可以发现二者的联系而非冲突了。自我意识存在于历史中就将成为真理的尺度。②

历史与哲学重要性的翻转一方面有利于历史学的崛起,另一方面却也造成了过度重视历史的历史主义。历史主义用变动来看待一切,甚至在哲学方面那些曾经非常普遍和有效的命题,一旦放置在历史中就会失去作用。因为一旦成为历史,也就意味着它们不是永恒而是暂时的,这样,一切有关真与善的传统价值观都在历史的洪流翻卷中沉没了,人们原本所遵从的道德和习俗,如今已经成为了相对有效的东西,任何人类存在的稳定性的基础都被历史取消了。这就是现代价值伦理和真理问题的危机,也是历史相对主义所带来的最大危害——虚无。

历史主义为历史主体找到了自由,但是这种自由演变成了泛滥和无度,其实古人并不是没有看到这种混乱,只是它们相信有某种 cosmos(宇宙、秩序)的存在,这种东西是由 logos 最后兜底和把持的。太初混沌,但人并非依

---

① 我们在黑格尔的《历史哲学》这本书中也能看到这种观点,人类的历史经历了四个阶段,即东方、古希腊、罗马最后到日耳曼世界,历史达到了其顶峰,意即最高的阶段:哲学。在这里,历史与哲学实现了同一。换言之,正是在历史之中,精神才得以展开自己,达到了其最高阶段:哲学。

② *Introduction à la philosophie de l'histoire*, ibid., p.14.

靠混沌来生存,必须还要遵循秩序。因而,对历史的节制,也即历史哲学就必然需要重新发挥作用。这种新的历史哲学与伏尔泰提出的历史哲学不同:旧的历史哲学乃是一种科学的历史——历史主义恰恰是在同科学实证派的斗争中取得的胜利,从而跳到了它的对立面上。在某种程度上,历史主义与科学主义是一枚硬币的两面,而阿隆的历史哲学是要在二者之间找到平衡。他反抗科学实证方式对人文学科(不单是历史,还有文学、哲学、宗教等)的压榨,同时也在警惕历史主义可能造成的相对化倾向。这是他始终坚守自由和理性的根本原因。

二、理解与建构的统一

在博士论文阶段,阿隆研究历史哲学(特别是以理解为基础的德国历史思想)有其特殊意义。在当时,法国的学术环境还笼罩在实证主义一统天下的氛围中,历史决定论尚为显学,从阿隆参加博士论文答辩时的几位老师的身份和反应就可窥见一斑:当时在座的几位老师都是实证主义的代表,他们难以接受没有“决定”的社会学、历史学的观点,在他们看来,阿隆简直是个“异类”,他接受过巴黎高师的传统实证教育,但却完成了一篇对他们来说非常陌生的论文。阿隆的论文强调历史主体的理解作用,他旨在通过理解历史的“为什么”,从而解析每一个历史主体的人的自身命运,甚至还要征服它。阿隆认为每一个人自己就处于历史之中,永远不能把人自身的存在从历史中抽离出去,用宏观的历史决定论来取消个体的因素。在他看来,并不存在一个所谓的历史实在(realité),我们所说的历史其实都是它简单的忠实(fidélité)再现。因为历史实在是属人的,故而它具有某种确定和自由两方面的模糊性,并且无法穷尽。①对历史的研究并不是根据一个"先验"的标准去衡量历史的知识。阿隆所做的是运用一种描述的或者说现象学的方式,把从对自我的认识到对集体变迁的认识这一自然过程呈现出来。这绝不意味着将科学与事实分离。因为人类从过去获得的意识,正就是历史自身的本质特征。②历史对于人来说并不是外在的东西,而是人类存在的本质。人并不只是生活在历史里面,他还带着自己对历史的探究与反思。③

阿隆的论文"旨在确定,至少在很大程度上,历史认识的主体并非是一个纯粹主体,也不是一个超验的我,而是一个活生生的人,一个有历史的我,他想要理解自己的过去与周围环境"④。哲学家在思考自身时,也在思考历史学家,他意识到了自身的历史性,同时还在不断地想要超越这种历史性。⑤与自然主义和科学主义者不同,阿隆并不把这种认识等同于科学解释,而是将之归为理解。理解与解释的区分首先来自人文学者,德国历史思想家德鲁伊森于 1858 年第一个使用"理解"和"解释"这对范畴来分别指称史学与数理科学的不同。此后又有狄尔泰的名言"我们解释自然,对人则必须去理解"。直到当代,德国哲学家冯•赖特(Von Wright)和阿佩尔还分别于 1971 年和1979 年各自发表了名为《解释与理解》和《理解与解释》的理论著作。解释涉及的是因果性,理解涉及的却是意义。⑥前者是主体对客体的外在认知,后者则属于主体间性,如果说人是一个历史性的存在的话,⑦那么人对历史的认识

①　*Introduction à la philosophie de l'histoire*, ibid., p.147.
②　*Introduction à la philosophie de l'histoire*, ibid., p.1.
③　*Introduction à la philosophie de l'histoire*, ibid., p.2-3.
④　*Introduction à la philosophie de l'histoire*, ibid., p.443. Annexes(附录部分的答辩摘要)。
⑤　*Introduction à la philosophie de l'histoire*, ibid., p.3.
⑥　周建漳:《历史及其理解和解释》,社会科学文献出版社,2005 年,第 32 页。
⑦　参见海德格尔《存在与时间》历史性部分。

其实就是对自我的认识,这种认识是一种具有内在性的反思认识。

理解主要指向的是内在的心理过程,是自己明白。它是解释的基础和前提,同时,理解也不同于移情。伽达默尔说:"理解不是心灵之间的神秘交流,而是一种对共同意义的分有"[1],这种重演实为理性之重构,而非情感、情绪的传染。解释则在自己明白之上兼有向人解说,使人明白之意。阿隆在博士论文的答辩时也曾指出,理解并不是一种要在表面上取代先验建构(construction)的尝试,而是要致力于在显示研究中提取其内在的可理解性。

在这些实证主义的教授面前大谈人的理解,难免不会令他们将此观点视作主观主义或相对主义,阿隆在博士论文中也特意强调:事实应当作为历史学家最基本的道德,并且要把历史认识设想为对过去真实面貌的重建。[2]其实从理解的认识层面看,它无疑就是一种建构,理解就是对他者意识或者对源于意识的作品的重建(reconstruction)。而问题的关键在于,这种理解和建构的客观性在哪里?科学真理脱胎于创造它的人的意识,因为在某种程度上它的价值是永恒的;那么历史的理解和重建是否也同样如此,也是历史学家视野的自我表达和再现?它的客观性在哪里呢?或者用康德的话说,先验的确定性在哪里呢?是不是与自然科学一样,按照一定的增长和节奏发展,抑或是社会由自己来选择书写历史,也即过去是自己创造的?

阿隆的历史哲学被称作批判的历史哲学,可以看出他受益于康德的批判哲学,所以阿隆对历史的哲学考察也可称作历史理性批判。这种批判首先悬置了"历史事件"本身:历史就是一个难以企及的物自体,我们所谓的历史其实是对历史的认识。这些认识在多大程度上具有客观性,这就需要考察理性自身的限度问题。阿隆的历史哲学就是这样一种以康德批判哲学的方式来

---

① ［德］加达默尔:《真理与方法》(上),洪汉鼎译,上海译文出版社,1999 年,第 374 页。

② *Introduction à la philosophie de l'histoire*, ibid., p.5.

考察历史认识可能性的研究。与先验自我的构成性相似,构成历史认识的基本元素就是理解,但这个理解不是先验的自我,而是个体,或者说是历史行动中的人。历史并不是作为与先验自我相对隔离的物自体,而是类似于实践理性一般,行动的个人正是在历史中活动并创造历史的。这样说来,历史认识与作为物自体的历史就是一种交互的运动。而把握认识与物自体之间的界限就是历史哲学的限度。从历史认识的构建上来看,理解正是行动者最初的历史认识,而理解必然也是对历史事件的重构。恰恰是作为一种重构,历史才成为历史行动者的对象与行动者联系起来。而作为理解的元素——概念——也并不是随意而游移的,概念具有确定性。重构似乎类似于回忆(souvenir),但理解需要以符号(signe)为中介,对符号本身的诠释,以及从符号到指涉物的推理都增加了更多的维度。此外,理解也具有多样性的特点。但这种多样性和维度关涉的是视角的不同,并非指历史本身的多元或相对主义。如同社会学所依托的是基本概念所构成的系统解释一样,在阿隆看来,历史哲学也是这样一种以基本概念为元素的历史重建。从这种意义上说,阿隆的历史哲学也是一种历史社会学。而概念的确定性(不是固定性)则体现着历史哲学作为科学普遍的特征,它既不是历史主体的相对主义,同时也不会得出历史决定论的必然结论。在历史哲学与科学实践的关系问题上,阿隆指出,哲学的真正问题并不关注事实的建立是否科学,而是关注对过去的重构。

阿隆历史哲学的思考起于博士论文,从此就从未间断过。纵然在二战后他容身社会与政治活动,但是对历史的哲学思考从来未曾间断过。博士论文不但是他历史哲学研究的导论,而且也是政治思考的引言,因为它请人们抛弃抽象的空想,去探究"决定各种可能性选择的实质(contenu véritable)",即它们是被现实本身所规定的。①历史哲学的意义并不局限在历史领域以及哲学思考,它本身就是人类活动本身。人是历史的主体,人过去的活动构成了历史,而历史构成了人的本质。一个没有历史的人只是一个物理和自然意义上的肉身生物,唯有经历了历史而积淀下来的文化、思想以及各种精神,才使人类社会成为一个区别于一般生物群落的文明体。如果说哲学本质上是对人自身的认识的话,那么历史就是人类的自身,而对历史的认识,其实就是"认识自己"。

第三节　历史哲学:温故而知新

　　历史从诞生之初,就与哲学产生了千丝万缕的关系。如果追溯到人类原初的记忆和文明的话,历史无疑远早于哲学。人类对自我的反思和记录其实就是最初的历史萌芽。只是在文字尚未发明之时,它以一种更为朴素的口耳相传的方式留存下来。而一旦这种对人类自我进行反思的意识开始了传递,人类作为一个整体的历史可以说就已经开始了。

　　另一方面,倘若从哲学最本初的含义"爱智慧"以及"认识自己"的方面来看,历史是人最早对自我认识的爱智行为。直到今天,我们纵然在认识自然和改造自然上取得了长足进步,但是我们对自己的认识与前人并没有什么提升和飞跃。这样看来,似乎唯有人类创造的科学才真正具有"历史",人对自身的认识似乎并无进步。相对于"唯有人才具有历史"的说法又实在是吊诡且讽刺。

---

① *Introduction à la philosophie de l'histoire*, ibid., p.443.

　　话分两头,在哲学尚未诞生的时候,历史无疑承担了爱智慧的活动,睿智的老人拥有的不仅是自己多年积攒下来的经验,还有更为宝贵的前人留下来的记忆。然而就像故事和传说必然会有修辞和夸张一样,古老的历史也夹杂着各种奇闻轶事。无论是荷马史诗的英雄神话,抑或是赫西俄德诸神的谱系,或者是悲剧诗人笔下的王者僭主,甚至是希罗多德记述的希波战争……里面都充满了瑰丽引人的传奇,它不单不会影响历史的教育意义,又更因其不同寻常的故事或情节而引人入胜。哲学的出现多少扭转了历史学的这种倾向,修昔底德的历史(准确地说是"志")有意回避了希罗多德的"探究"(histotia),改用"叙述"(narrative)来讲述伯罗奔尼撒战争。他最不满意的是前人对历史掺杂的很多传说与不可信的故事,用今天的话说,是不够"科学"。

　　哲学的出现似乎就要同科学和真实建立关联,而从此后发生的事实也可以看出,它尤其与科学紧密结合起来。在亚里士多德的《尼各马可伦理学》中,亚氏所列出的灵魂追求真的方式之一就是"科学"。

　　从中世纪到近代人类历史的进步,与其说得益于哲学,不若说得益于科学。是科学使人类从"蒙蔽的宗教与信仰"中找到了理性之光,而在基督教的影响下,与故事联系紧密的历史也同基督教一起被科学和理性祛魅了。因而,在笛卡尔抛弃了历史之后,伏尔泰主张用一种哲学(科学)的方式来改造历史学,名之为"历史哲学"。从此,以"历史哲学"为名行"历史科学"之实的一门新兴学科出现。已经作古的修昔底德这时或许可以含笑九泉了吧。但他想要揭示的"人的本性"问题,却被一味向外征服自然并取得卓越成果的科学淡忘了。从某种程度上说,这种胜利反而助长了我们尚未清楚认识到的人类内在本性中的某些东西——卢梭将其称为"虚荣"。

　　摆脱了宗教的束缚,历史问题以一种世俗化的基督教形式进入人类视野。卢梭把自然人到文明人的进程看作是人类历史的发展。这条路类似于基督教所说的人类从伊甸园到最后的救赎之路，只是在这条路上，拯救人类的不是上帝，而是理性。

一旦被囊括进历史的洪流，似乎人类所有的创造与文明都难以孤帆远航，不得不随波逐流。在哲学压制了历史千百年后，历史以更为汹涌的洪流将其淹没。历史主义似乎把人类一切积淀下来的东西都冲散了，那些曾经被视为"经常"的真善美的价值观念被历史的"权变"所取代，一切都变得平庸和相对。这样的危机一直延伸到了今天……

历史与哲学这本于同源的兄弟，为何在历史的进程中相煎太急？似乎唯有一方吞噬掉另一方，才能解决二者的不同与分歧：历史学家从来看不起哲学家，认为他们好高骛远，两脚悬空；哲学家也看不起历史学家，认为他们死抠细节，冥顽不灵。确然，历史留给我们更多的是失败的经验，而不一定是成功的结果。聪明的人可以从中吸取教训，狡猾的人可以从中学到权术，悲观的人则从中学到了苦难和绝望……而哲学，同样应当敢于将眼光放到自己的历史中，正视这些事实上的失败、卑鄙、苦难和绝望，从而寻找改变这些不幸的方法，吸取教训，扭转自己本性的弱点和不足。这才应是历史对我们最有意义的地方：①以史为鉴，可以知兴替；以人为鉴，可以辨得失。而历史，不就是人的历史吗？

本书简单梳理了雷蒙·阿隆的历史哲学问题，其实它只能算作是笔者对更为广阔的历史哲学谱系的一个导言。它初步呈现了阿隆历史哲学的概况，但更多地则发现了很多问题，譬如古典的历史研究是如何在 16 世纪，经过众

---

① 可对观尼采的《历史学对于生活的利与弊》，收录于《不合时宜的沉思》，李秋零译，华东师范大学出版社，2007 年。

多史学家的影响,演变为今天的历史意识和历史哲学的? 历史为何在古典时期默默无闻,经由文艺复兴(恰恰是意图复兴古典思想的运动)又重新焕发出了冉冉生机? 为何经由历史学派的发扬,竟又走上历史主义的相对主义和虚无主义的道路?

从古典到现代政治哲学的考察或许能为这一疑问提供某些思路,但它远不足以呈现历史自身的问题。对历史的研究一定要回到历史的本源。因而,重新开启一片不隶属于某一学科——尤其是哲学（历史先于哲学）——的历史自身研究的领域。①此外,在这一领域中,中国史学的研究同样是一块更为广阔的思想沃土,《尚书》是我国现存最早的一部中古时代的史书。从明确有记载的《春秋》时期算起,史学就已经成为中国思想的重要组成元素。②对中国史学的研究,尤其是摆脱近代学科影响的真正的史学研究,也亟待去开拓。

历史不是过去死去的东西所留下来的灰烬,否则它就没有任何价值。历史的意义在于那曾经聚集和燃烧的活火,今人要用当下的柴薪复活它。历史研究绝非几代几世即可完成, 但历史问题则可以逐一提出并作相应地回答。如果从事有轻重缓急之分来看,史学有两个重要方面亟待深入:其一是重新找到史学自身的方式。这一点,施特劳斯的回归解释学,即用古人的思想去理解古人是一支很好的拐杖。其二是为中国史学找到自己的研究方式。不仅要摆脱现代科学的体系研究,同时还要回到中国自身的典籍注疏方式,从经史互文、经史不分③等中国特有的视角来研究历史。

施特劳斯确是一根很好的拐杖,通过他对古典的回归,可以启发中国思

---

① 这一点可以从施特劳斯的政治哲学与阿隆的历史哲学的差异窥见一斑:政治哲学,再怎样政治都还是哲学(的分支);历史哲学,再怎样哲学都还是历史(底哲学)。

② "动则左史书之,言则右史书之",说的正是《春秋》与《尚书》二经。

③ 田见、赵彦昌:《"六经皆史"源流考论》,《社会科学战线》,2004 年第 3 期。

考自身的古典问题。然而拐杖始终是用作辅助的，一个健康人的目标不是依靠拐杖生活，而是最终抛弃它。政治与哲学的张力问题属于西方。如果我们因此把这一张力当作普世，尤其把它作为中国自身的问题，那么一百多年来这支在西方面前溃逃的军队就仍没有停住自己的脚步。[①]中国的问题乃是中国人的问题，它既有自身的问题，同时还有在 1840 年后西方用一种非思想的方式侵入中国思想界的特殊性。说得更明白点，政治与哲学的张力是施特劳斯和西方人自己的问题，它们对现代性病症的检测和药方未必是我们的对症良药。这一切都需要我们首先找回自己，找到中国自身的文化。

历史问题或许是中国思想与西方思想对话的一个契机？

本书没有能力解答这个问题，因为它始终是从西方的立场来呈现历史与哲学的问题。而中国自身的方式，亟待来者。

---

① 此例取自萌萌主编《启示与理性：“古今之争”背后的“诸神之争”》的编者前言。

附　录

一、阿隆生平年表

1905年　生于巴黎田园圣母大街。之后迁居到蒙帕纳斯大街,后又移居凡尔赛。

1921年　第一次发表文章,评析于连·本达的《教士的背叛》。

1924年　与萨特一起考入巴黎高等师范学校。

1925至1926年　参加一个拥护国际联盟的协会。在日内瓦住了两周,旁听了国联的常务年会。

1926年　参加了众议院的大会。

1928年　通过教师资格考试,萨特名落孙山。

1930年春　在德国科隆大学,谋得一个法文助教的讲席。

1930年　预感到纳粹的狂风暴雨即将席卷整个世界。

1930 至 1931 年　德国科隆大学法文助教,讲授法国的反革命派。在科隆第一次读到了《资本论》。

1931 至 1933 年　对政治感兴趣,在柏林学院开始自由研究。

1933 年 2 月　发表《论全盘和平主义》的文章,批评和平主义的幻想。

1933 年 9 月　与苏珊·高松结婚;

1933 至 1934 年　《德国当代社会学》与《批判的历史哲学》大部分完成。

1933 至 1934 年　在 le Havre 中学教书。

1934 至 1939 年　在巴黎高等师范学校的资料中心工作。

1935 年　发表《德国当代社会学》,任高师社会文献中心秘书。

1936 年　与左派思想公开决裂。

1937 年春　在时局的影响下,开始研究马基雅维利的权术论。

1938 年　通过博士学位考试。接替马克斯·波拿夫,在波尔多当了 8 个月的社会学教授。

1938 年　《论德国的历史理论》(《批判的历史哲学》)发表。

1938 至 1939 年　与科耶夫、韦尔、波林一起阅读康德。

1939 年 6 月　参加法国哲学协会的讨论会。9 月至 1940 年对马基雅维利进行研究,并校定了埃利·阿莱维的《社会主义史》。

1940 年　开始研究战争问题。

1940 至 1944 年　跟随戴高乐前往伦敦,主笔《自由法兰西》。

1944 年秋　从英国返回法国。拒绝波尔多大学社会学学院院长的邀请,开始从事社论写作,陆续给《战斗报》写稿。

1945 年　在法国国家行政学校、政治学院教书,同时,任戴高乐政府新闻局长马勒侯办公室主任。

1946 年　重返德国。在法兰克福演讲。

1946 年　开始在《战斗报》撰写社论。

1947 年春　加入《费加罗报》。

1947 至 1948 年　加入法兰西联盟,并与萨特决裂。

1948 至 1952 年　成为人民联盟的积极分子,并且极力主张建立欧洲共同体。

1950 年 10 月　应奥本海默在普林斯顿"先进研究所"的邀请,第一次访问美国。12 月,与美国国务卿(基辛格)会面。

1953 年　访问日本、印度、中国香港等国家或地区。开始直接考察不同于本国的文化。

1953 至 1954 年　在德国图宾根大学讲"工业社会"课程。

1955 年　出版《知识分子的鸦片》,在巴黎索邦大学开始讲授"工业社会"课程。

1960 年　任职高等实用研究院(Ecole Pratique des Hautes Etudes)第六组,负责社会学组。

1962 年　获得大使奖。

1963 年　当选法兰西学院院士,美国哥伦比亚大学荣誉博士。

1965 至 1966 年　任《费加罗报》总编辑。

1967 年 12 月　从索邦大学辞职。

1968 年 5 月　"五月风暴",学潮从楠泰尔蔓延到索邦大学。

1968 年 6 月　科耶夫去世。

1969 年　获得图宾根大学蒙田奖。

1970 年　任法兰西学院教授。

1970 至 1971 年　开始讲授《帝制共和国——世界中的美国》。

1971 至 1972 年　讲授克劳塞维茨。

1972 至 1975 年　集中研究克劳塞维茨的思想。

1975 年　成为《费加罗报》领导人之一。

1977 年 4 月　突因心肌梗死而瘫痪住院,几个月后恢复,但离开了《费加罗报》,担任《快报》总编辑。

1978 年　创办《评论》季刊。

1979 年　任《快报》集团总经理。获得托克维尔奖,任托克维尔著作出版委员会主席;获得德国法兰克福歌德奖,与萨特共同为越南船民向基斯卡总统请愿。

1983 年　获得伊拉斯谟奖。

1983 年 10 月 17 日　心脏病复发去世。

1983 年 10 月 20 日　葬于巴黎十四区蒙帕纳斯公墓（萨特与波伏娃亦葬于此）的家庭墓穴。

二、未竟的历史研究

> 我独自去了，我的少年们！你们也从此走去而且孤独了！我愿意这样。
>
> ——《苏鲁支语录》"赠与的道德"

今天，我们无从考证汪堂家老师对历史问题的思考肇始何时，[①]但近几年他集中研究了历史哲学，也即围绕历史事实、历史叙述和历史解释进行了深入的思考，这些思考目前只是以一些文章和"待续"的论文作为类似的"档案"留给了我们。

就像他曾说的："叙述只是在某些情况下对历史的解释"，我们今天对他的"记"念也当属叙述一脉。这种记述一方面旨在揭示他的"历史事实"以示怀念，另一方面，怀念是以今人之心"常思"之。人的灵魂在于思想，而思想推动着历史。正如历史自身的无尽绵延一样，后人的"记念"本质上也是对前人之思想的继续延承。这样，作为历史的思想、人类的灵魂，才可以始终薪尽火传。

（一）对历史的清淤

"历史"一词的含义非常广泛，它既可以指实际发生的事实，也可以被理

---

① 历史哲学与解释学有很深的渊源，而老师对解释学理论的研究可以一直追溯到他初涉哲学。而他更具体的对历史哲学的关注至少也可追溯到 2005 年同济大学召开的纪念萨特—阿隆百年诞辰的会议，在这次会上，一些与会学者发表了同阿隆历史和政治有关的论文。这或许激发了老师对阿隆以及历史问题的思考，并且直到他去世前，都还在翻译、校对阿隆的一本非常重要的历史哲学作品：《历史哲学导论》(Introduction à la philosophie de l'histoire)。而他常看常评的《历史讲演录》则集中讨论的就是关于历史事实、历史叙述和历史解释等问题。

本文所参考堂家老师的材料多出于《思路心语》(上海人民出版社，2011 年)、第八届南北哲学论坛以及外哲年会的两篇未完成稿。由于偏重解读，故引用较多，除关键部分外，其他引用暂不单独标注。特此说明。

解为对事实的记述,同时也可以指称人类的整个过去。西语的"历史"可以一直上溯到希罗多德,他的书就是以《历史》(historia)命名的。[1]然而与今天对历史如此宽泛的理解不同,希罗多德是在"探究"的意义上使用的,[2]他这本书想做的是保存人类的"功业",使其不至因年久日深而被人们遗忘,但特别想要做的却是探究这些事情发生的"原因"。

这样看来,似乎在最初给"历史"以生命的"历史之父"那里,历史本是人类为纪念伟大之功业,以及探究这些伟大背后之原因的一种方式。同样目的的纪念还有很多,比如诗、戏剧、绘画、故事……这些方式并不严格地符合今天我们理解的"事实",所以在《历史》中,人们会看到不少传说以及虚构的东西。或许如此,修昔底德才决定换另一种不同的方式来"记述"历史,他以当事人的身份,用"叙述"而非"探究"[3]来讲述自己亲身经历的伯罗奔尼撒战争。他严格地考证并确认自己的记述,故而今天人们常把他作为科学历史学的先驱。

对比看来,在希罗多德那里,历史其实并不关注事实问题,或者说并不旨在记述事实,它的兴趣始终放在"伟业"上。修昔底德虽也声称自己所记述的伯罗奔尼撒战争是整个历史上"最伟大"的战争,但他的首要要求是保证确凿与真实,所以他要以"叙述"的方式来描述历史事件。若说希罗多德的历史并不区分事实与探究的话,那么修昔底德则明确要区分叙述与研究(即解释)。而这一区分的标准就是与事实的接近程度。

中文的"历史"同样渊源深远,《说文》解"历"为"过也",今天我们讲"经历""阅历",其实就是讲某人经过、看过的一些事。有意思的是,这可以同德语

---

[1]　中译本参见[古希腊]希罗多德:《历史》,王以铸译,商务印书馆,1997年。

[2]　参见程志敏:《histor 考辨》,载《启示与理性:"中国人问题"与"犹太人问题"》,生活·读书·新知三联书店,2011年,第307~325页。

[3]　有研究者指出,修昔底德有意避免了希罗多德的"探究"而改用"叙述"。在全篇《伯罗奔尼撒战争史》中,根本就没有出现过"历史"(Historia),所以这本书翻译为《伯罗奔尼撒战争志》或更为恰当。

的 Geschichte 来对观。德意志精神的崛起带着强烈的民族意识,在整个西方都通用 hisotria 的各种形式时,①他们用德语动词 geschehen（发生）创造了 Geschichte,以此来指称历史事实,而用常见的 Historie 指称历史和历史认识。发生意味着旧的过去、新的出现,在德国人的视野里,历史就是这样一个发生和逝去的过程,这也正是中文"历"的含义。

"史"字《说文》解为"记事者也。从又持中。中,正也"。这里的意思很明显,史是指古代记述事件的人,也就是史官。古时候记事并不像今天这样,不分人和事全都可以记。记事是由史官专门负责的工作,主要是记述帝王的言行,所谓"左史记言,右史记事";"从又持中"指的是字形所揭示的含义。古文"又"即是"手","中"即是"正"。也就是说,史官是用手把着笔杆子写东西,且一定要秉持真正的事实。所以中文的"历史"倒是把西文的 historia 的各种含义全包括了:它既指对重要事件（帝王之言行决定着国家之命运）的记载,又要尊重事实,坚持真实和公正,同时"历史"还指"过"和"去"的事情。②

从上面的梳理可以看出,"历史"一词至少可以有三方面的含义:指称历史本身的历史事实、记载历史事件的历史叙述以及对这些事件所作的历史解释。历史事实可简称为"史实",而历史叙述与历史解释则可统归为历史认识,简称"史识"。每个具有历史眼光的人都会对某些主题作不同程度的思考,如果他（她）能对这些问题有足够的意识并自觉地回答这类问题,那么我们说他（她）具有了史识。虽然史料或史实是历史学家研究的起点,但"确认事实是

---

① 如英语 history、法语 histoire 等。

② 此外,堂家老师还指出,"史"本身又与官相通。上面提到的记事者就是"史官"。在秦汉之前,"史"字本与"吏"和"事"无甚区分,他引王国维的考证写道:"江氏永《周礼疑义举要》云:凡官府簿书谓之中,故诸官言治中、受中,《小司寇》断庶民狱讼之中,皆谓簿书,犹今之案卷也。此中字之本义,故拿文书者谓之中,其字从又、从中;又者,右手,以手持簿书也。吏字、事字,皆有中字,天有司中星,后世有治中之官,皆取此义。江氏以中字为簿书,较吴氏以中为简者得之（简为一简,簿书则需众简）。"（参见徐洪兴选编:《王国维文选》,上海远东出版社,2011 年,第 294~300 页。）

否存在从来都是历史叙述和历史解释的前提"。因为历史本身是"活人所说的死人的故事"①,这也就意味着那些"故""事"本身要凭靠活人的讲述才能得以呈现。但堂家老师提醒我们,不能由此走到另一极端,即认为个人因此可以随意编造历史事件,不以历史事实为基础。历史叙述(更不用说历史解释)并不能保证被叙述的东西的真实性和客观有效性。历史叙述并不等同于历史事实。

(二)史实与史识

西方主张"具实直书"的史实派以兰克为代表;而在中国,堂家老师把乾嘉学派和陈寅恪、朱维铮等当代学者归为相似一派。他们都强调历史研究就是要弄清历史事实,这是历史研究者遵守的根本原则,甚至还是最高原则。

相反的一派则以新康德主义者为代表,他们主张研究历史事实时必须考虑历史评价。甚至主张一种完全独立于历史事实的历史叙述和历史解释,认为没有纯粹的客观历史事实,历史就是解释。②柯林伍德和克罗齐也大都持"历史本身是思想"的观点。美国学者卡尔·贝克尔甚至走得更远,他把历史归结为人的心理和生理过程,声称"人人都是自己的历史学家",认为"对任何历史学家而言,在他创造历史事实之前,历史事实是不存在的"。

在堂家老师看来,兰克的史学观在看待历史事实的方面固然轻视了历史研究者的叙述与解释的因素,但他对历史事实客观性的要求在求真意志和求真理想上仍具有重要意义。如果没有这样的意志和理想,那么历史研究就会坠入戏说的深渊,歪曲与伪造就会成为理所当然。这样看来,无论克罗齐、柯林伍德还是贝克尔,他们都有陷入这种过分夸大历史研究者主观因素而导致

① 《历史讲演录》,前揭,第 89 页。

② 新康德主义认同康德的认识论方式,但否弃了物自体。可以说在历史问题上也是该方式的移植。在他们看来,历史事实等同于物自体,人类能认识或理解到的只能是对历史的叙述或解释。所以就像抛弃物自体一样,他们同样抛弃了历史事实。

的危险中。所以堂家老师更认同史学家卡尔（Edward Hallett Carr）说的看法：

> 历史学家与历史事实之间彼此互为依存。没有事实的历史学家是无本之源，没有历史学家的事实是死水一潭，毫无意义。因此，我对于"历史是什么"这一问题的第一个答案是，历史是历史学家与历史事实之间连续不断的、互相作用的过程，就是现在与过去之间永无休止的对话。①

所以历史学家与历史本身之间并非非此即彼或你死我活的对立关系，二者其实相互影响。在堂家老师看来，历史叙述和历史解释不能保证叙述对象的真实性和客观性，但这并不影响历史叙述和历史解释本身的真理性，它们以史料决定的历史事实为基础，并以联结这些事实的合乎逻辑的方式作保证。简言之，史识的真理性在于史料与逻辑性的合一。

很可惜，老师的这篇文章未能完成，他只写到历史事实，以及历史事实与历史叙述的关系就中断了。历史解释的问题未能完成，而正是这后一个问题关乎到为何史识必然要求史料与逻辑性合一。

我们还是顺着以下思路，先讨论史实（即历史事实）与历史叙述的关系，最后再回到历史解释的问题。

1. 历史事件与历史叙述

史实与史识其实是不同层面的两个问题：历史事实是否存在，与如何叙述和解释历史事实并不一样，二者不能混淆。这就好像一棵树的存在并不能等同于画家或生物学家对这棵树的不同呈现方式（画家看到的是树的葱郁和高大，生物学家看到的是树木的碳含量、叶绿素或细胞体的结构……）。我们只有先肯定历史事实的存在，然后才能进一步谈对它的解释。历史解释并不

---

① ［英］E.H.卡尔：《历史是什么？》，陈恒译，商务印书馆，2010 年，第 115 页。

能决定历史事实,而只能"决定历史事实的呈现方式和呈现内容"。它不能是主观臆造的,因为它要通过各种史料(如档案、文物、遗迹、史书等)来确认。因而,在最终意义上看,不是历史解释决定历史事实,而是历史事实决定历史解释的限度与范围。如果历史事实不能得到确认,那么这个历史解释本身就应该在真实性上被悬置起来,它就还是一个有待验证的历史假设。

> 史料始终是历史研究的客观有效性的基础,对于历史研究来说,由于过去的不可复制性,史料永远是不完全的。因此,史料的真伪、重要程度以及相对量的多少就成了保证历史研究者的结论的可靠性的条件。但是,即便对于某个历史事件的实际记载非常细致和客观,它们相对于更大的时空跨度而言仍然只是一些碎片。[①]

这时,历史研究者才需要运用自己合理的想象和逻辑,将这些碎片联系起来,从而形成对某一历史事件整体的认识。纵然就像没有两片相同的树叶一样,历史事件不可能重复,但我们绝不能因此而否认历史事实存在的客观性。这是作为历史哲学,特别是历史研究者守住"哲学"的根本。没有这个客观性的基础,就会流弊到历史的相对主义与虚无主义之中。

另一方面,历史也不是史料的堆砌。作为史料的档案、文物、遗迹等并不是历史,史料是通过叙述和解释才进入历史的。它的基础性作用在于,为历史叙述的客观性提供了一个底线和标准,同时也为历史解释提供了必要的材料和经验内容。历史研究首先借助档案和其他材料建立一套历史叙述,然后在这些基础上对历史事件作出解释。或者像法国年鉴学派那样,从某一问题

---

① 汪堂家:《历史哲学中的史实与史识》,载《思路心语》,前揭,第198页。

出发提出假设,然后根据史料进行验证,验证之后再进行局部解释或总体解释。所以没有史料的历史是空的,而史料没有历史主题则是死的。

历史需要通过叙述才能呈现,才能从那个"自在之历史"(history-in-it-self)转变成"为我之历史"(history-for-me)。前者就是一部分历史学家(如柯林伍德、贝克尔、卡尔等人)认为无意义的纯客观的历史,后者则是被我们解释的历史。

在堂家老师看来,虽然叙述必然遵循某种合逻辑性,否则就是无意义的碎片,但这并不意味着历史叙述是单一的。如今已步入信息和互联网的时代,历史叙述的方式从多方面得到了补充,它们既可能是口头的,也可能是文字或影像的,还可能是所有这些东西的合成形式。由于信息的大量丰富和检索工具的进步,传统历史学家用一辈子完成的工作,现在只需几秒钟就完成了。可以说,今天对史料的收集能力已经远远超过了古人,即便是非专业人士都可以轻易通过几个关键词来搜寻到成千上万条相关的材料。因而在今天,历史研究者真正要努力的方向并不是如过去那样收集材料(这无疑是首要的),更重要的是对这些收集到的材料进行筛选和解释。用计算机来自动挖掘和分析历史档案中的数据成为我们今天历史研究不能忽视的工作,就研究可以量化的东西而言,计量方法无疑在这里大有用武之地,但是计量本身并不提供解释,它只是用于解释的工具,而非解释本身。今天收集材料可以依托计算机和互联网,但对材料的整理、分析,并由此构建一个历史整体则需要依托历史学家的工作。这一点表明,在电子时代,历史学家的工作重心需要更多地从叙述转向解释。他们作为历史事件的解释者而非记录者的社会角色更加突出了,而非减弱或淡化。

在史料匮乏的时代,史料收集是一项非常关键的工作,但在这个信息异常丰富的时代,史料的留存与收集已不再像以前那样是困难的事情,历史学家更多的要学会甄别与筛选材料,而不单是收集它们。他们的工作与其说是收集,不如说是筛选与取舍,并进一步对史料进行解释。这些工作并不单是依靠在史料数量上的累积就可完成的。历史学家不应成为堆积材料的工匠、统计员或程序员。相反,他(她)要提出问题并根据问题去筛选和组织材料。传统历史研究中文献决定史实,历史学家更多地是根据文献提出问题。而在电子档案时代,文献以几何级数增长,如果没有问题作引导,面临目不暇接的各种信息,我们甚至都不知道该如何寻找和运用它们。

2. 历史叙述与历史解释

历史需要叙述,但叙述出来的东西并不都能构成历史。历史的流传也是通过叙述而得以呈现。由于历史研究从来就不是档案堆砌,它对档案的利用和取舍与叙事方式相关,故叙述方式的多样性并不排斥对叙述对象完整性和真实性的尊重。如果说历史叙述要解决历史研究中"是什么"和"怎么样"的问题,那么历史解释则要解决"为什么"的问题,以及一个历史事件与其他历史事件的关系、该事件的意义和效应、影响该事件的各种因素,并区分影响该事件的根本因素和次要因素。

一些学者,如克罗齐和沃尔什,将编年史(chronicle)与历史(history)的区分作为历史叙述与历史理解的区分。他们从叙述是否具有直接解释功能入手来寻找区分的标准。对他们来说,历史与编年史无疑都包含历史叙述,但是编年史是为叙述而叙述,它可能被用于解释,但本身并非解释。

在过去,编年史通常仅指中世纪或之前用文字形式根据时间顺序对过去发生的事情进行系统的历史叙述,在很长时期内,编年史都是叙述史的代表。就叙述而言,编年史一般采取平铺直叙的方式来叙述过去发生的事情,并且它仅止于对这些事情的叙述,并不上升到解释,这种叙述通常要求叙述者依照一定的时间顺序,原原本本地通过文字再现发生过的事件。

　　历史需要对过去事实作出解释,它必然包含叙述,但更重要的是要对过云的事情作出解释。在历史中,解释的前提是叙述,因为解释总是对某一件事的解释,而呈现该件事件的方式显然需要叙述(文字、言语、影像乃至戏剧和纪录片都是其形式)。

　　但在丹托(Danto)看来,历史与编年史并不存在本质的区别,因为无论历史叙述还是历史解释,它都是在某种程度上对历史事实的呈现与理解。二者只是程度上的差异而已。沃尔什在其《历史哲学导论》中对平淡的叙述与发微式叙述的区分并不能在本质上区别二者, 这种区分只是从叙述者本身的意识上作出的,而非从历史与编年史本身层面。也即是说,平淡的叙述主旨虽然是要不带解释和评价地把历史事件平铺直叙地呈现出来, 但它本身就包含了对已经发生的事件的理解,这种理解是历史记述者本身固有的东西,或者说是历史本身就必然存在的。

　　影射史学在某种程度上就是历史与编年史的模糊形式。影射史学在历史叙述与当今现实之间建立了一种关联,并且利用历史事件与今天政治的某种相似性来评价今天的时局,"以古讽今"。如其名字所示,"影射"即是通过陈述一个史实,它不单传递一种客观的信息,还要用历史叙述来隐喻今天的现实,用历史叙述为作者代言。历史叙述与今天的时局构成了一种意向结构。作为一个整体,历史叙述的意向是通过读者的领悟而指向今天的生活。当且仅当读者将历史叙述与当今的生活联系起来并且成为当今生活的影像时,作者的影射意向才得以完成或充实。因此,在影射性历史叙述中,存在两级指称,一级指称是历史叙述所指称的那个历史事件,二级指称是这个被陈述的历史事件自身作为叙述变体指称今天的生活现实, 后一种指称是通过历史事件与今天的相似性来实现的。而这种以今选古的方式却也是通过叙述得以实现的。

此外,像黑格尔和韦伯所说的那样将中国的历史归为编年史也是有问题的。因为中国过去的许多历史学家在叙述历史事实时,其意图并非仅为复述一个历史事实,他们常通过对某一历史事实的叙述,借以传达某种立场和看法。因为在众多事实,甚至是性质相反的事实中有意选择一个事实来陈述,这本身就体现了某一立场。所以中国历史从来不是简单的编年记事,更不要提深藏在文字后面微言大义的春秋笔法了。①而编年史本身也不是简单的编年记事,在最低限度内它还涉及叙述者对历史事件的理解与挑选。

历史事件包含几个基本因素,如时间、地点、事件主体或当事者、行动过程及其结果、造成事件的环境或条件等。历史事件的唯一性和不可重复性与历史叙述的多样性似乎构成了一种矛盾。但其实这并不意味着历史叙述本身的失真,反而是历史多样性的体现。因为同一时间会有不同的事件发生,对这些不同事件的挑选与记述本就是历史叙述的意义所在,历史不可能将一个时间内的所有事件概述无疑,同样,即便是同一个事件也可以有多种不同的叙述方式。历史叙述的客观性并不是完整地反映所有事件以及所有事件的各个方面,它其实是对历史事件的一种重构。历史叙述在于对历史事件的轮廓、内在结构或演进过程的叙述是否符合事实,一些细节甚至都并不重要。如果此后发现了更多材料,这些重构就可以被证伪或证实。对许多人来说,在合理想象中,重构那些与上述方面相关的细节以及对它们的多重关系进行多样化解释恰恰是历史研究的魅力所在。

确如阿隆所说:“历史从来不是对历史事件的复制,而只是重构。”②历史叙述的困难在于:历史事件的主体始终是具有情感、意志和理性的人,而对这

---

① 从题目上看,《春秋》似乎是编年史,但它的笔法绝非如此;而《资治通鉴》这部给皇上呈送的“鉴于往事,有资于治世”的史书就更不是简单的时间梳理,它为当下治理提供了历史借鉴。

② *Leçon sur l'histoire*, ibid., p.119.

一主体行动的叙述虽然对读者有吸引力,但其准确性总是令人生疑。这既是由历史距离决定的,也是由不同个体的心理差异决定的。人对人的理解都很困难,就更不要说今人对过去的人的理解了。但历史事件之所以有魅力恰恰也在于这种偶然性。

当然,历史叙述与历史理解的这种相同的多样性并不意味着二者没有分别,至少在历史记述者那里就有一个意向性的区分。前者意在呈现历史本来之面貌,后者会有对这一历史事件的挑选与思考。在堂家老师看来,叙述并不完全等于解释,它只是在某些情况下才是解释。但叙述本身在何种条件下成为解释取决于叙述者的叙述意向,即是通过叙述来客观地呈现历史事实,丕是通过叙述来传递事实之外的意义。

历史叙述是为理解和解释而存在的。只有通过历史解释才能彰显历史叙述的意义和价值。强调历史的解释功能而非单纯的叙述,并不意味着历史研究应先得出结论,然后再加以论证,也并不意味着撰写历史论著时可以先设定一套理论框架,然后将收集来的材料填充进去就万事大吉。后者无疑是对历史的暴力,其后果是使研究者有可能严重歪曲历史或把外在的毫不相干的东西置入历史之中。

(三)待续的历史研究

现在我教你们丢开我,自己去寻找自己;当你们皆否认着我时,我将向你们回转。

——《苏鲁支语录》"赠予的道德"

从目前看到的材料可以发现,①堂家老师基本上是从历史事件、历史叙述和历史解释三方面来论述历史问题的。历史事件属于历史本来的模样,史料也算其中一种,但它并不是历史,因为在事件和史料中存在太多零碎和不合逻辑的东西。唯有经过历史叙述的合理化统合后,它才能重新作为一个可以得到理解的"历史"被呈现出来。可以说,这两方面的区分与新康德主义对历史问题的看法接近,但二者最大的不同在于,新康德主义者因历史本身不可被理解和认识而否弃了它的存在,堂家老师则主张史料和历史事件——虽然都是零散和待整理的——是历史叙述的最终底线和检验标准,这样就避免了历史叙述者的武断与虚构。当然,作为哲学家,新康德主义者们也绝不会随便臆造历史——这违背了学者最根本的本分——底线和标准强调的是历史学家对历史叙述的检审和反省。很多历史研究的偏差并不是学者们主观的意图,而是在理解和重构历史过程中的偏离。这种偏离若不加以规限,则可能"失之毫厘,谬以千里"。

历史解释是历史研究另一层面的问题。历史学家进行历史探究必然要出于某一意向或目的,历史学家是先有问题意识,之后才开始进行历史研究的。另一方面,历史叙述作为呈现在我们面前的"历史",也面临着被解释和理解的问题。比如由于年代的久远,古人留下的历史作品就需要进行注释和解释。历史叙述本着呈现历史原貌的宗旨,历史解释则是阐发历史的意义。正如堂家老师所说,历史叙述要解决历史研究中"是什么"和"怎么样"的问

---

① 很遗憾老师未及将历史解释的问题完成就因病离世,他最后一次在年会上发言时,还提到这篇文章已思考和写作了多年,今天我们看到了他这些年对历史事件和历史叙述所作的分析,但历史解释问题未能最终付梓。本部分是笔者沿着老师留下的问题所作的进一步思考。可以看到,这部分思考包含了笔者自己对历史问题的理解。但这种理解源出于老师的问题和意识(更不用说,笔者研究阿隆历史哲学的博士论文就是在老师的启发下完成的),它也是历史多样性的一种体现。就像海德格尔引用亚里士多德的话所说:"存在之为存在,多样地显现出来。"

题,历史解释则要解决"为什么"的问题。

1. 叙述的合逻辑性

历史事件的单一性与历史叙述的多样性体现的是历史本身的丰富。但在堂家老师看来,历史叙述尽管多样,但并非无迹可寻:"我认为,历史叙述是以基本事实为基础对历史事件的合理重构。"这里有两个关键词——"基本事实"与"合理"。基本事实是历史的根基,它可以是档案、遗迹和各种零碎的记录,因为它们是碎片化的和零散的,所以单凭它们并不足以构成历史。历史学家也不可能掌握所有事件的细节, 所以欠缺的部分是要靠历史学家自己去填充的,这种填充并非随意,而是"需要有限地运用自己的想象,把不同的细节勾连起来。但是这种勾连又不能不合逻辑"。

假设以圆明园重建为例。即便今天我们有古时候详细的图纸,但也只能忽略以前建筑的一些细节。我们并不可能复原所有细节(实际上所有施工图也都是结构图,即便先进的 3D 模型也只是原物部分的呈现),而只是总体上的重构。虽然这种重构力图遵照图纸,但绝不可能与原有建筑完全一致。没有谁能保证说,新建的圆明园与原来的圆明园完全一致。因为当今的人谁也没有见过原来的那个圆明园是什么样子, 原有的圆明园只存在于图纸上和文字记录中。我们只知道它的布局和结构、它的材料、它的基本状况,不可能了解它所有的细节。但这些欠缺并不影响我们重建它。

历史叙述的重建与此相仿,它不是对历史事件的绝对还原,而是对过去事物的一种合理重构。无论细节或整体,重构都遵循的是合理原则。在圆明园的例子中,这种合理原则体现在建筑本身的工程力学结构(保持其稳定),同时也包括对古圆明园认知的合理性。与此不同,今天不可能构建一个"空中花园",尽管我们有关于它的记载材料。因为"凭空"构造并不合理,它不遵守基本的万有引力等物理学解释。

在堂家老师看来,历史的重构也依托合理性原则。从这方面说,无论编年体、纪传体还是记事体,它们都是合理化的叙述:编年史的逻辑是时间,纪传史的逻辑是人物,记事体的逻辑是事件。他引阿隆在《历史哲学导论》中的话说:"历史叙述将各种事件串联起来,但是,事实本身只有借助于人类的、至少是直接的动机才能得到理解。如果人们无视军事组织,无视军队的行动,战争的目的和手段就只能形成一团混乱的荒谬的感觉。虽然对行动的理解对史学家来说具有决定意义,但它是以对意向的理解为前提的。"①

这段话其实是在区分历史事实与历史认识。因为纯粹的历史事实是混乱的,所以历史认识必须以符合意向理解为前提。在这里,历史解释就被看作是符合合理性的理性行动。②

从意向性或者说意向本身的合理性来看,历史叙述必然是一种符合理性的描述方式。它是人类理解的先在结构。但问题也隐含在这里,如果符合逻辑的历史叙述被最终归为历史的话,那么鉴于史料本身的零散与杂乱,怎样去看待历史事件与历史叙述的对应关系呢? 史识与史料的对应关系又在哪里呢?

作为基本元素的各种档案、遗迹,它本身并不具有逻辑结构,历史叙述是

---

① *Introduction à la philosophie de l'histoire*, ibid., p.125.

② 事实也确实如此,但是可惜在这个问题上堂家老师的文章未能完成。因为阿隆还明确区分了解释与理解,这一问题堂家老师必然早就考虑过,从他引用阿隆的文章以及周建漳教授的专著《历史及其理解和解释》(社会科学文献出版社,2005 年) 就能发现。只是由于二者的关系太过密切和复杂,须另辟专章来论述,或许这才是留下"历史解释"的问题而未能最终完成的原因。因为它所需之篇幅必然要远超此前已经完成的所有部分。

另在阿隆那里,解释(explication)的含义偏重于确定意向,而理解(compréhension)则具有开放性,因为它从每个理解者的意向性出发,不同的人会有不同的意向,意向遵从的是合理性。所以它可以呈现出历史理解的多样性的特点。而追求历史解释的英美路向旨在归并这种多样性并最终一元化,这是阿隆有意区分理解与解释的根本原因。但通过堂家老师所留下的材料看,他是在宽泛意义上使用"历史解释"的,因为他同样主张历史解释的多样性。

以逻辑的方式将它们组合而成的。从逻各斯的"聚集"意思上说,它将各种原料聚集起来,经过组织之后才成为了历史叙述。在历史材料与历史叙述之间就出现了差异,这种差异源自于逻各斯的作用。

其中一个解释或许可以是这样的:因为历史本身的行动主体就是人,与叙述和解释者一样,历史行动者也是同样有逻各斯的动物,而那些不符合逻各斯的东西并不是历史,它们是自然或者神学,并不属于真正严格意义上的历史考察范围。人的行动似乎都是有意向性和目的的,所以才能以此建构一个合理性模型。

然而一个不那么符合理性的人或疯子是否同样可以算是人类历史的一部分呢?希特勒的特立独行未必真的就可以用这种合理性去建立,比如在敦刻尔克的大撤退中,希特勒居然会放英法军队一马,这在历史学家看来简直匪夷所思。因而直到今天,争论依旧不断,各方所主张的解释实则也都是围绕自己的合理性对他方的辩驳。

这就是阿隆反驳韦伯"目的合理性"的解释,在他看来,不仅要有一种总体上合理性的解释,同时还必须加入历史行动者本身的诠释,而这种诠释有可能是符合逻辑的,也有可能是非理性的。即是说,如果行动者是一个理性的人,那么我们理解这个人的行动就可以遵照逻辑的方式来叙述,倘若这个人本就是一个与众不同或不合逻辑的,那么就要诠释这个人本身的思维方式。[1]

这其实就是解释与理解的区分。因为解释太过于强调某种确定性的结论或方式,比如对合理性的要求。而理解则更为根本,它要求还原到行动者本身的意向行为,有些意向行为并不一定是合目的的,即便是一个理性的人,

---

[1] 《历史讲演录》,前揭,第151页。

他同样会在冲动或愤怒的情况下做出非理性的行为。

另一方面,与史实(历史事实)对立的也不一定是谎言,它也可以是真实。因为我们所说的合逻辑性本身指向的是真实,事实常常是超出人们预料的,比如偶然、运气等的影响。同样,我们一般所说的"虚构事件"也是通过叙述呈现给我们的。它的"虚构"并不是说不符合逻辑,而更多是在事实上不能对应。一个历史叙述的证伪是从历史材料中得出的,而不是在历史叙述自身的逻辑构造方面——这在历史叙述建构之初就已经完成了。所以谎言并不是没有逻辑,否则它就难以说服人,或者运用的是修辞——甚至修辞也必须遵循着某种可理解性,无任何逻辑的话语只是一串串无意义的数码字符。无逻辑的谎言本身就是个矛盾体,更不要说用来迷惑对象了。从某种程度上说,谎言比事实反而更有逻辑性和迷惑性,它更迎合人的理解方式,否则我们就不会轻易被它所骗。

事实不等同于真实,事件也不等同于真理。因为事实之中有太多偶然和难以理解的事件存在,我们有时候用"天意"或"命运"来指称它,但这只是用一个名称来替代,并没有理解和认识层面的意义。

亚里士多德也因此否定历史研究的意义(虽然不无偏见),认为连戏剧都比历史更能反映出真实。因为真实(真理)是符合逻各斯的东西,但每一个具体事件的发生却是偶然的,世界原初就是混沌。这里的"原初"并不单指时间意义上的开始,更是指自然本质意义上的混沌。人的逻辑是给自然以其规定的方式,这种规定就是"道说""聚集"以及"定义"等。真理是那个符合逻各斯的东西,事件却是偶然性的发生。

在本质上,历史学家要做的也绝不是真实记录或拷贝历史事实,否则史学的意义就没有了:人只要真实地生活就够了,历史没有也不需要提供任何经验——如果它不想改变任何当下的"事实"的话。恰恰相反,历史研究的意义正在于通过对"历史事实"的考察,去发现本应遵循却因为某些难料的偶然而阻止其发生的"真实"。所以亚里士多德的话是对的,悲剧模仿人应当怎样,而不是实际怎样。言外之意,人的生活总是在向着某个应当的趋近——这在古人看来就是善好的生活①——而非固守现实。

2. 非逻辑的叙事方式

在未完稿的末尾,堂家老师这样写道:虽然历史解释是离不开叙述的,但叙述并非历史研究者的唯一任务。历史事实是通过我们的兴趣而不再成为冷冰冰的东西。尽管现实的确是我们研究历史的出发点,但这丝毫不意味着历史事实是由我们的兴趣决定的。这也不意味着我们的主观构想决定了历史事实。英国 Manchester Guardian 主编 C.P. Scott 说过一句很有名的话,即"事实是神圣的,解释是自由的"。我们也可以把这句话改为"事实是唯一的,解释是多样的"。

甚至还可以推进这句话:事实是唯一的,而无论叙述还是解释,都是多样的。

抛开所有主观上有意虚构的历史叙述或历史解释不谈（这样的人违背了历史研究者的基本原则,根本不算是一个历史学家）,从本着严格遵守历史事实的原则出发,历史叙述者也会因叙述角度的不同而产生差异。因为叙述者各有自己的研究方向和侧重点,即便是符合逻辑的叙述同样也会因不同视角对历史事实从不同方面进行描述。这颇似盲人摸象一般,每个人摸到的都是大象,我们不能说任何人摸到的都不是真正的大象,但每个人都只是摸到了大象的一部分,并且通过这一部分而"合理地"想象自己心中的"大象"。

---

① "人的每种实践与选择都以某种善为目的",参见[古希腊]亚里士多德:《尼各马可伦理学》,廖申白译,商务印书馆,2006 年,第 1 页。

　　且不说盲人,就算一个正常人,难道他看到的就是一个整全的大象吗?人不是上帝,他不可能同时看到事物的整个全貌。大到形状颜色,小到分子元素,这都非人能完全透知的。所有人对大象的理解都是在事物的显相与自身建构方面的综合结果。正像现象学分析的那样,呈现在观察者眼前的永远是一个角度或侧面,我们只是用自己的方式充实并侧显了这个对象未被呈现的部分,丰盈并构建了它。历史叙述其实也是这样的一种现象学重构。

　　虽然我们看到的是事实的部分,但也不能因此否认这种部分就是片面的。无论现象相对于事实的部分性,或是人类的重构方式,都不意味着它没有反映历史真实。部分不等于偏见,重构要揭示的是事实的本质。但必须注意,这种重构的合理性是人自身所附加的,一般看来,人很难用不是逻辑的方式重构对象,因为这是人本身也是最自然的理解世界的方式。

　　那么是否存在一种非理性的叙事方式? 倘若有的话,这也就意味着,在解释与叙述的多样性之外,还存在这一种非逻辑的叙事方式。

　　回答是有的。

　　今天我们难以理解很多原始部落的习惯与风俗,原因是我们只是用一种方式,即理性化的方式来看待所有的人类行为与自然现象。我们丝毫不应否认这种对世界的理解方式,因为正是凭借着它,人类才得以经历了几千年发展而进步到如此文明的地步。然而倘若将这种方式确定化并以此作为人类理解世界的唯一方式,那么也就无异于画地为牢,自己封闭了自己。在人类更为古老的时代,许多非理性的叙事方式也是我们理解世界的一面窗户,神话与诗歌都是这样的叙事。[①]

　　海德格尔指出,用诗的语言,用一种类似敞开和期待的方式,或许能够接

---

　　① 或许因此,我们才会明白为何希罗多德的《历史》是用一种传说而非实证的方式来书写。这是一种与历史科学研究不同的另一种叙事方式。

领到世界,使其对自身敞开。科学与逻辑是人类打开世界的一种方式,但这种方式过分强暴地使这个世界狭窄了,它的丰富性被这种单一性所禁锢。作为自然之涌现, 未必一定要以逻各斯的方式聚集和凝练为一个整体(ensemble),它在更本源的意义上要更加丰富,海德格尔以及德里达都要解构这种逻各斯①,以敞开此在自身,显现存在。

"我们要庆幸自己生活在一个多元化的时代。"② ——这是老师在讲德里达时说过的话。

---

① 提到解构,大家都自然会想到德里达。但其实这个词最早出现在海德格尔的《存在与时间》中。该书导论第二章第六节的题目即为"解构存在论历史的任务"。

② 《汪堂家讲德里达》,上海三联书店,2019 年,序言第 2 页。

参考文献

一、外文文献

（一）与历史哲学问题相关的阿隆的原著

1. *Introduction à la philosophie de l'histoire. Essai sur les limites de l'objectivité historique*, Gallimard, 1938; nouvelle édition, 1986.

2. *La Philosophie Critique de l'histoire: Essai sur une Théorie Allemande de l'histoire*, J. Vrin, 1970.

3. *Max Weber: Le savant et Le politique*. Introduction par Raymond Aron, Plon, 1959. (réed. 1963).

4. *Dimensions de la conscience historique*, Plon, 1961.

5. *Histoire et dialectique de la violence*, Gallimard, 1972.

6. *Le spectateur engage*, Entretiens avec Jean-Louis Missika et Dominique

Wolton, Julliard, 1981.

7. *De la condition historique du sociologue*, Leçon inaugurale au Collège de France, Gallimard, 1970.

8. *Leçon sur l'histoire*, Cours du Collège de France, Edition de Fallois, 1989.

9. *Mémoire*, Julliard, 1983.

10. *Paix et Guerre entre les nations*, Calmann–Lévy, 2004.

11. *République impériale, les Etats–Unis dans le monde, 1945—1972*, Calmann–Lévy, 1972.

12. *Raymond Aron, Qui suis–je?* La Manufacture, 1986.

（二）其他阿隆的相关作品

1. *L'Homme contre les tyrans*, Edition de la Maison française, 1944; réédition, Gallimard, 1945.

2. *De l'armistice à l'insurrection nationale*, Gallimard, 1945.

3. *L'Age des empires et l'avenir de la France*, Défense de la France, 1945.

4. *Le Grand Schisme*, Gallimard, 1948.

5. *Les Guerres en chaîne*, Gallimard, 1951.

6. *Espoir et Peur du siècle. Essais non partisans*, Calmann–Lévy, 1957.

7. *La Société industrielle et la guerre*, suivi d'un *Tableau de la diplomatie mondiale en 1958*, Plon, 1958.

8. *Dix–huit leçon sur la sociétié industrielle*, Gallimard, Coll. Idées, 1962.

9. *Le Grand Débat. Initiation à la stratégie atomique*, Calmann–Lévy, 1963.

10. *La lutte de classes*, Gallimard, Coll. Idées, 1964.

11. *Essai sur les libertés*, Calmann–Lévy, 1965.

12. *Les Etapes de la pensée sociologique*, Gallimard, 1967.

13. *La Révolution introuvable*, Fayard, 1968.

14. *Les Désillusions du progrès*, Calmann-Lévy, 1969.

15. *D'une Sainte Famille à l'autre. Essais sur les marxismes imaginaires*, Gallimard, Coll. Essais, 1969.

16. *Etudes politiques*, Gallimard, Coll. Essais, 1972.

17. *La Sociologie allemande contemporaine*, Alcan, 1935; novelle édition, P, U.F., Coll. Quadrige, 1981.

18. *Démocratie et totalitarisme*, Gallimard, 1987.

19. *Etudes sociologiques*, P.U.F., 1988.

20. *Essai sur la condition juive contemporaine*, Editions de Fallois, 1989.

21. *Machiavel et les tyrannies moderns*, Editions de Fallois, 1993.

22. *La coexistence : Mai 1955 à février 1965 (Les articles de politique internationale dans Le Figaro de 1947 à 1977*, Editions de Fallois, 1993.

23. *Marxismes imaginaires*, Gallimard, 1998.

24. *Le Marxisme de Marx*, Editions de Fallois, 2002.

25. *L'opium des intellectuels*, Calmann-Lévy, 2002.

26. *Penser la liberté, penser la démocratie*, Gallimard, 2005.

27. *Dialogue*, Nouvelles Editions Lignes, 2007.

*La Bibliographie scientifique complète des oeuvres de Raymond Aron, établie par Perrine Simon et Elisabeth Dutartre, a été publiée aux Editions Julliard/Société des Amis de Raymond Aron en 1989.

（三）与阿隆历史问题相关的法文研究文献

1. *Mélanges en l'honneur de R. Aron, Science et conscince de la société*, t.

Ⅰ et Ⅱ, Calmanne–Lévy, 1971.

2. *La politique historique de Raymond Aron et de l'existence historique*, Centre de Publications de l'Université de Caen, 1989.

3. *Raymond Aron 1905–1983, Textes, études et témoignages*, Julliard, Commentaire Numéro 28–29, Hiver 1985.

4. *Raymond Aron philosophie dans l'histoire*, sous la direction de Serge Audier, Marc Olivier Baruch et Perrine Simon–Nahum, Fallois, 2008.

5. Alain Boyer, *Raymond Aron, la philosophie de l'histoire et les sciences sociales*, Textes édités par Jean–Claude Chamboredon, Edition rue d'ULM, 2005.

6. Gaston Fessard, *La philosophie historique de Raymond Aron*, Julliard, 1980.

7. L. Ferry, *Stalinisme et historicisme, La critique du totalitarisme stalinien chez Hannah Arendt et Raymond Aron, in Les interprétations du stalinisme*, ouvrage dirigé par E. Pisier–Kouchner, P.U.F., 1983.

8. Sylvie Mesure, *Raymond Aron et la raison historique*, J. Vrin, 1984.

9. Daniel J. Mahoney & Laurent Bury, *Le Libéralisme de Raymond Aron*, Fallois, 1998.

10. Jean–François Sirinelli, *Sarte et Aron, Deux Intellectuels dans Le Siècle*, Fayard, 1995.

11. Nicolas Baverez, *Raymond Aron: un moderliste au temps des idéologies*, Flammarion, 1993.

12. Pierre Verdtraeten, *L'Anti–Aron*, Edition la Différence, 2008.

13. Stephen Launay, *La pensée politique de Raymond Aron*, P.U.F., 1995.

14. Jean–François Sirinelli, *Raymond Aron avant Raymond Aron (1923–*

1933），Vingtième Siècle. Revue d'histoire, No.2, Apr., 1984.

（四）其它外文文献

1. Claud Lévi-Strauss, *La pensée sauvage*, Plon, 1962.

2. Paul Valéry, *Variétés*, Gallimard, 1938.

3. Augustin（Saint）, *OEUVRES*, Gallimard, 1998.

4. Rousseau, J, J. *Oeuvres complètes*, Gallimard, 1995.

5. J. Bodin, *Les six livres de la république*, Fayard. 1986.

6. Charles Baudelaire, *Les Fleurs du mal*, Gallimard, 1999.

7. *Vorlesungen über die Philosophie der Weltgeschichte*, 德文版参考网络电子版: G.W.F. Hegel Werke, 12.

8. *Unzeitgemässe Betrachtungen*, Verlag von E. W. Fritzsch, 1874.

9. Dilthey, *Die Geistige Welt. Gesammelte Schriften*, Vandenhoeck & Ruprecht, 1990.

10. Dr Robert F Colquhoun, *Raymond Aron—Volume 1: The Philosopher in History 1905–1955*, Sage Publications Ltd., 1986.

11. Dr Robert F Colquhoun, *Raymond Aron—Volume 2: The Sociologist in Society 1955–1983*, Sage Publications Ltd., 1986.

12. Pierre Hassner, *Raymond Aron: Too Realistic to Be a Realist?* Journal compilation, 2007, Blackwell Publishing Ltd..

13. Karl R. Popper, *The poverty of historicism*, Routledge & Kegan Paul, 1961.

14. G.W.F. Hegel, *The Philosophy of History*, translated by J. Sibree, Amherst, Prometheus Books, 1991.

15. Friedrich Nietzsche, *The Use and Abuse of History*, Translated by

ADRIAN COLLINS With an Introduction by Julius Kraft, The Liberal Arts Fress, 1957(Second Edition).

16. Lewis Fry Richardson, *Arms and Insecurity*, Quadrangle Books, 1960.

17. Leo Strauss, *The City and Man*, the University of Chicago Press, 1964.

18. Reed M. Davis, *A Politics of Understanding*, Louisiana State University Press, 2009.

19. Daniel J. Mahoney, *The Liberal Political Science of Raymond Aron*, Rowman & Littlefield Publishers, Inc., 1992.

20. Istvan Kende, Peaceful Co-Existence: Its Interpretation and Misinterpretation, *Journal of Peace Research*, Vol.5, No.4, 1968.

21. Kurt H. Wolff, Sociology and History; Theory and Practice, *The American Journal of Sociology*, Vol.65, No.1, 1959.

22. Tracy B. Strong, History and Choices: The Foundations of the Political Thought of Raymond Aron, *History and Theory*, Vol.11, No.2, 1972.

23. Kerry H. Whiteside, Perspectivism and Historical Objectivity: Maurice Merleau-Ponty's Covert Debate with Raymond Aron, *History and Theory*, Vol. 25, No.2, 1986.

24. Pierre Hassner, Raymond Aron and the History of the Twentieth Century, *International Studies Quarterly*, Vol.29, No.1, 1985.

25. Melvin Richter, Raymond Aron as Political Theorist, *Political Theory*, Vol.12, No.2, 1984.

26. Stuart L. Campbell, The Four Paretos of Raymond Aron, *Journal of the History of Ideas*, Vol.47, No.2, 1986.

27. David Thomson, The Three Worlds of Raymond Aron, *International Af-*

fairs, Vol.39, No.1, 1963.

28. Victor Brombert, Raymond Aron and the French Intellectuals, *Yale French Studies*, No.16, 1955.

29. Edward A. Kolodziej, Raymond Aron: A Critical Retrospective and Prospective, *International Studies Quarterly*, Vol.29, No.1, 1985.

30. Stanley Hoffmann, Raymond Aron and the Theory of International Relations, *International Studies Quarterly*, Vol.29, No.1, 1985.

31. Roy Pierce, Liberalism and Democracy in the Thought of Raymond Aron, *The Journal of Politics*, Vol.25, No.1, 1963.

32. Raymond Aron and Urs Luterbacher, The Frustrated Commentator: An Evaluation of the Work of Raymond Aron, *International Studies Quarterly*, Vol. 29, No.1, 1985.

33. Benedict J. Kerkvliet, A Critique of Raymond Aron's Theory of War and Prescriptions, *International Studies Quarterly*, Vol.12, No.4, 1968.

二、中文文献

（一）阿隆作品的中文译本

1.《阶级斗争：工业社会新讲》，周以光译，译林出版社，2003年。

2.《近代西方社会思想家：涂尔干、巴烈图、韦伯》，黄瑞祺译，台北联经出版事业股份有限公司，1986年。

3.《雷蒙·阿隆回忆录：五十年的政治思考》，刘燕清等译，生活·读书·新知三联书店，1992年。

4.《历史讲演录》，西尔维·梅叙尔编注，张琳敏译，上海译文出版社，

2011 年。

5.《论治史》，西尔维·梅祖尔编注，冯学俊、吴泓缈译，生活·读书·新知三联书店，2003 年。

6.《论自由》，姜志辉译，上海译文出版社，2009 年。

7.《入戏的观众》，赖建诚译，台北联经出版事业股份有限公司，2000 年。

8.《社会学主要思潮》，葛智强、胡秉诚、王沪宁译，上海译文出版社，2005 年。

9.《托克维尔与民主精神》，陆象淦译，社会科学文献出版社，2008 年。

10.《想象的马克思主义：从一个神圣家族到另一个神圣家族》，姜志辉译，上海译文出版社，2007 年。

11.《知识分子的鸦片》，吕一民译，译林出版社，2005 年。

12.《和平与战争：国家关系理论》，朱孔彦译，中央编译出版社，2013 年。

13.《历史意识的维度》，董子云译，华东师范大学出版社，2017 年。

(二)阿隆思想的中文研究文献

1. [法]尼古拉·巴维雷：《历史的见证：雷蒙·阿隆传》，王文融译，北京大学出版社，1997 年。

2. [法]让–弗朗索瓦·西里奈利：《20 世纪的两位知识分子：萨特与阿隆》，陈伟译，江苏人民出版社，2001 年。

3. [英]托尼·朱特：《责任的重负：布鲁姆、加缪、阿隆和法国的 20 世纪》，章乐天译，新星出版社，2007 年。

4. [美]阿兰·布鲁姆：《巨人与侏儒》(增订版)，张辉选编，华夏出版社，2007 年。

5. 高宣扬主编：《法兰西思想评论》，同济大学出版社，2007 年。

6. 陈喜贵：《维护政治理性：雷蒙·阿隆的政治哲学》，中央编译出版社，

2004 年。

7. 陈喜贵:《阿隆对韦伯相对主义的批判与超越》,《现代哲学》,2001 年第 1 期。

8. 陈喜贵:《雷蒙·阿隆对意识形态的批判》,《同济大学学报（社会科学版）》, 2005 年第 5 期。

9. 陈喜贵:《论阿隆对韦伯相对主义的批判与超越》,《燕山大学学报(哲学社会科学版)》,2001 年第 1 期。

10. 陈喜贵:《论雷蒙·阿隆政治哲学的社会学分析方法》,《燕山大学学报(哲学社会科学版)》,2002 年第 1 期。

11. 法尔克、贺若璧:《雷蒙·阿隆:〈历史哲学引论〉》,《现代外国哲学社会科学文摘》,1961 年第 10 期。

12. 冯克利:《阿隆与"意识形态的终结"》,《读书》,1998 年第 12 期。

13. 李培林:《法国学院派寨主——雷蒙·阿隆》,《读书》,1988 年第 8 期。

14. 李世友:《雷蒙·阿隆国际关系学说述评》,《安徽大学学报》,2001 年第 2 期。

15. 梁剑:《论自由的四个向度——贡斯当、柏林、阿隆与格雷的自由观》,《甘肃理论学刊》,2010 年第 5 期。

16. 周保巍:《国家理由还是国家理性》,《读书》,2010 年第 4 期。

17. 马骏:《国际关系研究的智者——雷蒙·阿隆》,《欧洲研究》,2003 年第 5 期。

18. 王军:《雷蒙·阿隆的历史社会学方法析论》,《世界经济与政治》,2007 年第 1 期。

19. 谭英华:《十六至十七世纪西方历史思想的更新》,《历史研究》,1987 年第 4 期。

20. 唐斌:《海德格尔与诠释学的转向》,《南通大学学报(社会科学版)》,2009 年第 5 期。

21. 张星星:《政治参与的萨特模式与阿隆模式——读〈20 世纪的两位知识分子:萨特与阿隆〉》,《法国研究》,2003 年第 2 期。

22. 赵建:《雷蒙·阿隆与他的回忆录》,《西欧研究》,1984 年第 3 期。

23. 张志扬:《"唯一的"、"最好的",还是"独立互补的"? ——"西学东渐"再检讨》,《现代哲学》,2007 年第 2 期。

24. 李强华:《狄尔泰历史哲学中的"生命"、"理解"和"意义"概念解析》,《广西社会科学》,2005 年第 7 期。

25. 林国华:《希罗多德的教诲——〈原史〉笔记》,《现代哲学》,2008 年第 2 期。

26. 刘小枫:《略谈希罗多德的叙事笔法》,《国外文学》,2006 年第 2 期。

(三)其它相关的中文文献

1. [古希腊]赫西俄德:《工作与时日 神谱》,张竹明、蒋平译,商务印书馆,2006 年。

2. [古希腊]希罗多德:《历史》,王以铸译,商务印书馆,2010 年。

3. [古希腊]修昔底德:《伯罗奔尼撒战争史》,谢德风译,商务印书馆,2010 年。

4. [古希腊]柏拉图:《柏拉图对话七篇》,戴子钦译,辽宁教育出版社,1998 年。

5. [古希腊]柏拉图:《理想国》,郭斌和、张竹明译,商务印书馆,2002 年。

6. [古希腊]亚里士多德:《尼各马可伦理学》,廖申白译,商务印书馆,2006 年。

7. [古希腊]亚里士多德:《诗学》,陈中梅译,商务印书馆,2009 年。

8. [古希腊]亚里士多德:《形而上学》,吴寿彭译,商务印书馆,1996年。

9. [古希腊]亚里士多德:《政治学》,吴寿彭译,商务印书馆,1997年。

10. [古罗马]奥古斯丁:《忏悔录》,周士良译,商务印书馆,1987年。

11. [法]博丹:《论主权》,李卫海、钱俊文译,北京大学出版社,2008年。

12. [法]笛卡尔:《第一哲学沉思集》,庞景仁译,商务印书馆,1986年。

13. [法]笛卡尔:《谈谈方法》,王太庆译,商务印书馆,2000年。

14. [法]伏尔泰:《风俗论》,梁守锵译,商务印书馆,2009年。

15. [法]卢梭:《论人类不平等的起源和基础》,李常山译,商务印书馆,1997年。

16. [法]卢梭:《社会契约论》,何兆武译,商务印书馆,2010年。

17. [法]梅洛-庞蒂:《辩证法的历险》,杨大春译,上海译文出版社,2009年。

18. [法]让-保罗·萨特:《辩证理性批判》,林骧华等译,安徽文艺出版社,1998年。

19. [法]克洛德·列维-施特劳斯:《野性的思维》,李幼蒸译,中国人民大学出版社,2006年。

20. [德]康德:《纯粹理性批判》,邓晓芒译,人民出版社,2004年。

21. [德]康德:《历史理性批判文集》,何兆武译,商务印书馆,2010年。

22.《海德格尔选集》(上卷),孙周兴选编,上海三联书店,1996年。

23. [德]黑格尔:《历史哲学》,王造时译,上海世纪出版集团,2006年。

24. [德]尼采:《不合时宜的沉思》,李秋零译,华东师范大学出版社,2007年。

25.《韦伯作品集》,钱永祥等译,广西师范大学出版社,2004年。

26.《韦伯作品集XII:新教伦理与资本主义精神》,康乐、简惠美译,广西师范大学出版社,2007年。

27. ［德］威廉·狄尔泰：《精神科学引论》，艾彦译，译林出版社，2012 年。

28. ［德］威廉·狄尔泰：《精神科学引论》，童奇志、王海鸥译，中国城市出版社，2002 年。

29. ［德］威廉·狄尔泰：《精神科学中的历史世界的建构》，安延明译，中国人民大学出版社，2010 年。

30. ［德］亨里希·李凯尔特：《李凯尔特的历史哲学》，涂纪亮译，北京大学出版社，2007 年。

31. 《西美尔文集：历史哲学问题——认识论随笔》，陈志夏译，上海译文出版社，2006 年。

32. ［德］海德格尔：《路标》，孙周兴译，商务印书馆，2000 年。

33. ［德］海德格尔：《形式显示的现象学：海德格尔早期弗莱堡文选》，孙周兴编译，同济大学出版社，2004 年。

34. ［德］海德格尔：《演讲与论文集》，孙周兴译，商务印书馆，2018 年。

35. ［德］海德格尔：《存在与时间》，陈嘉映、王庆节译，生活·读书·新知三联书店，2006 年。

36. ［德］卡尔·洛维特：《世界历史与救赎历史》，李秋零译，上海三联书店，2002 年。

37. ［德］卡尔·洛维特：《从黑格尔到尼采》，李秋零译，生活·读书·新知三联书店，2006 年。

38. ［德］弗里德里希·梅尼克：《历史主义的兴起》，陆月宏译，译林出版社，2009 年。

39. ［意］马基雅维利：《君主论》，潘汉典译，商务印书馆，2010 年。

40. ［意］维柯：《新科学》，朱光潜译，人民文学出版社，2008 年。

41. ［意］贝纳德托·克罗齐：《历史学的理论和历史》，田时纲译，中国社会科学出版社,2005年。

42. [意]卡洛·安东尼:《历史主义》,黄艳红译,格致出版社、人民出版社,2010年。

43. [英]霍布斯:《利维坦》,黎思复、黎廷弼译,商务印书馆,2010年。

44. [英]休谟:《人类理智研究》,吕大吉译,商务印书馆,1999年。

45. [英]W. H. 沃尔什:《历史哲学导论》,何兆武、张文杰译,北京大学出版社,2008年。

46. [美]列奥·施特劳斯:《论僭政》,何地译,观溟校,华夏出版社,2006年。

47. [美]列奥·施特劳斯:《什么是政治哲学》,李世祥等译,华夏出版社,2011年。

48. [美]列奥·施特劳斯:《自然权利与历史》,彭刚译,生活·读书·新知三联书店,2006年。

49. [美]列奥·施特劳斯、约瑟夫·克罗波西主编:《政治哲学史》,李天然等译,河北人民出版社,1998年。

50. [美]A·C·丹图:《萨特》,安延明译,工人出版社,1987年。

51. [美]阿瑟·丹图:《叙述与认识》,周建漳译,上海译文出版社,2007年。

52. [英]卡·波普尔:《历史主义的贫困》,何林、赵平译,社会科学文献出版社,1987年。

53. [美]格奥尔格·G.伊格尔斯:《德国的历史观》,彭刚、顾杭译,译林出版社,2006年。

54. [美]普拉特纳:《卢梭的自然状态——〈论不平等的起源〉释义》,尚新建、余灵灵译,华夏出版社,2008年。

55. [瑞士]雅各布·布克哈特:《意大利文艺复兴时期的文化》,何新译,商务印书馆,1997年。

56. ［英］弗里德里希·奥古斯特·哈耶克：《通往奴役之路》，王明毅、冯兴元等译，中国社会科学出版社，1997年。

57. ［英］弗里德里希·奥古斯特·哈耶克：《科学的反革命》，冯克利译，译林出版社，2003年。

58. ［美］威廉·德雷：《历史哲学》，王炜、尚新建译，生活·读书·新知三联书店，1988年。

59. ［英］E.H.卡尔：《历史是什么？》，陈恒译，商务印书馆，2010年。

60. 张志扬：《偶在论谱系》，复旦大学出版社，2010年。

61. 汪堂家、孙向晨、丁耘：《十七世纪形而上学》，人民出版社，2005年。

62. 汪堂家：《汪堂家讲德里达》，上海三联书店，2019年。

63. 周建漳：《历史及其理解和解释》，社会科学文献出版社，2005年。

64. 张汝伦：《〈存在与时间〉释义》，上海人民出版社，2012年。

65. 张文杰：《当代西方著名哲学家评传》（第七卷·历史哲学），山东人民出版社，1996年。

66. 庄国雄：《历史哲学》，复旦大学出版社，2004年。

67. 何兆武主编：《历史理论与史学理论——近现代西方史学著作选》，刘鑫等译，商务印书馆，1999年。

68. 《王国维文选》，徐洪兴选编，上海远东出版社，2011年。

69. 刘小枫、陈少明主编：《卢梭的苏格拉底主义》，华夏出版社，2005年。

70. 刘小枫、陈少明主编：《古典传统与自由教育》，华夏出版社，2005年。

71. 萌萌主编：《启示与理性："古今之争"背后的"诸神之争"》，上海三联书店、华东师大出版社，2006年。

72. 萌萌学术工作室主编：《启示与理性："中国人问题"与"犹太人问题"》，生活·读书·新知三联书店，2011年。

后 记

今日再看,本书并不是一部完美的作品。它脱胎于我的博士论文,因而带着太多青涩,如果重写可能会是另一番模样。但我宁愿继续保留这"历史"在纸面上,将"哲学"留在灵魂里。因而,除添加了新近的研究成果外,正文只在必要的段落和字句上作了些修改。

今之学者为表达自己"爱真理"之追求,往往喜欢引亚里士多德的名言:"吾爱吾师,吾更爱真理。"但大多数人眼望高远却不看脚下。亚氏的这句名言若没有"吾师"之影响绝不可能孕育而出。因而,窃以为"吾爱真理",故"吾更爱吾师"。

如前述,这部书是在我博士论文的基础上修改而成的。论文从选题到最后的提交答辩,都得益于导师汪堂家老师的无尽关怀和指导。自选题构思,到出国访学收集材料,再到 2013 年暑期在持续 40 多摄氏度高温的上海借凭光华楼的冷气而坚持写作,前后用了 4 年方得完成。这 4 年发生了很多事,最伤痛的一件就是在论文即将付梓之时,老师离开了……

　　其实无论历史抑或哲学，都不是龟缩在书斋里，读懂几个概念和定义就可以算是学会的事情。犹记得在毕业典礼上，孙向晨院长提到的一段逸闻：许多从哲学学院毕业的校友在见到自己老师的时候，总会说听过很多很多的课，但老师当时讲的内容却都忘记了。这段趣闻不是讲经历过哲学教育的人都得了健忘症，因为哲学本就不是那种会被记忆所丢弃的"知识"，它是超历史和时间的，是精神之勃勃生机，始终涌动在灵魂中的智慧。

　　在老师那里学到的，就是这种有关灵魂的东西。

　　这本书是献给汪老师的。

郝春鹏

于沪上金塘公租房

2020 年 4 月 23 日